管理会计

主　编　周柯爱
副主编　王新萍　徐　丽

浙江大学出版社

内 容 简 介

管理会计课程研究如何实现其预测、决策、规划、控制和业绩考评五大功能。其主要内容有：

① 有别于财务会计、更有利于强化企业内部管理的成本分类管理体系，更符合"配比原则"的成本损益确定程序——变动成本法，以及本量利分析法。② 预测：研究销售、成本、资金和利润预测方法。③ 决策：研究经营决策，包括生产决策、存货决策、定价决策等决策方法；研究投资决策，包括资金时间价值观念及其计算方法，长期投资决策方法。④ 规划：研究企业全面预算的编制方法。⑤ 控制：研究企业成本控制和成本差异分析方法。⑥ 考评：研究企业分权管理、责权效利的有机结合，准确考核评价经营绩效，有效落实奖惩措施。

本书由具多年高职高专第一线教学经验的任课教师，在充分调查研究的基础上编写而成。贴近企业管理实践，强调学生的能力训练。深入浅出、简繁有度、通俗易读。另外，每一章都设计了思考题、练习题和案例分析题等，供教学参考用。

本书可作为高等职业学校、高等专科学校、成人高等学校及本科院校举办的二级职业技术学院和民办高校会计专业和其他财经类专业的教材，又可作为在职会计人员的培训教材和企业管理人员的参考读物。

前　言

近年来,我国的高职高专教育发展很快,但与之相配套的高职高专教材建设却相对滞后。此次高职高专会计系列教材的编写,旨在量体裁衣,及时满足高职高专教育发展的需要。

管理会计是会计与管理的巧妙结合,属于现代企业管理信息系统中的决策支持系统。它曾经为西方企业管理水平的提高和西方国家经济的进步立下了汗马功劳。现代管理会计的理论和方法引入我国,才短短 20 年,却已经在各类企业的生产经营活动中产生了不可替代的作用,为企业参与市场竞争、提高经济效益作出了重要贡献。

管理会计课程研究如何实现其预测、决策、规划、控制和业绩考评五大功能。其主要内容有:

1. 有别于财务会计、更有利于强化企业内部管理的成本分类管理体系,更符合"配比原则"的成本损益确定程序——变动成本法,以及本量利分析法。

2. 预测:研究销售、成本、资金和利润预测方法。

3. 决策:研究经营决策,包括生产决策、存货决策、定价决策等决策方法;研究投资决策,包括资金时间价值观念及其计算方法,长期投资决策方法。

4. 规划:研究企业全面预算的编制方法。

5. 控制:研究企业成本控制和成本差异分析方法。

6. 考评:研究企业分权管理、责权效利的有机结合,准确考核评价经营绩效,有效落实奖惩措施。

本书由具多年高职高专第一线教学经验的任课教师,在充分调查研究的基础上编写而成。贴近企业管理实践,强调学生的能力训练。深入浅出、简繁有度、通俗易读。既可作为高等职业学校、高等专科学校、成人高等学校及本科院校举办的二级职业技术学院和民办高校会计专业和其他财经类专业的教材,又可作为在职会计人员的培训教材和企业管理人员的参考读物。

本书由周柯爱拟定提纲,负责全书的编纂和审定,并编写 1 和 8;王新萍编写 2 和 3;徐丽编写 7 和 9;戚德臣编写 4;罗振华编写 5;杨汇凯编写 6;各章的案例题由简家进编写。

本书在编写过程中,参阅了大量的相关文献,值此之际,谨向原作者深表谢意。由于作者水平有限,书中不足之处在所难免,敬请同行及读者不吝赐教,以便再版时修改。

编　者

2011 年 7 月

目　录

1 绪 论

导 读

19 世纪末 20 世纪初,随着企业规模的不断扩大和生产过程的日益复杂,各类企业亟需提高劳动效率和管理水平。在美国以泰罗为代表的科学家们对此进行了仔细的研究和探索。1911 年出版了《科学管理原理》一书,这标志着"泰罗制"科学管理理论的形成。该书详细分析了工人在劳动中的各种机械动作,制定了精确的工作方法,剔除多余的和笨拙的动作;在管理中实行了最完善的计算和监督制度。"泰罗制"的广泛实施,极大地提高了企业的劳动生产率,并促进了会计理论的迅速发展。此时,埃墨森根据劳动工资制度的改革,在成本管理方面实行了标准人工成本法。接着,又把此法推广到材料和制造费用的管理中。于是,就产生了"标准成本会计",这是构成后来的《管理会计》学科的最早的内容。

1922 年,奎因坦斯出版了《管理会计:财务管理入门》一书,首次出现了"管理会计"一词;

1928 年,西屋公司的工程师与会计师设计了一种弹性预算方法;

1930 年享利·赫斯创造了本量利分析图;

1936 年乔纳森·哈利斯总结出了直接成本计算法。

到 20 世纪 30 年代初,随着管理会计专门方法的产生和一系列理论专著的出版,标志着管理会计这个学科的初步形成。

二次世界大战结束以后,现代科学技术的发展日新月异,企业的规模越来越大,管理层次也越来越多,同时,市场竞争也日益加剧,给企业管理者带来了严峻的挑战。这就促使企业经营管理者不得不重视预测、决策,进一步加强生产经营活动的规划和控制。于是,管理会计的理论得到了迅速的发展,管理会计的专门方法在企业实践中得到了迅速的推广和应用。企业经营管理实践的需要,反过来又促进了管理会计理论的完善和体系化。

1952 年在伦敦召开的国际会计师学会的年会上,正式命名了一门新的学科——

《管理会计》，这标志着管理会计正式从传统的财务会计中分离出来，作为会计的两个分支之一的管理会计正式形成。之后的20多年，管理会计以成本管理为中心，把成本计算和预算控制以及变动成本法、本量利分析法等方法综合组成了一个系统化的利润规划，并增添了经营决策和投资决策等内容。

最近的30年，理论和实务界又把组织行为学、统计决策理论，以及不确定性分析和信息成本引入了管理会计，并吸收了系统论、控制论、信息论的一些思想方法，尤其是近年IT技术在企业管理中的普遍应用，使得管理会计理论的发展和在企业经营管理实践中的应用更上了一个新的台阶。

讨论：为什么会产生《管理会计》学科？它是如何产生的？这门学科对企业有什么意义？

【学习目标】

掌握和了解管理会计的定义、职能和内容，了解管理会计的发展过程、与财务会计的关系和在企业中的地位及组织。

【重点与难点】

管理会计的定义、职能及与财务会计的区别。

1.1 管理会计概述

1.1.1 管理会计的定义

出于提高企业管理水平的需要，西方会计学者巧妙地把"会计"和"管理"这两个主题融合在一起，并吸收系统论、控制论、信息论、统计学、运筹学、组织行为学等现代管理科学的理论和方法，经过20世纪初至今近百年不断的充实和发展，形成了《管理会计》这一门新兴的、综合性很强的交叉学科。本学科的建立，具有很强的目的性，就是使企业在可靠的预测基础上，做出科学的投资和经营决策；通过规划和控制企业的生产经营活动，以及对企业经营业绩的考核评价，从而不断地改进企业的经营管理，提高企业的经济效益。

西方会计学界在上世纪50年代初，就已经明确提出：企业会计划分为传统的财务会计和新兴的管理会计两大分支。即把记账、算账、报账这些着重于对外提供会计报告的事后核算工作称为"财务会计"；把涉及到预测、决策、规划、控制和业绩考评等着重于为企业内部管理服务的事前、事中和事后核算工作称为"管理会计"。

关于什么是管理会计，国际国内会计学界有各种各样的不同说法。到目前为止，还没有一个被普遍公认的定义。本书认为：管理会计是以加强企业内部管理、实现最佳经济效益为目的，以企业的生产经营活动及其价值表现为对象，通过对以财务信息为主体的各种信息的再加工和利用，实现对企业生产经营过程的预测、决策、规划、控制和业绩考评的一个会计分支。

1.1.2 管理会计的职能

管理会计的职能是指它在企业管理中所起的作用。学界通常将其概括预测、决策、规划、控制和考核评价五个方面。

1. 预测经营前景

所谓预测是指采用一定的方法预计、推测客观事物未来发展的必然性或可能性的行为。管理会计的预测职能，就是按照企业未来的总目标和经营方针，充分考虑经济规律的作用和经济条件的约束，选择恰当的定性方法或合理的量化模型，有目的地预计和推测企业未来一定时期的销售、利润、成本及资金的水平及其变动趋势，为企业的投资决策和经营决策提供第一手信息。

2. 参与经营决策

决策是在充分考虑事物未来各种可能状态的前提下，按照客观规律的要求，通过一定的程序，对未来行动的方向、目标、原则和方法做出决定的过程。管理会计的决策职能，主要体现在：根据企业决策目标的需要，搜集、整理有关信息资料，选择恰当的方法，测算有关长期、短期决策方案的评价指标，并做出合理的财务评价，最终筛选出最优的行动方案。

3. 规划经营目标

管理会计的规划职能，是通过编制各种计划和预算实现的。它要求在最终决策方案的基础上，将事先确定的有关经济目标分解落实到各有关预算中去，从而合理有效地组织协调企业供、产、销及人、财、物之间的关系，并为控制和责任考核创造条件。

4. 控制经营过程

管理会计的控制职能，就是将对经营过程的事前控制与事中、事后控制有机地结合起来，通过事前确定的合理可行的各种标准，根据执行过程中的实际与计划发生的偏差进行分析，并及时采取措施进行调整和改进工作，确保经营活动按照规划目标正常进行的过程。

5. 考核评价经营业绩

管理会计的考核评价职能，是通过建立责任会计制度来实现的。即在各部门各单位，甚至每个人均明确各自责任的前提下，逐级考核责任指标的执行情况，找出成绩和不足，从而为奖惩制度的实施提供必要的依据。

1.1.3 管理会计的基本内容

我们把现代管理会计的前述五大职能，组合为三大块基本内容。即：预测决策会计、规划控制会计和责任会计。

预测决策会计是指管理会计系统中侧重于发挥预测经营前景和实施经营决策职能

的最具有能动作用的子系统。它处于现代管理会计的核心地位,又是现代管理会计形成的关键标志之一。

规划控制会计是指在决策目标和经营方针已经明确的前提下,为执行既定的决策方案而进行有关规划和控制,以确保预期奋斗目标顺利实现的管理会计子系统。

责任会计是指在组织企业经营活动时,根据分权管理的思想划分各个内部管理层次的相应职责、权限、利益及所承担义务的范围和内容,通过考核评价各有关方面履行责任的情况,反映其真实业绩,为实施奖惩制度提供客观依据,从而调动企业全体职工积极性的管理会计子系统。

1.2　管理会计与财务会计的关系

1.2.1　管理会计与财务会计的联系

1. 管理会计与财务会计都是现代企业会计的分支

如前所述,现代企业会计分为财务会计与管理会计两大分支。两者脱胎于同一母体,共同构成了现代企业会计系统这一有机整体,并相互依存、相互补充、相互促进,共同发展。

2. 管理会计与财务会计分享信息

管理会计所需的多数信息来源于财务会计系统,并对财务会计所提供的信息进行深加工和再利用,因此管理会计的工作质量会受到财务会计信息质量的制约。

3. 管理会计与财务会计的最终目标一致

管理会计和财务会计所处的工作环境相同,都以企业的生产经营活动及其价值表现为对象,为企业的总体发展目标服务。

1.2.2　管理会计与财务会计的区别

1. 工作主体不同

财务会计以企业法人为工作主体,所核算和监督的是整个企业的生产经营活动。而管理会计则主要以企业内部不同层次的责任单位为主体,它可以是整个企业,也可以是企业内部的一个部门,甚至可以是某些个人。因而管理会计更突出以人为中心的行为管理,同时也兼顾企业主体。

2. 服务对象不同

财务会计工作的侧重点在于为企业外部利益的相关主体,如投资者、债权人、税务部门等提供会计信息服务。从这个意义上说,财务会计又可称为"外部会计"。管理会计作为企业会计的内部会计系统,其工作的侧重点主要为强化企业内部管理提供各种信息服务。

3. 基本职能不同

财务会计是把已经发生的经济事实真实、准确、及时地记录下来,所履行的是核算、监督企业经营活动状况和财务成果的职能,实质上是属于反映过去的"报账型会计"。管理会计则履行预测、决策、规划、控制和业绩考评的职能,属于主要面向未来的"经营型会计"。

4. 规范程度不同

财务会计工作受到会计准则和会计制度的约束,财务会计信息必须符合会计准则的要求。会计准则和会计制度对财务会计来说具有很大的严肃性和权威性,必须严格遵守。而管理会计工作却没有统一的会计原则和制度的限制与约束,它可以灵活地应用其他现代管理科学理论作为其指导原则,"公认会计原则"对管理会计工作几乎不起作用。

5. 工作方法不同

财务会计的方法比较简单,核算时往往只需运用简单的算术方法。而在管理会计工作中,不仅对不同问题可以选择灵活多样的方法进行分析处理,即使对相同的问题,也可根据需要和可能而采用不同的方法进行处理。在信息处理过程中,管理会计工作经常运用统计方法和高等数学方法以及一些非量化的定性方法。

6. 工作程序不同

财务会计有一整套较稳定规范的工作程序,其工作必须遵循严格的会计循环程序,并且财务会计报告必须定期提供。而管理会计工作的程序性较差,通常没有固定的工作程序,也没有要求定期提供报告。

7. 信息特征不同

管理会计信息与财务会计信息在以下几个方面有所区别:

第一,时间特征不同。管理会计信息跨越过去、现在和未来三个时态;而财务会计信息则大多为过去时态。

第二,信息载体不同。管理会计大多以没有统一格式、不固定报告日期和不对外公开的内部报告为其信息载体;财务会计在对外公开提供信息时,其载体是具有固定格式和固定报告日期的财务报表。

第三,信息属性不同。由于受决策有用性和灵活性原则的影响,管理会计在向企业内部管理部门提供定量信息时,除了价值单位外,还经常使用非价值计量单位。此外还可以根据部分单位的需要,提供定性的、特定的、有选择的、不强求计算精度的,以及不具有法律效力的信息;财务会计主要向企业外部利益关系集团提供以货币为计量单位的定量信息,这些信息要求体现全面性、系统性、连续性、综合性、真实性、准确性和合法性等原则。

1.3 管理会计的地位及其组织

1.3.1 管理会计在企业中的地位与作用

管理会计的作用是指管理会计职能在现代企业环境中所发挥的能动效能。管理会计的职能能否在企业管理实践中得到充分发挥,主要受到企业组织形式和管理会计工作者主观努力程度等因素的限制。管理会计作用的大小也与管理会计人员在企业管理中的地位高低直接相关。

管理会计人员的主要工作是根据企业的经济实力和未来的发展方向,对企业的经营目标和实施方案进行预测决策,编制预算,对企业生产经营活动进行全方位、全过程的价值控制,组织成本核算管理,考核评价有关人员的工作业绩,为加强企业内部管理献计献策。可见,管理会计工作可以渗透到企业的各个方面,它既服从于企业管理的总体要求,为其提供信息服务,自身又属于企业管理系统的有机组成部分,并处于价值管理的核心地位。因而,管理会计工作发挥着其他会计手段无法替代的巨大作用。

在西方发达国家,取得执业管理会计师资格比获得注册会计师资格要困难得多。执业管理会计师除了可以在企业会计岗位上从事专业工作外,还可像注册会计师一样,在会计师事务所为企业提供管理会计方面的专业咨询服务。管理会计师的工作报酬和社会地位是很高的。

不可否认,目前在我国,系统的管理会计工作尚处于起步阶段。绝大多数企业中没有设置专门人员和机构从事管理会计工作。管理会计通常只能由财务会计人员兼做。这势必妨碍管理会计职能的发挥。相信随着现代企业规模的日益扩大和管理水平的不断提高,专业化的管理会计工作一定会受到各类企业管理者的高度重视,管理会计的积极作用也会日益显示出来。

1.3.2 管理会计的组织

1. 企业的组织

企业的组织,可大致分为生产经营部门和服务部门。直接负责产品生产和销售的部门称为生产经营部门;此外的其他部门,是为支持生产经营或是为生产经营服务的部门。会计部门是为生产经营服务的部门。

通常企业的最高权力机构是股东大会,由股东大会选出董事会,由董事会聘任总经理,并负责监督总经理的工作。总经理负责主持企业的全面经营管理,协调各部门的工作。企业的会计组织机构和财务组织机构是服务部门,它们是与生产经营部门平等的组织,在财务副总经理的领导下为企业管理人员提供专门服务。会计机构和财务机构对生产经营部门不能行使直接权力。

2. 企业的会计组织

现代企业会计由财务会计和管理会计两大分支构成。在财务副总经理的领导下，设置会计机构和财务机构来履行其服务职能。会计机构的负责人是总会计师，他主管的工作范围包括财务会计和管理会计的所有方面。财务机构的负责人是财务主任，他主要管理财务问题，包括企业筹资、投资和分配，而不是企业的生产经营问题。

总会计师主要负责设计、检查会计凭证和会计账簿，向外提供会计报告；分析成本资料，编制预算；分析业绩报告，参与预测和决策；解释会计信息，主持税务和审计工作等等。其中，管理会计工作占有相当大的比重。总会计师是总经理的重要助手和决策能手，一般由常务董事或副总经理兼任，在企业管理中具有相当的权威。

在企业的会计机构中，管理会计和财务会计在统一领导下开展工作，提供两方面报告的信息。一方面是向内部各级管理人员报告，用来规划和控制企业日常的经营管理活动，并用来进行战略规划，做出专门决策，系统制定全面政策和长期计划。另一方面是向外部的投资人、债权人、政府机构以及有经济利益关系的团体或个人报告，用来反映企业的生产经营状况和财务成果。财务会计主要提供后一方面的信息，侧重向企业外部报告已经发生的历史资料；管理会计主要提供前一方面的信息，侧重于信息的积累、对比、分析和解释，帮助内部各级管理人员预测前景、参与决策、规划未来和控制现在。

1.3.3　管理会计人员的任务

管理会计的业务是经营决策分析和日常规划控制。总会计师工作的大部分涉及管理会计的内容。具体来说，管理会计人员的任务主要有以下几个方面：

1）记账和报账，为强化企业管理提供及时有用的信息。管理会计在日常的记录和控制过程中，要不断积累财务成本数据和其他有关信息，供管理人员在经营管理中使用。

2）分析、解释信息，提醒管理人员需要集中注意的关键问题。会计人员对于所提供的信息要认真分析研究，解释成本数据，提醒各责任单位和各级管理人员集中注意管理中的关键问题。为此，管理会计要提供调查分析报告，参与计划的编制和控制工作。

3）提出解决问题的措施，为决策推荐方案。管理会计人员对日常经营活动中发现的问题要及时提出改进措施；对非经常性业务，要利用自己所掌握的信息资料进行分析比较和研究，权衡得失，从可供选择的可靠性方案中选出最优方案，向有关领导推荐。

4）实行责任会计，准确评价各级责任单位生产经营活动的绩效。随着现代企业规模的日益扩大，内部分工的日益细化和彼此衔接的日益紧密，企业内部管理制度越来越细，这就需要高度重视权、责、利相结合的责任会计制度，以此来保证降低成本费用，提高经济效益。责任会计为了预算控制、成本管理和业绩考评，需要把会计数值、责任预算指标与各责任单位的工作绩效挂钩。通过差异分析和对比，准确测定某一职责范围负责人的工作业绩,并给出恰当的考核评价,使管理工作形成一个完整的体系。实行责任会计是管理会计的一项重要内容,也是管理会计人员的重要工作任务之一。

【思考题】

1. 管理会计的职能有哪些?

2. 管理会计的内容有哪些,其核心是什么?

3. 管理会计的产生与发展的根本原因是什么?发展过程经历了哪些阶段?

4. 管理会计与财务会计有哪些联系和区别?如何从其区别中把握管理会计的特点?

5. 企业管理会计人员的任务有哪些?

【练习题】

1. 单项选择题

1) 处于管理会计核心地位的是 ( )

    A. 责任会计   B. 规划控制会计

    C. 预测决策会计   D. 标准成本会计

2) 管理会计核算的目的是 ( )

    A. 为企业外部服务   B. 为投资者服务

    C. 为企业内部管理服务   C. 为政府管理部门服务

3) 《管理会计:财务管理入门》一书的作者是 ( )

    A. 泰罗   B. 奎因坦斯   C. 麦西金   D. 哈利斯

4) 下列说法正确的是 ( )

    A. 财务会计是管理会计的一个分支

    B. 管理会计是财务会计的一个分支

    C. 财务会计和管理会计共同构成会计的两个分支

    D. 财务会计从管理会计中分离出来,才不到 100 年的时间

5) 下列说法正确的是 ( )

    A. 管理会计是"报账型会计"   B. 财务会计主要面向未来

    C. 管理会计的方法复杂多样   D. 管理会计必须遵循会计准则

2. 多项选择题

1) 属于管理会计人员工作范围的有 ( )

    A. 编制定期财务报告   B. 编制预算

    C. 根据会计凭证记账   D. 积累财务成本数据

2) 管理会计工作中所使用的方法有 ( )

    A. 数学的   B. 统计的   C. 定量的   D. 定性的

3) 下列属于规划控制会计的内容有 ( )

    A. 全面预算   B. 标准成本会计

    C. 预测分析   D. 业绩考评

4) 下列说法正确的有 ( )

    A. 管理会计与财务会计的最终目标一致

B. 管理会计的基本职能是核算和监督

C. 管理会计的主体可以是企业内部单位

D. 分析解释信息是管理会计人员的任务

5）管理会计与财务会计的信息特征区别表现为 （ ）

A. 信息载体 B. 信息时态 C. 信息量 D. 信息属性

3. 判断题

1）管理会计与财务会计一样,应编制定期报告。 （ ）

2）管理会计的工作程序缺乏固定性。 （ ）

3）责任会计是管理会计的核心内容。 （ ）

4）管理会计的各种报告不具有法律效力。 （ ）

5）财务会计反映过去,管理会计主要面向未来。 （ ）

6）管理会计没有公认的准则、固定的程序和统一的制度。 （ ）

7）"管理会计"一词首先由麦西金提出。 （ ）

8）与财务会计相比,管理会计的方法更加复杂多样。 （ ）

9）关于什么是管理会计,目前已有统一规范的定义。 （ ）

10）目前我国多数企业已经设立了独立的管理会计部门。 （ ）

2 成本性态与变动成本法

华林针机厂专业生产针织机,设计生产能力为每年1 000台。但过去两年,每年仅产销500台。出厂价2 500元。而单位产品成本却高达2 600元。构成内容是:直接材料500元、直接人工300元、变动制造费用200元,全年固定制造费用总额800 000元,全年固定销售及管理费用总额250 000元。

该厂已连续两年亏损300 000元,若今年不能扭亏转盈,将走向破产的深渊!厂长召集各部门负责人开会商讨对策。

销售部经理认为:问题的关键在于单位成本太高。由于竞争的关系,无法提高出厂价,只能按2 500元的价格每年销售500台。同时本厂也没有钱做广告去促销,出路只有请工程技术人员想方设法,改进工艺,减少消耗,降低单位成本!

生产部经理认为:问题的关键在于设计生产能力只利用了一半,如能充分利用生产能力,就可把单位固定成本降低,单位成本自然会下降。对策是请推销人员千方百计地去搞促销活动,如能每年售出900台以上,就一定能转亏为盈。

总会计师说:生产部经理的意见对我很有启发,根据会计制度的规定,我们编制利润表采用完全成本法,这为我们提供了一个扭亏转盈的"终南捷径"——那就是充分利用我们的生产能力。一年生产1 000台,尽管只能销售500台,但可将固定成本的半数转入期末存货成本中。这样,我们即使不增加销售数量,也能使利润表上的数据转亏为盈,继续向银行申请贷款就没有问题了,企业还能够继续生存下去。

去年亏损300 000元是如何计算出来的?根据总会计师的建议,按完全成本法计算该厂的息税前利润是多少,如何评价该建议?生产部经理和销售部经理的意见是否正确?如果你是厂长,你该怎么做?

【学习目标】

掌握变动成本、固定成本、混合成本的含义和特点及成本性态分析的方法,掌握变动成本法的含义、计算前提、损益确定程序。

成本性态分析方法、变动成本法的损益确定程序、变动成本法与完全成本法的区别。

2.1 成 本 性 态

2.1.1 成本及成本的分类

1. 成本的概念

在我国传统的会计理论中,通常把成本概括为:在一定条件下企业为生产一定产品所发生的各种耗费的货币表现。现代西方财务会计学则将成本解释为:企业为了获取某项资产或达到一定目的而付出的以货币测定的价值牺牲。成本的形成既可以通过直接牺牲一项资产来实现,也可以通过产生某项负债而导致未来付出价值牺牲的方式来实现。

在现代管理会计中,成本是指企业在生产经营过程中对象化的、以货币表现的、为达到一定目的而应当或可能发生的各种经济资源的价值牺牲或代价。

2. 成本分类的多样性

由于管理会计发挥预测、决策、规划、控制和责任考评的职能,必将涉及各种不同的成本概念(包括某些财务会计的概念)。在这种条件下,选择不同的标志,可将成本进行多重的分类,并分别满足管理会计的不同要求。成本的几种主要分类是:

1) 成本按其经济用途分类。

(1) 生产成本,也可称制造成本,它是指为生产(制造)产品或提供劳务而发生的成本。对这些成本,可根据其具体的经济用途分为料、工、费三大项目。

① 直接材料是指在生产过程中直接构成产品主要实体的原材料成本。其基本特征是:不论在理论上还是在实践上,该项成本都能准确地归属于某一产品上。

② 直接人工是指在生产过程中直接改变原材料的性质或形态所耗用的人工成本。其基本特征与直接材料相同,即必须能直接归属到产品上。

③ 制造费用是指在生产中发生的除直接材料、直接人工以外所发生的其他成本支出。制造费用包括的内容繁杂,所以又可将其进一步细分为间接材料、间接人工、其他制造费用。间接材料是指在生产中耗用,却不易归入某一特定产品的材料成本,如各种物料用品等;间接人工是指为生产服务,而不直接进行产品加工的人工成本,如维修人员工资等;其他制造费用是指不属于上述两种的其他各类间接费用,如固定资产折旧费、维修费、保险费等等。

(2) 推销成本,是指企业为推销产品而发生的各项成本,如销售佣金、广告宣传费、送货运杂费等。

(3) 管理成本,是指制造成本和推销成本以外的所有管理和办公费用,如办公费和管理人员薪金等。

通常将推销成本与管理成本合称为非生产成本,并将其作为期间成本来处理。

2) 成本按其性态分类。

(1) 固定成本,是指在相关范围内,与产量变动无关的成本。

(2) 变动成本,是指在相关范围内,与产量变动成正比例关系的成本。

(3) 混合成本,是指那些会随着业务量的变动而变动,但不保持正比例关系的成本。

3) 成本的其他分类。成本除按其经济用途和按其性态进行分类外,还可按其他多种不同标志进行分类,以满足管理上各种特定的需要。

(1) 按照成本的发生时间分类。按照成本发生的时间分为历史成本和未来成本。历史成本是指已经实际发生的成本。未来成本属于未来发生的成本,它不是用于反映已完成的事实,而是在特定条件下可以合理地预测将在未来某个时期或未来某几个时期将发生的成本。

(2) 按照其对产品的可归属性进行分类。各种成本可按其对产品的可归属性,区分为直接成本和间接成本两大类。直接成本通常是指能够合理地确认与某一特定产品的生产有直接联系,因而可直接计入该产品的成本。如产品的主要原材料、直接人工成本等。间接成本则是指一些共同性的成本,不便于或不能分别确定其中多少是由某一特定产品所发生的,因而需要先按其发生的地点或用途进行归集,并按一定标准分配于各有关产品的成本。

(3) 按照成本可控性进行分类。按照成本可控性进行分类,可分为可控成本与不可控成本。可控成本是指责任单位对成本的发生进行事先预计,事中计量,施加影响,并在事后落实责任考核的那部分成本。与此相反的,即为不可控成本。

(4) 按照成本与决策的关系分类。按照成本与决策的关系分类可分为相关成本与无关成本。相关成本是与某一特定决策有关的成本;反之,与该决策方案无关的成本即为无关成本。

2.1.2 成本性态及成本性态分类

1. 成本性态的涵义

成本性态是指在一定条件下成本总额与特定业务量之间的依存关系,又称为成本习性。

这里的业务量(以下用 x 表示)是指企业在一定的生产经营期内投入或完成的经营工作量的统称。业务量可以使用多种计量单位表现,包括绝对量和相对量两类。其中,绝对量具体又可细分为实物量、价值量和劳动量三种形式;相对量也可以用百分比或比率的形式反映。业务量的不同计量单位在一定件下可以互相换算,具体使用什么计量单位应视管理要求和现实可能而定。在最简单的条件下,业务量通常是指生产量或销售量。

这里的成本总额是指一定时期内为取得营业收入而发生的各种营业成本费用,包括全部生产成本和销售费用、管理费用等非生产成本。

2. 成本的性态分类

全部成本按其性态可分为固定成本、变动成本和混合成本三大类。

1）固定成本。

① 固定成本的概念及特征。固定成本是指其总额在一定时期和一定业务量范围内，不受业务量增减变动的影响而保持不变的成本。例如，企业管理人员工资、广告费、财产保险费、办公费、租赁费、按直线法计提的折旧费、房产税等均属固定成本。由于固定成本的总额在一定时期内保持不变，而业务量却有多有少。这样，分摊至每单位业务量上的固定成本就会因业务量的变动而不同，单位固定成本与业务量的增减成反比例变动。

【例 2-1】 某服装厂加工毛料西服，其生产用厂房是租用其他公司的，每月租金100 000 元，假定该厂每月生产西服最大产量为 5 000 套，则产量在 5 000 套内变动对于成本的影响如表 2-1 所示。

表 2-1　固定成本与业务量的关系

产量（套）　　　　项　　目	总成本（元）	单位产品成本（元／件）
1 000	100 000	100
2 000	100 000	50
3 000	100 000	33
4 000	100 000	25
5 000	100 000	20

将表 2-1 中的数据在坐标图中表示，便可以以图 2-1、2-2 反映出固定成本的特性。

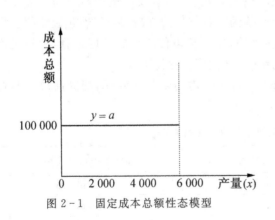

图 2-1　固定成本总额性态模型

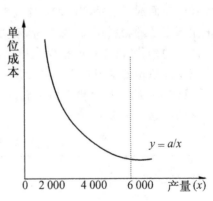

图 2-2　单位固定成本性态模型

图 2-1 反映了固定成本总额不受产量变动的影响而保持不变的特性。它在图中表现为一条与横轴（产量）平行的直线。图 2-2 则显示了单位固定成本与产量呈反比例变动的基本特征，因此在图中表现为一条随着产量的增加而递减的曲线。

② 固定成本的细分。固定成本依据管理决策对其影响的不同,又可进一步划分为约束性固定成本和酌量性固定成本两类。

约束性固定成本是指通过管理当局的决策行动不能改变其数额的固定成本,例如固定资产折旧、保险费、固定设备的租金、管理人员的工资等。它是企业经营业务必须负担的最低成本,是和整个企业经营能力的形成及其正常维护直接相联系的。企业的经营能力一经形成,在短期内很难作重大的改变,因此与此相联系的成本也将在较长时期内继续存在,即使业务经营中断,该项固定成本仍将保持不变。这类成本一般取决于企业的长期规划、长期资本预算、长期生产和市场决策。要想降低约束性固定成本,只有从合理地利用企业的生产能力、提高产品的质量着手。

酌量性固定成本是指通过管理当局的决策行动可以改变其数额的固定成本,例如广告宣传费、职工培训费、研究开发费等。这些成本项目的支出有利于企业的经营,但并不是不可缺少的,它是否需要支出,支出多少,取决于企业管理当局的短期(通常是一年)预算决策,它可以随着经营方针的改变和情况的变化而改变。但从较短的期间看,其发生额的大小同企业的实际经营水平并无直接联系。因此,要想降低酌量性固定成本,只有精打细算、厉行节约,在保证不影响生产经营的前提下尽量减少它们的支出总额。

在管理会计中,固定成本的水平一般是以其总额表现的。但应当注意的是,固定成本总是与特定的计算期间相联系,一个月的固定成本与一年的固定成本肯定不同;而且某些成本项目只是对某一特定业务量来说属于固定成本,对其他业务量来说则可能不属于固定成本。

2)变动成本。

① 变动成本的概念及特征。变动成本是指在特定的业务量范围内,其总额随着业务量变动而成正比例变动的成本,如直接材料、直接人工,以及制造费用中随业务量成正比例变动的物料用品、燃料费、动力费及按销售量支付的报酬、装运费,包装费等。需要注意的是,变动成本的概念是指总额而言的,如果从单位成本的角度来看,则情况恰恰相反。单位变动成本不受产量变动的影响,其数值将保持不变。

【例2-2】 某服装厂加工毛料西服,每套服装需用毛料400元,则变动成本与业务量的关系如表2-2所示。

表2-2 变动成本与业务量的关系

西服产量(套)	每套西服毛料成本(元)	全部西服毛料总成本(元)
100	400	40 000
200	400	80 000
300	400	120 000
400	400	160 000
500	400	200 000

将表 2-2 中的数据在坐标图中表示,便可以图 2-3、2-4 反映出变动成本的特性。

图 2-4 反映了变动成本总额随业务量变动而成正比例变动的特征,因此在图中表现为一条随着产量的增加而递增的曲线。图 2-3 反映了单位变动成本在一定范围内

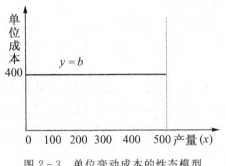
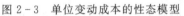

图 2-3　单位变动成本的性态模型

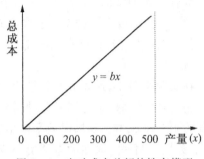

图 2-4　变动成本总额的性态模型

不受产量变动的影响,其数值将保持不变的特性,它在图中表现为一条与横轴(产量)平行的直线。因此,在企业管理中,要想降低产品中的变动成本,必须从降低单位产品的消耗量入手。

② 变动成本的细分。变动成本可根据其发生的原因进一步分为技术性变动成本和酌量性变动成本两类。

技术性变动成本是指其单位成本受客观因素决定,消耗量由技术因素决定的那部分变动成本。如生产成本中主要受到设计方案影响的、单耗相对稳定的外购零部件成本,在工资水平不变的前提下,流水作业生产岗位上的工人其工资和福利费等都属于这类成本。要想降低这类成本,应当通过改进设计,改革工艺技术,实现技术革新和技术革命,提高材料综合利用率、劳动生产率和产出率以及避免浪费、降低单耗来实现。

酌量性变动成本是指单耗受客观因素决定,其单位成本主要受企业管理部门决策影响的那部分变动成本。如在质量能够得以保证、单耗不变的前提下,企业可以在不同地区或不同供货单位采购到价格水平不同的某种原材料,其成本消耗就属于酌量性变动成本。要想降低这类成本,应当通过合理决策,降低材料采购成本,优化劳动组合,严格控制制造费用开支,改善成本效益关系来实现。

与固定成本不同,变动成本的水平一般用单位业务量的成本发生额来表现比较好。因为在一定范围内,单位变动成本不受业务量变动的影响,能直接反映主要材料、人工成本和变动性制造费用的消耗水平。总之,要降低变动成本就应从降低单位产品变动成本的消耗量着手。

在研究变动成本问题时,必须了解有关业务量的具体形式。某些成本项目只是对某一特定业务量来说属于变动成本,而对其他业务量来说则不属于变动成本。

3）混合成本。变动成本和固定成本是现实经济生活中两种极端的形式。实际上，多数成本是处于两者之间的混合体。这类成本的特性介于变动成本和固定成本之间，当业务量发生变动时，其成本总额也发生变动，但和业务量之间不成正比例变动关系，我们把这类成本称为混合成本。

混合成本的情况比较复杂，一般有以下四种形态：

（1）半变动成本。这类混合成本有一个不随业务量的变动而变动的成本数额作为初始量，在此基础上的成本则类似于变动成本，和业务量的变动成比例地增减，如图2-5所示。

在实际生活中，这类成本是较为常见的。例如，电信部门规定固定电话每月付25元月租费，在此基础上每用一分钟付费0.3元市话费。对于用户来说，每月的电话费开支即为半变动成本。如果以数学模型表示，y代表半变动成本总额，x代表电话使用时间（业务量），则一定时期内电话费的成本模型为：$y = 25 + 0.3x$。

一般地，机器设备的维护修理费、公用事业的服务费等，都是这种形态的成本。

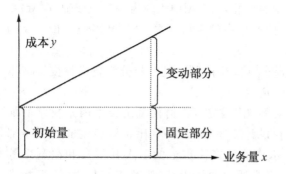

图2-5　半变动成本性态模型

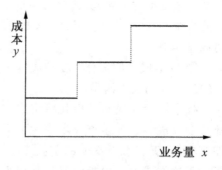

图2-6　阶梯式变动成本性态模型

（2）阶梯式变动成本。阶梯式形象地表明了这类混合成本的基本特性，即在一定的范围内，这类成本类似于固定成本，在业务量发生变动时其总额保持固定不变；但业务量达到一定水平时，其成本总额会突然变动到一个新的水平，然后在一定范围内又保持不变；当业务量再次超过一定水平时，成本又向上达到一个新的水平，从而形成一种类似于阶梯的变化轨迹（如图2-6所示）。

一般地，如检验员、化验员的工资和受开工班次影响的有关费用都属于这一类混合成本，它们的数学模型需要经过性态分析才能确定。

（3）延伸式变动成本。这一类成本在业务量的一定范围内固定不变，当业务量增加到一定限度时，成本随业务量成正比例变动，即变成变动成本（如图2-7所示）。

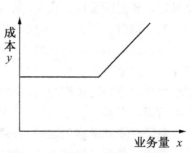

图2-7　延伸变动成本性态模型

一般可以认为在正常时间内支付管理人员的工资是固定不变的,但当加班后就要根据加班时间的长短按比例支付津贴(薪金),这就属于延伸变动成本。

(4)曲线式成本。这是成本总额和业务量之间呈现非线性关系的混合成本。这种成本通常随产量的增加而增加,但不呈正比例变化,增加幅度呈现递增或递减的趋势,用坐标图示往往形成抛物线的形状(如图2-8所示)。

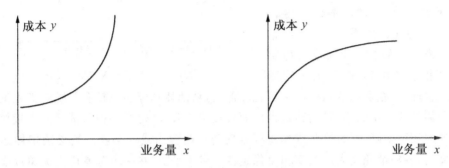

图2-8 曲线成本性态模型

一般地,其变动率采取累计或递减方式的成本都属于曲线成本。它们的形成往往是由于存在一个以上的成本动因,即除了产销量外,还有其他因素在对成本的发生和变化产生影响。

变动成本、固定成本和混合成本是按成本变动和业务量之间的规律性联系分析成本项目所表现出来的三种特性。这一分类对于管理会计有着重要意义,成为管理会计各项短期决策和控制分析方法的基础。

3. 相关范围

研究成本性态必须充分考虑相关范围的影响。在管理会计中,把不会改变固定成本、变动成本性态的有关期间和业务量的特定变动范围称为广义的相关范围,把业务量因素的特定变动范围称为狭义的相关范围。研究固定成本、变动成本必须与一定的时期和一定的业务量范围相联系。只要在相关范围内,不管时间多久、业务量增减变动幅度多大,固定成本总额的不变性和变动成本总额的正比例变动性都将存在。但是如果超出这一范围,就不一定如此,因为不论是从较长时期看,还是从业务量的无限变动看,没有绝对不改变数额的成本,也不可能存在绝对正比例变动的成本。总之,不仅固定成本和变动成本都只能存在于一定的相关范围内,而且每一类成本中的不同明细项目都可能具有不同的相关范围。

1)固定成本的相关范围。固定成本总额保持不变,也是就一定时期和一定业务量而言的。时期或业务量超出一定的范围,固定成本总额将会发生变化。如前述酌量性固定成本会受不同时期的经营方针和财务状况的影响而不尽相同,即使是约束性固定成本也可能因生产能力的变动或物价变动而发生变动。例如在例2-1中,如果生产量超过5 000套,则必须再租赁一间厂房。这样租赁费就可能会成倍增加。当然在年产量

5 000套范围内,年租赁费则保持不变,不受产量变化的影响(如图2-9所示)。

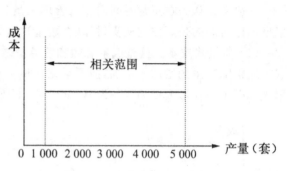

图2-9 固定成本的相关范围

2) 变动成本的相关范围。变动成本同样也存在相关范围的问题。超过相关范围,变动成本也不再表现为完全的线性关系,而可能是非线性关系。如某些行业在投产初期或投产批量较小时,由于工人的劳动熟练程度差,企业的劳动生产率可能较低,材料消耗和废品也较多。随着工人生产经验的积累和业务量的不断增长,这种局面会逐步改善,单位产品中所消耗的直接材料和人工成本逐渐下降,这时这些成本总额表现为一凸型曲线。当业务量继续增加达到一定程度后,各项消耗及人工效率相对稳定在一定水平上,在一定范围内有关单位成本不再随业务量变动,有关成本总额表现为一个正比例直线方程,成为真正意义上的变动成本。我们将这一业务量变动范围称为变动成本的相关范围。当业务量突破相关范围继续增长时,则可能出现新的不经济因素,如轮班生产、加班加点、废品率上升等,使单位成本又逐渐上升,此时这些成本总额表现为一凹形曲线。另外,在相关范围内外,这些成本单位额的变化趋势也不同,这种成本随着业务量的变化而变化的情形可用图2-10表示。

同样,变动成本在时间上也存在相关范围,即使业务量没有突破相关范围,在不同时

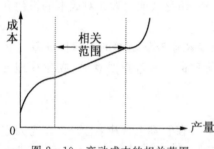

图2-10 变动成本的相关范围

期其单位成本也会随着物价水平的变动而发生改变。

相关范围的存在说明成本性态并非成本自身固有的特性,它要受到时间和空间的限制。第一,成本性态具有暂时性,它只是在一定的时期内保持不变;第二,成本性态具有相对性,它取决于每个企业的会计政策和会计方法;第三,成本性态具有可转化性,当业务量标准发生变化时,固定成本和变动成本可能会相互转化。

2.2 成本性态分析的程序和方法

2.2.1 成本性态分析的目的

成本性态分析是指在明确各种成本性态的基础上,按照一定的程序和方法,最终将全部成本区分为固定成本和变动成本两大类,并建立相应成本函数模型的过程。它是

管理会计的一项最基本的工作。通过成本性态分析,可以从定性和定量两方面把握成本的各个组成部分与业务量之间的依存关系和变动规律,从而为应用变动成本法开展本量利分析,进行短期决策、预测分析、全面预算、标准成本会计的操作和落实责任会计奠定基础。

成本性态分析与成本按性态分类是管理会计中两个既有联系又有区别的范畴。它们的联系在于:两者的对象相同,都是企业的总成本,成本性态分析要以成本按性态分类为基础;它们的区别是:两者不仅性质不同(前者包括定性和定量两个方面,后者则仅仅属于定性分析),而且最终结果各异;前者最终将全部成本区分为固定成本和变动成本两个部分,并建立相应成本模型;而后者将全部成本区分为固定成本、变动成本和混合成本三大类。

2.2.2 成本性态分析的程序

成本性态分析的程序是指完成成本性态分析任务所经过的步骤。有以下两种程序:

1. 多步骤分析程序

在该程序下,首先对总成本按性态进行分类,将其分为包括混合成本在内的三个部分,然后再对混合成本进行分解,即按照一定技术方法将混合成本区分为固定部分和变动部分,然后再将这些成本分别与分析之前的固定成本和变动成本相加,最后建立有关成本模型。

2. 单步骤分析程序

在该程序下,不需要按成本性态分类和进行混合成本的分解,而是按一定方法将全部成本直接一次性区分为固定成本总额和变动成本总额两部分,并建立有关成本模型。

2.2.3 成本性态分析的方法

不论单步骤分析程序还是多步骤分析程序,成本性态分析均可采用以下某些方法:

1. 契约检查法

契约检查法就是通过检查与对方单位签订的契约(合同或协议)中关于支付费用的具体规定来确定费用的成本习性。例如设备租赁费,如协议规定按月计算租赁费,就表现为固定成本;若规定按使用时间支付租赁费,则表现为变动成本。

契约检查法的优点是成本性态分析比较准确,但其应用范围较小,只限于签有合同的生产经营项目的成本的性态分析。

2. 技术测定法

技术测定法又称工程技术法,是指利用经济工程项目的财务评价技术方法所测定的企业正常生产过程中投入与产出的关系,分析、确定在实际业务量基础上其固定成本和变动成本水平,并揭示其变动规律的一种方法。其基本做法是根据各种材料、人工、费用的消耗与业务量之间的直接联系来合理区分哪些耗费是变动成本,哪些耗费是固定成本。这种方法需要对每一项耗费都要进行分析,因而划分比较准确。如果成本分析者富有经验并了解该组织的业务活动,那么其成本预测会非常可靠并对决策大有帮助。但其缺点是工作量较大,且常常不及时,一般只适用于新建企业或新产品的成本性态分析。

3. 账户分析法

这是成本估计中最传统的会计分析方法,这种方法不需要多少资料,而是依赖于成本会计人员的专业判断。采用这种方法时,成本会计人员应取得某一期间实际发生的生产及成本资料,然后对每一账户进行分析,以便确定其成本属于固定成本还是变动成本,然后结出总数,将总成本除以数量,即得到单位变动成本。

账户分析法的优点是计算简便,能较为清楚地反映出变动成本和固定成本所包含的费用项目,以便于比较分析,因而实用价值较高。但成本性态的确定比较粗,其结果主要依赖于会计人员的专业判断,不同的分析人员利用相同的资料进行分析,可能产生不同的结果。

4. 历史资料分析法

历史资料分析法是指根据过去一定时期实际发生的业务量与其相关的成本资料,运用一定的数学方法进行计算分析,从而确定固定成本和单位变动成本的数值,并建立成本-业务量函数方程,从而完成成本性态分析的一种定量分析方法。这是在进行成本性态分析时较多采用的一种方法。按照资料利用的具体形式不同,历史资料分析法又可分为高低点法、散布图法和回归直线法三种具体方法。

1) 高低点法。高低点法是指以某一时期内的最高点业务量的混合成本与最低点业务量的混合成本之差,除以最高产量与最低产量之差;先计算出单位变动成本的值,然后再据以计算出成本中的固定成本的一种定量分析方法。

因为任何混合成本项目中都包含有变动成本与固定成本两种因素,所以如果设:

y 为混合成本总额;a 为混合成本中的固定成本部分;b 为混合成本中的单位变动成本;x 为业务量,则:混合成本的数学模型为:

$$y = a + bx$$

高低点法的基本分解步骤是:首先确定高低点。根据某项成本过去一定时期的业务量和成本资料,确定最高点和最低点业务量。其次计算单位变动成本和固定成本。根据混合成本的数学模型和高低点资料可得:

$$y_{高} = a + bx_{高}$$

$$y_{低} = a + bx_{低}$$

两式相减得 $\qquad y_{高} - y_{低} = b(x_{高} - x_{低})$

所以
$$b = \frac{y_高 - y_低}{x_高 - x_低} \qquad a = y_高 - bx_高$$

或
$$a = y_低 - bx_低$$

【例2-3】 某厂2003年全年的产量和混合成本资料如表2-3所示。要求：运用高低点法对维修费进行成本性态分析。

表2-3 某厂2010年业务量与维修费用资料表

月　份	业 务 量（千机器小时）	维 修 费（元）
1	18	600
2	16	500
3	18	580
4	20	620
5	24	680
6	28	800
7	22	640
8	22	660
9	26	700
10	16	520
11	12	400
12	14	440

解 首先，由表2-3资料确定高低点，见表2-4所示。

表2-4 高低点业务量与维修费用表

项　目	最 高 点（6月份）	最 低 点（11月份）
业务量（千机器小时）	28	12
维修费（元）	800	400

将上例有关数据代入计算公式，则

$$b = \frac{y_高 - y_低}{x_高 - x_低} = \frac{800 - 400}{28 - 12} = 25（元）$$

$$a = y_高 - bx_高 = 800 - 28 \times 25 = 800 - 700 = 100（元）$$

或
$$a = y_低 - bx_低 = 400 - 12 \times 25 = 400 - 300 = 100（元）$$

于是得到混合成本模型：$y = 100 + 25x$

上述计算表明，该厂维修费用（混合成本）分解后，其固定成本总额是 100 元，每增加千机器小时所增加的成本是 25 元。

假设 2011 年 1 月份的业务量计划为 27 千机器小时，由混合成本模型可得，该月份的维修费用开支预测数为：

$$y = 100 + 25x = 100 + 25 \times 27 = 775（元）$$

需要注意的是，高低点坐标的选择必须以一定时期内业务量的高低来确定，而不是按成本的高低。

高低点法的优点是简便易行。但由于只选用两组数据，代表性较差，所以其结果的准确性也较差。采用高低点法所选用的成本数据应能代表企业生产活动的正常情况；同时，通过高低点法分解而求得的成本公式，只适用于相关范围内的情况，若超出相关范围就不再适用。因此，这种方法只适用于成本变动趋势比较稳定的企业。

2）散布图法。散布图法，亦称直观法，是一种图解法。它是在以横轴代表业务量、纵轴代表成本的直角坐标系中，将一定期间内的业务量和与之相应的混合成本的坐标点标示其中，然后通过目测，按照这些总成本的大致变动趋势，画一条使其尽量贴近上下两侧各点的成本直线，借以确定混合成本的固定部分与变动部分。这条直线与纵轴的相交点即表示混合成本中的固定成本部分，而成本变动趋势直线的斜率即代表单位变动成本。

沿用表 2-3 的数据作散布图，如图 2-11 所示，成本趋势直线在 y 轴上的截距即为维修成本中的固定部分。单位变动成本的计算可以取成本趋势直线上的任一点坐标值 x 和 y 代入公式 $y = a + bx$，即可得出：

$$b = \frac{y - a}{x}$$

散布图法的优点是可以利用资料中所有数据来确定成本变动的趋势，较之高低点法只用两点来观察，可提供比较准确的估计值。但是，散布图法主要通过目测来确定成本变动趋势，不能保证该直线是这些数据的最正确的代表。

3）回归直线法。亦称"最

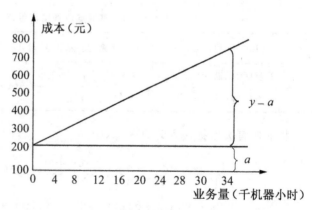

图 2-11 维修费的散布图

管 理 会 计

小平方法",是数理统计原理(离差平方和最小)在管理会计中的应用。这种方法实质上是散布图法的数理方法。采用散布图法时,通过目测,在各个成本点之间可以画出许多反映 x 与 y 关系的直线。究竟哪一条最合理? 从数学的观点看,应以全部观测数据的离差平方和最小的直线最为合理,这条直线在数学上叫作"回归直线",故称"回归直线法",又称作"最小平方法"。

若共有若干(n)期业务量(x)和成本(y)的资料,每期资料的 x、y 之间的关系可以用直线方程 $y = a + bx$ 表示,根据最小平方法的原理求得参数 a、b,就可以建立混合成本分解模型。

求解参数 a、b 的标准方程组是

$$\begin{cases} \sum y = na + b \sum x \\ \sum xy = a \sum x + b \sum x^2 \end{cases}$$

整理可得:

$$a = \frac{\sum y}{n} - b \frac{\sum x}{n}$$

$$b = \frac{n \sum xy - \sum x \cdot \sum y}{n \sum x^2 - (\sum x)^2}$$

【例 2-4】 某厂 1~6 月份直接人工(业务量)和维修费(混合成本)资料如表 2-5所示。

表 2-5 混合成本与业务量资料表

月　　份	直接人工(小时)	维修费(元)
1	200	2 400
2	600	3 400
3	400	2 800
4	800	3 400
5	1 200	4 600
6	1 000	3 800
合　　计	4 200	20 400

要求:用回归直线法将混合成本进行分解,并写出混合成本的数学模型。

解 将表中的已知资料进行整理,如表 2-6 所示。

表 2-6 相关数据计算表

月 份	直接人工(小时)	维修费(元)	x^2	$x \cdot y$	y^2
1	200	2 400	40 000	480 000	5 760 000
2	600	3 400	360 000	2 040 000	11 560 000
3	400	2 800	160 000	1 120 000	7 840 000
4	800	3 400	640 000	2 720 000	11 560 000
5	1 200	4 600	1 440 000	5 520 000	21 160 000
6	1 000	3 800	1 000 000	3 800 000	14 440 000
合 计	4 200	20 400	3 640 000	15 680 000	72 260 000

根据表 2-6 计算如下:

$$b = \frac{n\sum xy - \sum x \cdot \sum y}{n\sum x^2 - \left(\sum x\right)^2} = \frac{6 \times 15\ 680\ 000 - 4\ 200 \times 20\ 400}{6 \times 3\ 640\ 000 - 4\ 200^2} = 2(元)$$

$$a = \frac{\sum y}{n} - b\frac{\sum x}{n} = 3\ 400 - 2 \times 700 = 2\ 000(元)$$

维修费混合成本的模型为: $\qquad y = 2\ 000 + 2x$

采用回归直线法不仅可用于混合成本分解,也可以用它去建立其他的经济数学模型。这里有一个条件,即自变量 x 与因变量 y 必须存在线性相关关系。否则,所建的模型没有意义。因此,采用回归直线法建立模型前,要检验已知资料中 x 与 y 是否存在线性相关关系。除可以通过画散点图进行直观测定外,更可靠的是通过计算线性相关系数加以判断和检验,尤其是资料个数偏少时会出现虚假相关现象。所以,必须进行线性相关关系的检验。

线性相关系数计算公式如下:

$$r = \frac{n\sum xy - \sum x \cdot \sum y}{\sqrt{n\sum x^2 - \left(\sum x\right)^2} \cdot \sqrt{n\sum y^2 - \left(\sum y\right)^2}}$$

相关系数 r 的取值范围为: $-1 \leqslant r \leqslant 1$, $|r|$ 越接近 1,相关关系越密切。一般可按如下标准加以判断:

$|r| < 0.3$,为不相关;$0.3 < |r| < 0.5$,为低度相关;

$0.5 < |r| < 0.8$，为显著相关；$|r| > 0.8$，为高度相关。

对本例计算线性相关系数：

$$r = \frac{n\sum xy - \sum x \cdot \sum y}{\sqrt{n\sum x^2 - \left(\sum x\right)^2} \cdot \sqrt{n\sum y^2 - \left(\sum y\right)^2}}$$

$$= \frac{6 \times 15\,680\,000 - 4\,200 \times 20\,400}{\sqrt{6 \times 3\,640\,000 - 4\,200^2} \cdot \sqrt{6 \times 72\,260\,000 - 20\,400^2}} = 0.98$$

设相关性检验水平为 5%，这里 $n = 6$，查相关系数检验表得 $r_á = 0.811\,4$，计算结果 $r = 0.98$，大于 $r_á = 0.811\,4$，所以可以认为直接人工与维修费之间存在高度线性相关关系，可以保证利用线性成本模型进行混合成本分解结果的可靠性。

以上三种分解混合成本的基本方法，均含有估计的成分，带有一定程度的假设性，其分解的结果不可能绝对准确，只能用来求近似值。相对而言，回归直线所得的结果，是最具有可靠性的。

2.2.4 混合成本的分解案例分析

兴华公司是一家化工生产企业，主要生产环氧丙烷和丙乙醇产品。按成本与产量变动的依存关系，公司把折旧费、设备大修理费和管理人员工资等列作固定成本（约占总成本 10%），把原材料、辅助材料、燃料和生产工人工资、销售人员提成工资等作为变动成本（约占成本 65%），把一般修理费、动力费、水电费、其他制造费用、其他销售管理费用列作混合成本（约占总成本的 25%）。

按照 2011 年 1～5 月的资料，总成本、变动成本、固定成本、混合成本和业务量如下：

月 份	总成本（万元）	变动成本（万元）	固定成本（万元）	混合成本（万元）	业务量（机器台时）
1	58.633	36.363	5.94	16.33	43 048
2	57.764	36.454	5.97	15.34	42 849
3	55.744	36.454	5.86	13.43	41 120
4	63.319	40.189	6.11	16.92	47 433
5	61.656	40.016	6.55	15.19	46 217
合 计	297.116	189.476	30.43	77.21	220 667

1～5 月混合成本组成如下：

月　份	一般修理费	动力费	水电费	其他制造费　用	销售管理费　用	$\sum y$（万元）
1	17 252.76	85 560.82	19 837.16	4 995.28	35 680	16.33
2	10 783.55	86 292.62	25 879.73	5 471.95	24 938	15.34
3	5 486.56	80 272.87	16 524.10	5 394.63	26 599	13.43
4	6 646.86	81 862.89	26 836.17	5 943.39	47 815	16.92
5	7 409.75	83 819.45	24 962.80	5 428.68	30 234	15.19

会计人员用高低点法对混合成本进行分解,结果是:

单位变动成本　　　5.53(元/机器台时)

固定成本　　　　　－9.31(万元)

固定成本是负数,显然是不对的。

用回归分析法进行分解,结果是:

单位变动成本　　　3.21(元/机器小时)

固定成本　　　　　1.28(万元)

根据 $y = a + bx$,经验算各月混合成本中的固定成本与回归系数 1.28 万元相差很远。

1 月份:16.33 － 0.000 321 × 43 048 ＝ 2.512(万元)

2 月份:15.43 － 0.000 321 × 42 849 ＝ 1.585(万元)

3 月份:13.43 － 0.000 321 × 41 120 ＝ 0.230(万元)

4 月份:16.92 － 0.000 321 × 47 433 ＝ 1.694(万元)

5 月份:15.19 － 0.000 321 × 46 217 ＝ 0.354(万元)

会计人员感到困惑不解,不知道问题在哪里,应该采用什么方法来划分变动成本和固定成本。

解答　该公司对总成本的分解,主要应采用账户分析法,把明显的属于变动成本或固定成本的剔除后,其余作为混合成本,用一定的方法进行分解。这里存在几个问题:

(1) 从混合成本的结构来看,许多费用都不是线性的,如修理费用,4 月份产量最高,但费用较低。

(2) 按账户分析法把大部分近似变动成本和近似固定成本都已分别归入变动成本和固定成本,剩下的少数费用性质比较复杂。这样,有些费用的发生是没有规律的,这部分费用,一般是难以用公式来单独分解的。否则,矛盾就比较突出,如本例所计算出来的结果很不合理。

根据本例所述情况,可以有以下几种处理方案:

(1) 全部成本按账户分析法划分,除已划分为变动成本、固定成本以外,剩下的这些混合成本,进行按其性质直接划分为变动成本和固定成本。如本例一般修理费、动力费和水电费可归入变动成本,其他制造费用和其他销售管理费用属于固定成本。具体如下:

月　　份	变动成本(万元)	固定成本(万元)	合计(万元)
1	48.625	10.008	58.633
2	48.753	9.011	57.764
3	46.685	9.059	55.744
4	51.834	11.485	63.319
5	51.540	10.116	61.656
合　　计	247.037	49.679	297.116

这种方法虽然不太正确,但便于费用控制。

(2) 把全部总成本作为混合成本,按高低点法分解:

$$单位变动成本=\frac{63.319-55.744}{47\,433-41\,120}=0.001\,20(万元/机器台时)$$

$$固定成本=\frac{297.116-220\,667\times0.001\,2}{5}=6.497(万元)$$

计算各月变动成本和固定成本如下:

月　　份	变动成本(万元)	固定成本(万元)	合计(万元)
1	51.658	6.975	58.633
2	51.422	6.342	57.764
3	49.347	6.397	55.744
4	56.920	6.399	63.319
5	55.456	6.191	61.656

从各月数字计算结果来看,基本上是正确的。合计总成本中有一部分成本各月发生数是不规则的,但比率较小,不影响总成本的正确性。

(3) 如果要保持原来的分解方法,则对混合成本要进一步进行分析,查明不规则变动的原因,剔除各种不正常因素,经过调整后的数字再进行分解。

2.3 变动成本法

2.3.1 变动成本法与完全成本法的含义

1. 变动成本法与完全成本法的含义

变动成本法于 20 世纪 30 年代产生于美国。它主要是为了适应日益加剧的市场竞争的需要，企业管理者要求为内部管理提供更广泛、更有用的信息资料，以便加强对经济活动的事前规划和日常控制而提出的，它也因此成为管理会计的一项重要内容之一，是现代企业管理的一个重要组成部分。

变动成本法，是指在计算产品的生产成本时，只包括在生产过程中所消耗的直接材料、直接人工和变动制造费用，而把全部的固定制造费用及非生产成本作为期间成本，并按贡献式损益程序计量损益的一种成本计算模式。

完全成本法，是指在计算产品的生产成本时，将一定期间所发生的直接材料、直接人工、变动性制造费用和固定性制造费用作为产品成本的构成内容，只将非生产成本作为期间成本，并按传统式损益确定程序计量损益的一种成本计算模式。这样，完全成本法计算出来的产品成本既包括变动生产成本，又包括固定生产成本。

2. 实行变动成本法的理由

第一，产品成本只应该包括变动生产成本。

在管理会计中，产品成本是指那些在生产过程中发生的随产品实体的流动而流动，随着产量的变动而变动，只有当产品实现销售时才能与相关收入实现配比、得以补偿的成本。而产品与产品成本之间存在着密切的依存关系，一方面产品是产品成本的物质承担者，没有产品实体的存在，产品成本就失去了其载体；另一方面，不消耗费用和发生成本也不可能形成产品。因此在相关范围内，产品成本数额的多少必然与产品产量的大小密切相关。在生产工艺没有发生实质性变化、成本水平不变的条件下，所发生的产品成本总额应当随着完成的产品产量成正比例变动。因此，在变动成本法下，只有变动生产成本才能构成产品成本的内容。

第二，固定生产成本应当作为期间成本处理。

在管理会计中，期间成本是指那些不随产品实体的流动而流动，而是随企业生产经营持续期间的长短而增减，其效益随期间的推移而消逝，不能递延到下期，只能于发生的当期计入利润表并由当期收入补偿的成本。虽然产品是在生产领域中形成的，但并非所有生产成本都应当构成产品成本的内容。因为生产成本中包括固定性制造费用，在相关范围内该项费用的发生与实际产品产量的多少或有无并没有因果关系。固定性制造费用只是定期地创造了可供企业利用的生产能量，因而与期间的关系更为密切。在这一点上它与销售费用、管理费用等非生产成本只是定期地创造了维持企业经营的必要条件一样具有时效性。不管这些能量和条件是否在当期被利用或被利用得是否有效，这种成本发生额都不会受到丝毫影响，其效益随着时间的推移而逐渐丧失，不能递延到下期。因此，固定性制造费用（即固定生产成本）应当与非生产成本同样作为期间成本处理。

所以，变动成本法比完全成本法更符合"配比原则"。

2.3.2　变动成本法与完全成本法利润表的编制

如前所述，变动成本计算法的主要特点是产品成本中只包括变动生产成本，而把固定生产成本(固定性制造费用)当作期间成本处理,不把它当作产品成本的一个组成部分。固定生产成本发生后,全额列入损益表,作为该期销售收入的一个扣减项目,期末资产负债表上的在产品、产成品是按变动生产成本计价的,固定生产成本不包括在内;而完全成本计算法,则把变动生产成本与固定生产成本都计入产品成本,使本期已销售的产品和期末的在产品、产成品具有相同的成本组成。这个特点对分期损益计算有重大影响,主要表现在当产销不平衡时,以两种成本计算为基础所确定的分期损益不同。下面举例做具体的分析说明。

【例 2-5】 假设蓝天电器厂只生产一种产品,销售单价为 100 元。期初存货 200 件,并知每件期初存货的固定制造费用为 18 元。

2011 年产量、销量、成本资料如下:生产量 4 000 件,销售量 3 600 件。直接材料 140 000 元,直接人工 80 000 元,制造费用 80 000 元。其中:变动制造费用 20 000 元,固定制造费用 60 000 元。销售费用 60 000 元,其中变动销售费用 20 000 元,固定销售费用 40 000 元;管理费用 20 000 元,其中变动管理费用 2 000 元,固定管理费用 18 000 元。

要求:根据上述资料,分别采用变动成本法和完全成本法,确定产品的单位生产成本和全年的营业利润(息税前利润),并分别编制利润表(存货计价采用先进先出法)。

解 根据上述资料计算两种成本法下的单位产品生产成本结果如表 2-7 所示。

表 2-7 单位产品生产成本计算表　　　　　　　　　　　　　　　单位:元

成 本 项 目	变 动 成 本 法	完 全 成 本 法
直接材料	35	35
直接人工	20	20
变动制造费用	5	5
固定制造费用	——	15
单位生产成本	60	75

完全成本法单位生产成本 75 元,比变动成本法单位生产成本 60 元多 15 元,这是由于每件产品负担固定制造费用 15 元而造成的。

两种成本法下息税前利润的计算过程如下:

变动成本法计算息税前利润公式为:

1)首先计算: 　　边际贡献总额＝销售收入－变动成本

(变动成本包括变动生产成本、变动销售和管理费用,其中变动生产成本为单位变动生产成本乘销售量,无需考虑期末、期初存货增减变动)

边际贡献总额 ＝ （100×3 600）－（60×3 600＋20 000＋2 000）＝ 122 000（元）

2）其次计算：　　息税前利润＝边际贡献额－固定成本

息税前利润 ＝ 122 000－（60 000＋40 000＋18 000）＝ 4 000（元）

完全成本法计算息税前利润公式为：

1）首先计算：　　销售毛利＝销售收入－销售成本

（这里　销售成本＝期初存货成本＋本期生产成本－期末存货成本）

销售毛利 ＝ （100×3 600）－（78×200＋75×4 000－75×600）＝ 89 400（元）

2）其次计算：　　息税前利润＝销售毛利－期间费用

息税前利润 ＝ 89 400－（60 000＋20 000）＝ 9 400（元）

两种计算方法息税前利润差异的原因分析：

从计算结果来看，完全成本法的息税前利润为 9 400 元，比变动成本法计算的结果 4 000 元多出了 5 400 元。这是因为完全成本法把期末存货 600 件中每件包括的固定制造费用 15 元，计入销售成本内结转到了下一个会计期间，从而使本期成本减少 9 000 元 （15×600）；同时，期初存货 200 件，从上期带来了固定制造费用 3 600 元（18×200），从而又使本期成本多计了 3 600 元。两者相抵后，本期成本少计了 5 400 元（9 000－ 3 600）。于是，与变动成本法相比，本期息税前利润就多了 5 400 元。而变动成本法则 没有把固定制造费用分配到相应的存货中去，全部算做本期的期间成本从边际贡献 中一次性扣除，因而本期期间成本增加，导致息税前利润减少。总之这两者之间的 不同，是因为它们从销售收入中所扣除的固定成本金额不同所致。变动成本法不管 各期产销量如何不一致，总是把本期的固定成本总额全部扣除；而完全成本计算法 所扣除的固定成本，则是期初存货中固定成本加上本期固定成本减去期末存货中的 固定成本。

两种方法计算息税前利润差异的简算法公式：

息税前利润差异＝完全成本法的息税前利润－变动成本法的息税前利润

＝期末存货×单位固定制造费用－期初存货×单位固定制造费用

用简算法公式验证：

息税前利润差异 ＝ 600×15－200×18 ＝ 9 400－4 000 ＝ 5 400（元）

根据上述计算结果，编制两种方法的利润表如表 2-8 所示。

表 2-8　利　润　表　　　　　　　　单位：元

变　动　成　本　法		完　全　成　本　法	
销售收入总额（100×3 600）	360 000	销售收入总额（100×3 600）	360 000
减：变动成本	238 000	减：销售成本	270 600
其中：变动生产成本	216 000	期初存货成本	15 600
变动销售费用	20 000	加：本期生产成本	300 000
变动管理费用	2 000	减：期末存货成本	45 000
边际贡献总额	122 000	销售毛利	89 400
减：固定成本	118 000	减：期间费用	80 000
其中：固定制造费用	60 000	其中：销售费用	60 000
固定销售费用	40 000	管理费用	20 000
固定管理费用	18 000		
息税前利润	4 000	息税前利润	9 400

　　从上表中计算可以看到，在完全成本法下，本期发生的销售费用、管理费用作为期间成本，在计算息税前利润前，列在期间费用项下从销售毛利中全部扣减。在变动成本法下，销售费用、管理费用则是按其性态分别处理的：变动部分作为变动成本的组成部分，在计算边际贡献前被扣除，固定部分则在边际贡献后被扣除。虽然它们在完全成本法中被扣除的位置不同，却改变不了它们属于期间成本的性质。因此，无论在哪一种成本计算法下，本期发生的销售费用、管理费用都是期间成本，都要全额计入利润表，只是在计入利润表的位置和补偿途径方面存在形式上的区别。

　　2. 若干会计期间变动成本法和完全成本法息税前利润差异的变动规律分析

　　从前面关于两种成本计算法的息税前利润差异的原因分析，以及简算法公式中可以理解，形成差异的根本原因在于对固定制造费用的处理方法不同。也就是在完全成本法下，期末存货从本期带走的固定制造费用与期初存货从上期带来的固定制造费用之差，即为其息税前利润差额。

　　在各期产销量不平衡的情况下，两种计算法得到的息税前利润就难免出现差异。一般存在三种情况：

　　（1）期末存货的固定制造费用等于期初存货的固定制造费用时，两种方法计算的息税前利润相等。

　　（2）期末存货的固定制造费用大于期初存货的固定制造费用时，完全成本法计算的息税前利润大于变动成本法计算的息税前利润。

　　（3）期末存货的固定制造费用小于期初存货的固定制造费用时，完全成本法计算的息税前利润小于变动成本法计算的息税前利润。

2.3.3 变动成本法和完全成本法的比较

2011 年 2 月 22 日,大华医药公司总经理室要求公司财务经理根据本公司各企业的会计年报及有关资料,写一份公司年度经济效益分析报告。分析报告交总经理审阅后,他对报告中提到的两个企业情况颇感困惑:一个是专门生产大输液的甲制药厂,该厂 2009 年销售不景气,库存大量积压,贷款不断增加,资金频频告急。2010 年该厂积极努力,一方面适当生产,另一方面想方设法广开渠道,扩大销售、减少库存。但报表上反映的利润 2010 年却比 2009 年下降。另一个是生产制药原料的乙制药厂,该厂情况则相反,2010 年市场不景气,销量比 2009 年下降,而年度报告上几项经济指标,除资金外,都比上年好。被总经理这么一提,财务经理也觉得有问题,于是他们将这两个厂交上来的有关报表和财务分析拿出来进行进一步的研究。

甲制药厂的有关资料如下(单位:元):

	2009 年	2010 年
销售收入	1 855 000	2 597 000
减:销售成本	1 272 000	2 102 400
销售管理费用	85 000	108 000
净利润	498 000	386 600
库存资料(单位:瓶)		
期初存货数	16 000	35 000
本期生产数	72 000	50 400
本期销售数	53 000	74 200
期末存货数	35 000	11 200
单位售价(单位:元)	35	35
单位成本(单位:元)	24	30
其中:		
直接材料	7	7
直接人工	3	3
制造费用	14	20

制造费用每年为 1 008 000 元,销售成本用后进先出法。

甲制药厂在分析其利润下降原因时,认为这是生产能力没有被充分利用,制造费用等固定费用未能得到充分摊销所致。

乙制药厂的有关资料如下(单位:元):

	2009 年	2010 年
销售收入	1 200 000	1 100 000

减：销售成本	1 080 000	964 612
销售管理费用	30 000	30 000
净利润	90 000	105 388
库存资料（单位：千克）		
期初存货数	100	100
本期生产数	12 000	13 000
本期销售数	12 000	11 000
期末存货数	100	2 100
单位售价（单位：元）	100	100
单位成本（单位：元）	90	87.692
其中：		
直接材料	50	50
直接工资	10	10
制造费用	30	27.692

制造费用这两年均为 360 000 元，销售成本也采用后进先出法。

乙制药厂在分析其利润上升的原因时，认为这是他们在市场不景气的情况下，为多交税金、保证国家税收不受影响，全厂职工一条心，充分利用现有生产能力，增产节支的结果。

问题：

(1) 甲制药厂和乙制药厂的分析结论对吗？为什么？

(2) 如果你是公司财务经理你将得出什么结论，并且如何向你的总经理解释？

解答 (1) 甲制药厂和乙制药厂的结论是建立在全部成本法基础上的。采用全部成本法计算，一部分固定制造费用要计入存货，转作资产，因此有时销售下降，而产量却上升，存货也相应增加，这样就会使得本期吸收到存货中的固定制造费用多于本期销售收入中边际贡献的下降数，导致利润增加。如本例中的乙制药厂销售量下降 1 000 千克，边际贡献下降 40 000 元[(12 000－11 000)×(100－50－10)]。但由于产量增加，库存增加，期末存货中的固定制造费用增加约 55 388 元(360 000/13 000×2 000)，使利润增加 15 388 元(55 388－40 000)或(105 388－90 000)。而甲制药厂的情况相反，由于销售量上升，产量下降，库存下降，而使利润下降。虽然增加 21 200 瓶，边际贡献上升 530 000 元[21 200×(35－7－3)]。但由于 2002 年生产大于销售，期末存货增加 19 000 瓶，使得本年期末存货中的固定制造费用增加 266 000 元(14×19 000)(注：存货增加的 19 000 瓶都是本年生产的)，从而本年利润增大了 266 000 元；而 2010 年却相反，生产小于销售，期末存货减少 238 000 瓶，使得本年期末存货中的固定制造费用减少了 352 400 元[(14×19 000＋18×4 800)(注：存货减少的 23 800 瓶中，19 000 瓶是上年生产的，4 800 瓶是 2009 年初存货的)，从而本年利润下降了 352 400 元。这样，一升

一降,由于两年产量、销量各自不同,期初、期末存货中固定制造费用的差异,就使得
2010 年的利润比 2009 年减少了 618 400 元。此外,两年的销售费用也相差 23 000 元。
最终使得 2010 年的利润比 2009 年减少了 111 400 元(−618 400−23 000+530 000=
−111 400)或(386 600−498 000)。

（2）如采用变动成本法,则会得出相反的结论(如下表所示)。

甲制药厂:

	2009 年	2010 年	增（减）
销售收入	1 855 000	2 597 000	742 000
变动生产成本	530 000	742 000	212 000
生产边际贡献	1 325 000	1 855 000	530 000
固定生产成本	1 008 000	1 008 000	——
销售费用	85 000	108 000	23 000
净利润	232 000	739 000	507 000

乙制药厂:

	2009 年	2010 年	增（减）
销售收入	1 200 000	1 100 000	(100 000)
变动生产成本	720 000	660 000	(60 000)
生产边际贡献	480 000	440 000	(40 000)
固定生产成本	360 000	360 000	
销售费用	30 000	30 000	
净利润	90 000	50 000	(40 000)

之所以会得出上述两种不同的结论,正是由于全部成本法和变动成本法对固定成
本的不同解释和采取不同处理方法造成的,经理困惑也是由此而产生的。

2.3.4　变动成本法与完全成本法的区别总结

完全成本法与变动成本法所提供的成本与收益资料对于企业管理有不同的意义。
两种成本计算方法的区别主要表现在以下方面:

1. 应用的前提条件不同

应用变动成本法,首先要求进行成本性态分析,把全部成本划分为变动成本和固定

成本两大类,尤其要把属于混合成本性质的制造费用按生产量分解为变动性制造费用和固定性制造费用两部分。应用完全成本法,首先要求把全部成本按其发生的领域或经济用途分为生产成本和非生产成本。

2. 提供信息的用途不同

变动成本法能够确定企业在一定期间进行产品产销活动获得的边际贡献,从而明确揭示了产品的盈利能力同其销售量、成本和利润之间的内在联系,以满足企业内部管理,特别是预测、决策工作的需要。而完全成本法则能够确定企业在一定期间进行产品产销活动获得的销售毛利和营业利润,从而满足企业对外提供财务报告和纳税申报的需要。

3. 产品成本和期间成本的构成内容不同

在变动成本法下,产品成本实际上就是变动性生产成本,具体内容包括直接材料、直接人工和变动性制造费用;期间成本则包括固定性制造费用和全部非生产成本。而在完全成本法下,其产品成本实际上就是制造成本,具体内容包括直接材料、直接人工、变动性制造费用和固定性制造费用;期间成本则是全部非生产成本。

4. 存货计价原则不同

在变动成本法下,产成品、半成品和在产品存货价值的确定,应按变动性生产成本即直接材料、直接人工、变动性制造费用进行计价;而在完全成本法下,存货价值的确定应按全部生产成本即直接材料、直接人工、变动性制造费用和固定性制造费用进行计价。即对某一特定存货进行计价,按变动成本法确定的存货单位成本要小于按完全成本法确定的存货单位成本,其差额就是完全成本法下单位产品应负担的固定性制造费用。

5. 损益计算方面的区别

由于变动成本法与完全成本法对于生产环节发生的固定性制造费用的处理方式不同,所以它们计算出来的损益也会不同。因此,在变动成本法下,营业利润真正成了反映企业销售量多少的晴雨表。即:在各期生产量大致相同的情况下,销售量大的一期,利润就高;销售量小的一期,利润就低;前后两期生产量和销售量均相同,则会产生相同的利润数额。这有利于促使企业重视市场销售环节。但是完全成本法确定的营业利润指标则不具备这个功能,因其利润不仅会受到销售量的影响,同时还会受到生产量及存货价值变动的影响。

2.3.5 变动成本法的优缺点及其应用

1. 变动成本法的优点

变动成本法是适用于面向未来、加强企业内部管理而产生的。由于它能够提供科学反映成本与业务量之间、利润与销售量之间有关量的变化规律的信息,因而有助于加强成本管理,强化管理会计预测、决策、规划、控制和业绩考核等职能。具体说来它有以下优点:

1) 能够促进企业重视市场,做到以销定产。在变动成本法下,利润真正成了反映企业经营状况好坏的晴雨表,有助于促使企业树立市场观念,努力开发市场,重视销售,以销定产,减少或避免因盲目生产而带来的损失。

2) 便于简化成本核算。采用变动成本法,把固定性制造费用列入期间成本,从边际贡献项下直接扣除,这就大大简化了产品成本计算中间接费用的分配过程,并可减少由于分配标准的多样性而可能产生的主观随意性,从而将会计人员从繁重的成本核算工作中解脱出来。

3) 便于强化成本分析控制,促进成本降低。采用变动成本法,产品成本不受固定成本和产量的影响,而取决于各项变动费用支出的多少,因此可直接分析因成本控制工作本身的好坏而造成的成本升降;同时,采用变动成本法,有助于将固定成本和变动成本指标分解落实给各个责任单位,以分清各部门的责任,调动各部门降低成本的积极性,鼓励它们主动采取措施,按不同的方法进行成本控制,促进成本全面降低。

4) 便于开展本量利分析,进行科学的预测和短期经营决策。变动成本法是本量利分析的前提,通过分析、利用变动成本法所提供的成本及边际贡献指标,可以完成成本预测短期经营决策等许多方面的工作。

2. 变动成本法的缺点

1) 不符合财务会计的产品成本概念以及对外报告的要求。按照传统观念的理解,产品成本是指在生产领域为生产产品而发生的全部生产成本,当然也应当包括固定生产成本,这种观念长期以来在世界范围内得到广泛的支持和认可,并被吸收进企业会计基本准则之中,作为对外报告的标准。但是按变动成本法确定的产品成本显然不能满足这一要求。

2) 不能适应长期决策的需要。变动成本法是建立在成本性态分析的基础之上,因此它以相关范围的假定为存在前提。但是成本的性态受到多个因素的影响,因此固定成本和变动成本的水平不可能长期不变。而长期决策涉及的时间较长,又要解决增加或减少生产能力和扩大或缩小经营规模的问题,必然突破相关范围。因此变动成本法所提供的资料,不适于长期决策的需要。

综上所述,变动成本法侧重于对内服务,而完全成本法则侧重于对外服务,两种方法各有其职能。那么,会计管理上如何兼顾两种需要呢?一种办法是采取"双轨制",即在会计核算中,既用完全成本法进行核算,以满足对外报告的需要,同时又用变动成本法进行核算,以满足企业内部管理的需要。显然,这种办法大大增加了会计人员的工作量。另一种办法是将两种方法结合起来,日常以变动成本法为主进行成本核算,随时满足内部管理的需要。这需要把产成品账户做一些改进,既主要按变动成本法的核算要求反映产品成本,又按完全成本法将固定生产成本另行反映在有关账户中,若需对外提供财务成果报告时,就可据此对变动成本法的有关数据进行调整,以满足对外报告的需要。

1. 什么叫成本性态? 成本按性态划分为几种类型?

2. 比较成本性态分析与成本按性态分类的异同。

3. 固定成本的主要特征是什么?

4. 变动成本的主要特征是什么?

5. 约束性固定成本和酌量性固定成本有什么不同?

6. 什么是混合成本? 混合成本有几种类型? 它们的特点是什么?

7. 混合成本分解的方法有哪些?

8. 什么是变动成本法? 变动成本法的理论依据是什么?

9. 变动成本的优缺点有哪些?

10. 两种成本法下产品生产成本的构成有什么不同?

【练习题】

1. 单项选择题

1) 将企业的成本分为"固定成本"、"变动成本"和"混合变动成本"是依据　　　　　( )

    A. 成本项目　　　　　　　　　　　B. 成本性态

    C. 经济用途　　　　　　　　　　　D. 可控性

2) 变动成本是　　　　　　　　　　　　　　　　　　　　　　　　　　　　( )

    A. 不受产量影响的成本　　　　　　B. 不受期间影响的成本

    C. 在相关范围内,总额不变的成本　D. 在相关范围内,单位成本不变的成本

3) 在相关范围内,当产量增加时,固定成本会　　　　　　　　　　　　　　( )

    A. 不变　　　　　　　　　　　　　B. 增加

    C. 减少　　　　　　　　　　　　　D. 都有可能

4) 混合变动成本分解的高低点中的"低点"是指　　　　　　　　　　　　　( )

    A. 成本总额最小的点　　　　　　　B. 单位成本最小的点

    C. 产量最小的点　　　　　　　　　D. 成本总额与产量都最小的点

5) 在相关范围内,单位变动成本　　　　　　　　　　　　　　　　　　　　( )

    A. 随产量增加而减少　　　　　　　B. 随产量增加而增加

    C. 在不同的产量水平下,各不相同　D. 在不同的产量水平下,保持不变

6) 在平面直角坐标图上,固定成本线是一条　　　　　　　　　　　　　　　( )

    A. 以单位变动成本为斜率的直线　　B. 反比例曲线

    C. 平行于 Y 轴的直线　　　　　　D. 平行于 X 轴的直线

7) 在平面直角坐标图上,单位固定成本线是一条　　　　　　　　　　　　　( )

    A. 以单位变动成本为斜率的直线　　B. 反比例曲线

    C. 平行于 Y 轴的直线　　　　　　D. 平行于 X 轴的直线

8) 下列属于酌量性固定成本的有　　　　　　　　　　　　　　　　　　　　( )

    A. 研究开发费　　　　　　　　　　B. 机器设备的折旧

    C. 厂房　　　　　　　　　　　　　D. 保险费

9) 下列项目中,不能列入变动成本法下产品成本的是　　　　　　　　　　　( )

A. 直接材料   B. 直接人工

C. 变动制造费用   D. 固定性制造费用

10) 完全成本法和变动成本法分期营业利润出现差异的根本原因在   ( )

A. 两种成本法计入当期利润表的制造费用的水平出现了差异

B. 两种成本法计入当期利润表的变动性制造费用的水平出现了差异

C. 两种成本法计入当期利润表的固定性制造费用的水平出现了差异

D. 两种成本法计入当期利润表的变动性管理费用的水平出现了差异

11) 如果某期按变动成本法计算的营业利润为 5 000 元,该期产量为 2 000 件,销售量为 1 000 件,

期初存货为 0,固定性制造费用总额为 2 000 元,则按完全成本法计算的营业利润为   ( )

A. 0 元   B. 1 000 元   C. 5 000 元   D. 6 000 元

12) 如果完全成本法的期末存货成本比期初存货成本多 10 000 元,而变动成本法的期末存货成本

比期初存货成本多 4 000 元,则可断定两种成本法的营业利润之差为   ( )

A. 14 000 元   B. 10 000 元   C. 6 000 元   D. 4 000 元

2. 多项选择题

1) 按成本的性态,全部成本分为   ( )

A. 固定成本   B. 混合成本   C. 变动成本   D. 期间成本

E. 制造成本   F. 非制造成本

2) 酌量性固定成本包括   ( )

A. 研究开发费   B. 广告宣传费   C. 机器设备的折旧   D. 保险费

E. 财产税   F. 职工培训费

3) 固定成本具有( )的特点。

A. 成本总额不受产量变动的影响

B. 单位产品成本与产量变动呈反比例关系

C. 单位产品成本与产量变动呈正比例关系

D. 单位产品成本与产量变动无关

4) 变动成本具有( )的特点。

A. 成本总额不受产量变动的影响   B. 单位产品成本与产量变动呈反比例关系

C. 单位产品成本与产量变动呈正比例关系   D. 单位产品成本与产量变动无关

E. 成本总额与产量变动呈正比例关系   F. 成本总额与产量变动呈反比例关系

G. 成本总额随产量变动,但不成比例

5) 下列属于变动成本的有   ( )

A. 燃料费   B. 直接人工   C. 折旧费   D. 管理人员的工资

E. 直接材料

6) 下列属于固定成本的有   ( )

A. 单耗稳定的直接材料成本   B. 研究开发费

C. 保险费   D. 折旧费   E. 广告宣传费

7) 混合成本的分解,有下列方法   ( )

A. 高低点法   B. 散布图法   C. 约当产量法   D. 直接分配法

E. 回归直线法

8) 下列项目中,完全成本法和变动成本法在确定本期的营业净利润时都将其作为期间成本处理的是 （ ）

　　A. 销售费用　　　　　　　　　　B. 管理费用

　　C. 财务费用　　　　　　　　　　D. 固定性制造费用

9) 下列项目中,不会导致完全成本法和变动成本法所确定的分期营业利润不同的是 （ ）

　　A. 固定性制造费用　　　　　　　B. 营业收入

　　C. 销售费用、管理费用　　　　　D. 变动生产成本

3. 判断题

1) 变动成本无论在什么情况下都与业务量的变化保持严格的比例关系。 （ ）

2) 在变动成本法下,产品成本不受固定成本和产量的影响,而取决于各项变动费用支出的多少。

　　　　　　　　　　　　　　　　　　　　　　　　　　　　　　　　　　（ ）

3) 在完全成本法下,固定生产成本全部计入期末存货成本中。 （ ）

4) 按完全成本法确定的营业净利润也可能等于按变动成本法确定的营业净利润。 （ ）

5) 在完全成本法下,期末存货中包含的固定性制造费用递延到后期。 （ ）

6) 在变动成本法下,变动非生产费用是在计算贡献边际前被扣除的,所以它不再成为期间成本,这与完全成本法的处理截然不同。 （ ）

7) 高低点法适用于各期成本变动趋势较为稳定的情况。 （ ）

8) 可控成本是相对于某一对象而言的,并不是固定不变的。 （ ）

9) 单位变动成本会随着业务量的变化而变化。 （ ）

10) 无论哪一种混合成本,实质上都可以区分为固定成本和变动成本。 （ ）

4. 计算题

1) 某企业 2010 年上半年有关资料如下表:

月　份	产品产量（台）	制造费用总额（千元）
1	420	110
2	450	115
3	400	106
4	500	123
5	600	138
6	550	130
合　计	2 920	722

　　该企业采用多步骤分析法,对制造费用进行分解。会计部门用账户分析法对 3 月份的制造费用进行分解,结果为:固定成本总额 38 千元,变动成本总额 52 千元,混合成本为 16 千元。要求:

　　(1) 把各月的制造费用,划分为固定成本总额、变动成本总额和混合成本总额三个部分;

　　(2) 用高低点法对上半年的混合成本进行分解;

（3）列出制造费用总额的成本模型，并预计 8 月份产品产量为 580 台的制造费用总额；

（4）用回归直线法直接对上半年的制造费用总额进行直接分解（单步骤法），列出制造费用总额的成本模型，预计 8 月份产品产量为 580 台的制造费用总额，并与（3）的结果进行比较。

2）某厂 2010 年全年的产量和混合成本资料如下：

月 份	业 务 量（千机器小时）	动 力 费（元）
1	16	500
2	20	620
3	28	800
4	22	640
5	16	520
6	12	400
7	18	600
8	18	580
9	14	440
10	26	700
11	22	660
12	24	680
合 计	236	7 140

要求：（1）用高低点法将动力费分解为变动成本和固定成本，并列出总成本方程式。

（2）用回归直线法将动力费分解为变动成本和固定成本，并列出总成本方程式。

3）某厂 2010 年只生产甲产品，期初无存货，本年度产品产量 6 000 台，销售量 5 500 台，销售单价 480 元。有关成本费用资料如下：

直接材料	540 000 元
直接人工	300 000 元
变动制造费用	300 000 元
固定制造费用	270 000 元
变动销售及管理费用	220 000 元
固定销售及管理费用	160 000 元

要求：

（1）分别用变动成本法和完全成本法确定单位产品生产成本和期末存货成本。

（2）分别用变动成本法和完全成本法编制利润表。

（3）用利润差异的简算法公式验证两种成本法的息税前利润差异,并分析产生差异的原因。

4）某厂 2010 年只生产 A 产品,期初无存货,本年度产品产量 1 000 件,销售量 600 件,销售单价 40 元。有关成本费用资料如下：

单位直接材料	10 元
单位直接人工	5 元
单位变动性制造费用	7 元
固定性制造费用总额	4 000 元
单位变动性销售及管理费用	4 元
固定性销售及管理费用	1 000 元

要求：分别按两种成本法的有关公式计算下列指标。

（1）单位产品成本;（2）期间成本;（3）销货成本;（4）息税前利润。

5）某企业只产销一种产品,假定近两年的单价和成本水平(即单位变动成本和固定成本总额)不变,变动成本法下其有关资料如下表：

项 目	2009 年	2010 年
期初存货量（件）	0	（ ）
本期生产量（件）	1 300	1 100
本期销售量（件）	1 000	1 000
期末存货量（件）	300	（ ）
固定制造费用总额（元）	143 000	（ ）
税前净利（元）	197 000	（ ）

要求：（1）填写表中括号内数字。

（2）分别按先进先出法和后进先出法计算这两年期末和期初存货中固定生产成本的差额。

（3）按这两种方法计算的差额,求这两年完全成本法的息税前利润。

6）以下资料是某公司连续三个会计年度的资料：

摘 要	2008 年	2009 年	2010 年	合 计
期初存货量（件）	0	0	2 000	0
当年生产量（件）	6 000	8 000	4 000	1 800
当年销售量（件）	6 000	6 000	6 000	1 800
期末存货量（件）	0	2 000	0	0

基 本 资 料	单 位 产 品 成 本					
	完 全 成 本 法			变 动 成 本 法		
	2008 年	2009 年	2010 年	2008 年	2009 年	2010 年
单位售价 10 元						
生产成本						
单位变动成本 4 元	4	4	4	4	4	4
固定成本总额 24 000 元	4	3	6			
销售及管理成本						
单位变动成本 0 元						
固定成本总额 6 000 元						
单位产品生产成本(元)	8	7	10	4	4	4

要求：根据所给资料,编制按完全成本法和变动成本法计算的利润表。

本量利分析

导　读

　　美邦公司是一家知名的服装连锁经营企业,在全国各地开设了数千家专卖店。市场拓展部在上海某繁华地段又相中了一个铺面。每月租金是 12 万元,预计每月员工工资支出 18 000 元,预计装修费用每月分摊 2 000 元,其他各项费用开支预计每月 5 000 元。公司所经营服装的平均毛利率为 40%。公司开设专卖店的一般要求是营业净利润率不低于 8%。

　　请你测算一下,每月营业收入达到多少时,专卖店不会亏损? 每月的营业收入至少达到多少,这家专卖店才可以开张?

【学习目标】

　　掌握本量利分析的基本原理、基本概念和公式,掌握保本保利分析方法和多品种条件下本量利分析的方法。

【重点与难点】

　　本量利基本公式,保体、保利分析,有关因素变动对相关指标的影响。

3.1　本量利分析概述

3.1.1　本量利分析的含义与基本前提

1. 本量利分析的含义

　　本量利(Cost-Volume-Profit,CVP)分析,又称量本利分析,它是指在对成本按性态划分的基础上,就成本、业务量、利润三者之间的依存关系所进行的分析。即以数量化的会计模型或图形来揭示售价、销量、单位变动成本、固定成本总额以及利润等有关因素之间内在的、规律性的联系。通过对这种联系的研究,可为企业规划、控制,乃至决策提供必要的经济信息和相应的分析手段。

本量利分析是现代管理会计学的重要组成部分。运用本量利分析不仅可为企业完成保本、保利条件下应实现的销售量或销售额的预测，而且若将其与风险分析相联系，可为企业提供化解经营风险的方法和手段，以保证企业既定目标的实现；若将其与决策分析相结合，可帮助企业进行有关的生产决策、定价决策和投资项目的不确定性分析。此外，本量利分析还可成为编制全面预算和控制成本的基础。

2. 本量利分析的基本前提

为了便于揭示成本、业务量及利润三者之间的数量关系，在管理会计中述及本量利分析时通常以下述假定为基本前提：

1) 成本已按性态划分且采用变动成本法。这是指所有的成本费用均按成本性态划分为变动成本与固定成本两大类，产品成本只由变动生产成本构成，固定成本（包括固定制造费用）全部作为期间成本处理，且有关成本性态模型已经建立完毕。

2) 相关范围及线性关系。这是假定在分析期间，业务量的变动不超越可保持售价、单位变动成本及固定成本总额不变的范围。因而在此情况下，不仅业务量与销售收入可保持正比例关系，而且业务量与成本总额也可呈现出完全线性关系。

3) 产销平衡与品种结构稳定。这是假定企业各期生产的产品都能在市场上找到销路，从而实现当期产与销的统一；在多品种生产条件下，当以价值形态表现的产销总量发生变化时，假定其各产品的销售额在全部产品销售总额中所占的比重并不发生变化。

4) 目标利润为息税前利润。本量利分析中涉及的一个重要指标是利润。在我国企业财务会计报表中，用于反映利润的指标主要包括产品销售利润、营业利润、利润总额以及净利润等。若从上述利润指标的形成与企业经常性的业务活动及业务量的相关性角度看，显然以营业利润作为本量利分析中的目标利润更为恰当。管理会计中的营业利润，是不考虑财务费用和所得税的利润，也就是息税前利润。

以上有关本量利分析的一系列假定，是对企业日常具体而复杂的经济业务活动所进行的一种简单化的抽象，这种抽象结果不仅为深入揭示成本、业务量以及利润三者之间的内在联系创造了条件，而且也对初学者理解和掌握本量利分析提供了方便。但是我们也应该看到，企业现实的生产经营活动往往会超越上述假定，这就对本量利分析方法的实际应用提出了更高的要求，即切忌盲目照搬滥用，成功的运用必须结合企业自身的实际情况。在运用本量利分析原理进行预测或规划的基础上辅之以必要的调整或修正，或从更深层次的角度研究建立适合本企业特点的诸如在完全成本法条件下、产销不平衡条件下或非线性条件下的本量利分析模型，从而克服原有本量利分析方法的局限性，使其得到广泛的应用。

3.1.2 本量利分析的基本内容和基本公式

1. 本量利分析的基本内容

本量利分析在实际工作中有比较广泛的用途，其基本内容主要包括保本分析、保利分析及各因素变动对本量利分析的影响。

本量利分析首先是保本分析,即确定盈亏平衡点(保本点)。保本点,就是在销售单价、单位变动成本和固定成本总额不变的情况下,企业既不盈利又不亏损的销售数量。保利分析,即分析在销售单价、单位变动成本和固定成本总额不变的情况下,销售数量变动对利润的影响,从而确定目标利润,进行利润规划。最后,再进一步分析销售单价、单位变动成本和固定成本总额等各因素的变动对保本点、保利点、经营的安全程度以及对利润的影响。

只有对企业经营活动安全性进行正确的估量,对企业盈亏状况有一个基本了解,才能使经营决策者在管理活动中以较少的消耗和风险取得较多的盈利,并采取相应的对策,规避风险,提高企业经营效益。因此,盈亏平衡分析在规划企业经济活动和经营决策中具有广泛的用途。

2. 本量利分析的基本公式

1) 本量利分析的基本数学模型。本量利分析的目标是利润,计算利润的基本公式即本量利分析的基本数学模型为:

$$利润 = 销售收入总额 - 成本总额$$

$$= 销售收入总额 - (变动成本总额 + 固定成本总额)$$

$$= 销售量 \times 销售单价 - 销售量 \times 单位变动成本 - 固定成本总额$$

$$= 销售量 \times (单价 - 单位变动成本) - 固定成本总额$$

为计算方便,有关符号标示如下:

$EBIT$ 代表息税前利润;p 代表销售单价;x 代表销售量(业务量);b 代表混合成本中单位变动成本;a 代表固定成本总额。

那么,上式可表示为:

$$EBIT = px - (bx + a) = px - bx - a = (p-b)x - a$$

$EBIT = (p-b)x - a$ 通常被称为本量利的基本关系式,以后的保本、保利分析也是建立在此公式的基础之上。

2) 基本概念及其计算公式。进行本量利分析,必须掌握下面介绍的一些基本概念及其计算公式。

(1) 边际贡献(记作 cm)。边际贡献,亦称为边际毛益、贡献毛益、边际利润或贡献边际,是指产品的销售收入扣减其变动成本后的余额。它通常有两种表现形式:一是单位边际贡献,它能够反映某种产品的盈利能力;二是边际贡献总额(Tcm),它的经济内容体现在计算企业的营业净利中能做出多大贡献。其计算公式分别为:

① 在单一产品的产销情况下:

$$边际贡献总额 = 销售收入总额 - 变动成本总额$$

$$= 销售量 \times （销售单价 - 单位变动成本）$$

$$= 销售量 \times 单位边际贡献$$

即
$$Tcm = px - bx = (p - b)x = x \cdot cm$$

其中，单位边际贡献＝销售单价－单位变动成本。

即
$$cm = p - b = \frac{Tcm}{x}$$

② 在多种产品的产销情况下：

$$全部产品边际贡献 = \sum 各种产品边际贡献$$

$$= \sum （各种产品销售收入 - 各种产品变动成本）$$

$$= \sum (Tcm) = \sum (px - bx)$$

若将边际贡献置入本量利分析基本公式，则为：

$$利润（EBIT） = 边际贡献 - 固定成本总额 = Tcm - a$$

由此可知，边际贡献的大小将直接影响企业产品销售盈亏水平的高低，产品销售能否保本以及产品销售利润的高低将取决于边际贡献能否"吸收"（抵减）全部固定成本，并有剩余额及剩余额的大小。在固定成本不变的情况下，边际贡献的增减意味着利润的增减，只有当边际贡献大于固定成本时才能为企业提供利润。否则，企业将会出现亏损。

（2）边际贡献率（记作 cmR）。边际贡献与相应销售收入的比值，称为边际贡献率。其计算公式分别为：

① 在单一产品的产销情况下：

$$边际贡献率 = \frac{边际贡献}{销售收入} \times 100\% = \frac{单位边际贡献}{销售单价} \times 100\%$$

即
$$cmR = \frac{Tcm}{px} \times 100\% = \frac{cm}{p} \times 100\%$$

② 在多品种产品的产销情况下：

$$综合（加权平均）边际贡献率 = \frac{\sum （各种产品边际贡献）}{\sum （各种产品销售收入）} \times 100\%$$

$$= \sum （各产品边际贡献率 \times 该产品销售比重） \times 100\%$$

（3）变动成本率（记作 bR）。变动成本率是指产品的变动成本总额与产品的销售

收入总额之间的比率,又等于单位变动成本占销售单价的百分比,它表明每增加一元销售所增加的变动成本。其计算公式为:

$$变动成本率 = \frac{变动成本总额}{销售收入总额} \times 100\%$$

$$= \frac{单位变动成本}{销售单价} \times 100\%$$

$$bR = \frac{bx}{px} = \frac{b}{p}$$

(4)边际贡献率与变动成本率的关系。由于边际贡献率与变动成本率均表明边际贡献或变动成本占销售收入的百分比,因此将这两项指标联系起来考虑,可以得到以下关系式:

$$边际贡献率 + 变动成本率 = \frac{单位边际贡献}{销售单价} + \frac{单位变动成本}{销售单价}$$

$$= \frac{单位边际贡献 + 单位变动成本}{销售单价}$$

$$= \frac{(销售单价 - 单位变动成本) + 单位变动成本}{销售单价} = 1$$

即
$$cmR + bR = 1$$

或
$$cmR = 1 - bR \quad bR = 1 - cmR$$

上述关系式表明,边际贡献率与变动成本率具有互补关系。变动成本率低的企业,则边际贡献率高,创利能力强;反之,则创利能力弱。

【例 3-1】 某公司生产消毒机,每台变动成本 900 元,固定成本总额 300 万元,共生产销售了 1 万台,每台售价 1 500 元。则:

$$单位边际贡献(cm) = p - b = 1\,500 - 900 = 600(元/台)$$

$$边际贡献(Tcm) = x \cdot cm = 600 \times 1 = 600(万元)$$

$$边际贡献率(cmR) = \frac{cm}{p} \times 100\% = \frac{600}{1\,500} \times 100\% = 40\%$$

$$变动成本率(bR) = \frac{b}{p} \times 100\% = \frac{900}{1\,500} \times 100\% = 60\%$$

$$边际贡献率 + 变动成本率 = cmR + bR = 40\% + 60\% = 1$$

$$利润(EBIT) = Tcm - a = 600 - 300 = 300(万元)$$

3.2　保本保利分析

3.2.1　保本分析

1. 保本分析的基本概念

所谓保本,就是指企业在一定时期内收支相等、盈亏平衡、不盈不亏和利润为零。当企业处于这种收支相等、损益平衡、不盈不亏、利润为零的特殊情况时,称为企业达到保本状态。保本分析就是研究当企业恰好处于保本状态时本量利关系的一种定量分析方法,它是确定企业经营安全程度和进行保利分析的基础。保本分析的关键是保本点的确定。

2. 保本点的确定

1) 保本点的涵义。保本点是指能使企业达到保本状态的业务量。即在该业务水平上,企业收入与变动成本之差刚好与固定成本持平。稍微增加一点业务量,企业就有盈利;反之,减少一点业务量就会发生亏损。在我国,保本点又叫做盈亏临界点、损益分界点、损益两平点、够本点等。为简化起见,可将其记作 BEP。

2) 保本点的表现形式。单一品种的保本点有两种表现形式:一是保本点销售量(简称保本量),二是保本点销售额(简称保本额)。它们都是标志企业达到收支平衡实现保本的销售业务量指标。在以平面直角坐标系为基础的单一品种保本图上,保本点 BEP 是由上述两个坐标决定其所在位置的,因此保本点的确定就是计算保本量和保本额的数值或确定其位置的过程。在多品种条件下,虽然也可以按具体品种计算各自的保本量,但由于不同产品的销售量不能直接相加,因而只能确定它们总的保本额,不能确定总保本量。

3) 单一品种保本点的确定方法。单一品种的保本点的确定方法有图解法、基本等式法。

(1) 图解法。图解法是指通过绘制保本图来确定保本点位置的一种方法。这种方法的原理是当总收入等于总成本时,企业恰好保本。

典型的保本图是绘制在平面直角坐标系上的,该坐标图的横轴 Ox 表示销售量,纵轴 Oy 表示销售收入和成本。在此图上画出销售收入线和总成本线,若两条直线相交,其交点就是保本点,据此可以读出保本量和保本额的数值。具体作图步骤如下:

① 以单价 p 为斜率,过原点 O 在坐标图上画一条直线 $y=px$,即销售收入线;

② 以固定成本 a 为截距,以单位变动成本 b 为斜率,画出总成本线 $y=a+bx$;

③ 当单价 p 大于单位变动成本 b 时,销售收入线与总成本线必有交点,假定坐标点为 (x_0,y_0),则此点为保本点 BEP。其中 x_0 为保本量的值,y_0 为保本额的值。

保本图如图 3-1 所示。

这种方法的优点在于形象、直观、容易理解。但由于绘图比较麻烦，而且保本量和保本额数值的确定都需要在数轴上读出，因此结果可能不十分准确。

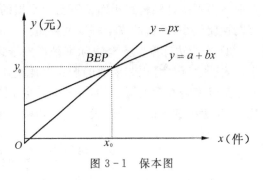

图 3-1　保本图

（2）基本等式法。基本等式法又称方程式法，是指在本量利关系基本公式的基础上，根据保本点的定义，先求出保本量，再推算保本额的一种方法。其基本公式为：

$$保本量\ x_0 = \frac{固定成本}{单价-单位变动成本} = \frac{固定成本}{单位贡献边际} = \frac{a}{p-b}$$

$$保本额\ y_0 = 单价 \times 保本量 = p \cdot x_0$$

$$= \frac{固定成本}{边际贡献率} = \frac{a}{cmR}$$

$$= \frac{固定成本}{1-变动成本率}$$

【例 3-2】　承例 3-1 资料，要求：按公式法计算该企业的保本点指标。

解　保本量 $x_0 = \dfrac{a}{p-b} = \dfrac{3\,000\,000}{1\,500-900} = 5\,000$（台）

保本额 $y_0 = 单价 \times 保本量 = 1\,500 \times 5\,000 = 7\,500\,000$（元）

以上计算表明，该公司必须完成销售 5 000 台消毒机，或实现 7 500 000 元的销售额，才可以保本，达到不亏不盈。

3.2.2　企业经营安全程度评价

评价企业经营安全程度的指标主要有：安全边际与安全边际率、保本点作业率和经营杠杆系数。

1. 安全边际与安全边际率

1）安全边际。安全边际是指企业实际或预计的销售量（或销售额）与保本销售量（或销售额）之间的差量（或差额），又称安全边际量（或安全边际额）。

$$安全边际量 = 实际（或预计）销售量-保本销售量$$

$$安全边际额 = 实际（或预计）销售额-保本销售额$$

$$= 安全边际量 \times 销售单价$$

安全边际可以表明从实际或预计销售量（额）到保本销售量（额）之间的差距，说明企业达不到预计销售目标而又不至于亏损的范围有多大。这个范围越大,企业亏损的可能性就越小,经营的安全程度就越高。

2) 安全边际率。安全边际率是指安全边际量(额)与实际或预计销售量(额)的比率。安全边际率是以相对数的形式表现企业经营安全与否的一项重要指标。显然,当安全边际率越高时,其经营越安全,发生亏损的可能性就越小;反之,经营的安全性越低,发生亏损的可能性就越大。安全边际率可按下述公式计算:

$$安全边际率 = \frac{安全边际量(额)}{实际或预计销售量(额)}$$

在企业管理中,评价其经营安全与否,通常采用安全边际率指标衡量。表 3-3 列示了安全边际率与评价企业经营安全程度的一般标准。

表 3-1 安全边际率与评价企业经营安全程度的一般标准

安全边际率	10%以下	10%～20%	20%～30%	30%～40%	40%以上
安全程度	危 险	警 惕	较安全	安 全	很安全

【例 3-3】 某公司只生产一种产品,该产品单位售价为 32 元,单位变动成本为 20 元,固定成本总额为 19 200,预计计划期间产销该产品 3 800 件。

试计算该企业计划期间经营该产品的安全边际及安全边际率。

解 (1)计算保本销售量(额)。

$$保本销售量 = \frac{固定成本}{单价 - 单位变动成本} = \frac{19\,200}{32 - 20} = 1\,600(件)$$

$$保本销售额 = 1\,600 \times 32 = 51\,200(元)$$

(2)计算安全边际(率)。

$$安全边际量 = 3\,800 - 1\,600 = 2\,200(件)$$

$$安全边际额 = 3\,800 \times 32 - 51\,200 = 70\,400(元)$$

$$安全边际率 = \frac{2\,200}{3\,800} = 57.9\%$$

或

$$安全边际率 = \frac{70\,400}{3\,800 \times 32} = 57.9\%$$

2. 安全边际与营业利润

若从保本点的角度看,当企业的业务量达到保本状态时,其固定成本总额即已全部得到补偿。因此,超过保本点,每增加一个单位的产销量,其边际贡献即为利润。同理,每增加一元的销售额,即按边际贡献率水平而获利。所以,安全边际内的销售额减去其自身的变动成本后即为企业的利润。换句话说,安全边际范围内的边际贡献就是企业的盈利额。依据这一原理,就可以建立安全边际与利润之间的如下关系式:

$$销售利润 = 安全边际量 \times 单位边际贡献 = 安全边际额 \times 边际贡献率$$

$$销售利润率 = 安全边际率 \times 边际贡献率$$

因此,安全边际越大,所获利润就越高,企业经营就越安全。

依据例3-3的资料及其计算结果,可计算该企业预期销售利润及销售利润率。

$$销售利润 = 2\ 200 \times (32 - 20) = 26\ 400(元)$$

或

$$销售利润 = 70\ 400 \times \frac{32 - 20}{32} = 70\ 400 \times 0.375 = 26\ 400(元)$$

$$销售利润率 = 安全边际率 \times 边际贡献率 = 57.9\% \times 37.5\% = 21.7\%$$

3. 保本作业率

保本作业率又叫危险率。它是由保本销售量(额)与实际或预计情况下的销售量(额)之比构成。其计算公式如下:

$$保本作业率 = \frac{保本销售量(额)}{实际或预计销售量(额)}$$

保本作业率表明企业保本的业务量在正常经营业务量中所占的比重。由于多数企业的生产经营能力是按正常经营条件下实现销售量来规划的,所以保本作业率实际上可表明:当企业的生产经营能力达到怎样的利用程度时,才可以保本。

可见,保本作业率与安全边际率是互补关系,即

$$保本作业率 + 安全边际率 = 1$$

【例3-4】 依据例3-3的资料及有关计算结果,并假定该企业实际经营销售量为3 800件。

要求:计算其保本作业率。

解
$$保本作业率 = \frac{1\ 600}{3\ 800} = 42.1\%$$

或
$$保本作业率 = \frac{51\ 200}{3\ 800 \times 32} = 42.1\%$$

上述计算结果表明,该企业保本作业率必须达到正常经营业务量的42.1%才可保本。否则,低于这一比率,企业将会发生亏损。

3.2.3 经营杠杆和经营杠杆系数

1. 经营杠杆的概念

根据成本性态原理,在相关范围内,销售量(或业务量)的增加,不会改变固定成本总额,但是却会使单位固定成本降低,从而提高单位产品的利润;反之,销售量(或业务量)的减少会使单位固定成本上升,从而降低单位产品的利润。从本量利分析的基本公式来看,我们也不难理解:由于固定成本的存在,息税前利润的变动率必然大于销售量的变动率。这种利润变动率大于销售量变动率的现象,我们便称之为"经营杠杆"。

2. 经营杠杆系数的计算

经营杠杆现象通常用经营杠杆系数来表示。经营杠杆系数是指息税前利润变动率相当于销售量变动率的倍数,记为 DOL。

根据此定义,可得到其基本计算公式:

$$经营杠杆系数(DOL) = \frac{息税前利润变动率}{销售变动率} = \frac{\Delta EBIT / EBIT}{\Delta X / X}$$

其中:$EBIT$ 为基期息税前利润,$\Delta EBIT$ 为息税前利润变动额;

X 为基期销售量(额),ΔX 为销售量或销售额变动数。

【例 3-5】 某公司产销丁产品,单位变动成本 900 元,全年固定成本总额 300 万元,产品单价 1 500 元。上年丁产品销售量为 1 万台,预计计划年度产销量增长 20%。

要求:计算经营杠杆系数。

解 从题意看,销售变动率 $\frac{\Delta X}{X} = 20\%$

基期息税前利润 $EBIT = (1\,500 - 900) \times 10\,000 - 3\,000\,000 = 3\,000\,000(元)$

计划年度的预计息税前利润 $= (1\,500 - 900) \times 12\,000 - 3\,000\,000 = 4\,200\,000(元)$

得 息税前利润变动率 $\frac{\Delta EBIT}{EBIT} = \frac{4\,200\,000 - 3\,000\,000}{3\,000\,000} = 40\%$

于是 $DOL = \frac{\Delta EBIT / EBIT}{\Delta X / X} = \frac{40\%}{20\%} = 2$

我们还可以对上述经营杠杆系数的基本公式进行变换,不难得到其简化公式:

$$DOL = \frac{(p - b) \cdot X}{(p - b) \cdot X - a} = \frac{基期边际贡献}{基期息税前利润}$$

用本例的数据代入简化公式,经营杠杆系数为:

$$DOL = \frac{(1\,500 - 900) \times 10\,000}{(1\,500 - 900) \times 10\,000 - 3\,000\,000} = 2$$

由公式可知,企业只要存在固定成本,经营杠杆系数 DOL 恒大于 1,并且经营杠杆系数随着固定成本总额的变动同方向发生变动,固定成本越大,经营杠杆系数越大。经营杠杆系数大,说明随着企业产品销售量的增长,息税前利润会有更大的增长。

在本例中,DOL 为 2,即息税前利润总是以销售增长率的 2 倍增长。如果产品销售量增长 50%,息税前利润就会增长 100%。同样,如果产品销售量减少 50%,息税前利润就会相应减少 100%。如果企业产品的市场前景看好,就应该加大固定资产投资,增加雇员等,以增加固定成本支出,从而加大经营杠杆系数,使产品销售量的增长能带来利润的更大增长。但由于供求关系的不确定性,未来的产品销售量也许增长,也许负增长。如果一个企业的经营杠杆系数有所增加,就意味着当该企业的销售量增加时,息税前利润将以经营杠杆系数为倍数的幅度增加;反之,当销售量减少时,息税前利润又将以经营杠杆系数为倍数的幅度下降。由此可见,经营杠杆系数扩大了市场和生产等不确定因素对利润变动的影响;且经营杠杆系数越大,随着产品销售量的变动,利润的变动越剧烈,从而企业的经营风险也就越大。

因此,经营杠杆系数是用于衡量企业经营风险大小的指标。

从简化公式可以看出,企业通常可以通过增加销售额、降低单位变动成本、降低固定成本等途径使经营杠杆系数下降,从而降低经营风险。

其实,经营杠杆系数就是安全边际率的倒数。

在企业的经营管理活动中,还可利用经营杠杆系数进行利润预测分析。

$$息税前利润变动率 = 销售变动率 \times 经营杠杆系数$$

计划期的息税前利润 = 基期的息税前利润 $\times$(1 + 销售变动率 $\times$ 经营杠杆系数)

【例 3 - 6】 某企业只生产一种产品,该产品单位售价 30 元,单位变动成本 22 元,上年产销该产品 400 件,固定成本总额为 1 200 元。

若计划期预计产销量可增加 30%,息税前利润可增长多少?息税前利润可增加到多少?

解 基期边际贡献 = (30 - 22) $\times$ 400 = 3 200(元)

基期息税前利润 = 3 200 - 1 200 = 2 000(元)

得 $$DOL = \frac{基期边际贡献}{基期息税前利润} = \frac{3\,200}{2\,000} = 1.6$$

于是 息税前利润增长率 = 销售增长率 $\times$ 经营杠杆系数 = 30% $\times$ 1.6 = 48%

计划期预测息税前利润 = $EBIT \cdot (1 + \Delta X/X \cdot DOL)$

$$= 2\,000 \times (1 + 30\% \times 1.6) = 2\,960(元)$$

又：若该企业计划期的目标息税前利润为 3 200 元,其他因素不变,试预测该企业计划期的销售增长率目标。

解 保证目标利润实现的

$$预计销售增长率 = \frac{\Delta EBIT}{EBIT \cdot DOL} = \frac{3\ 200 - 2\ 000}{2\ 000 \times 1.6} = 37.5\%$$

3.2.4 保利分析

1. 保利分析的意义

确定保本点只是为了管理者建立一道经营中的预警线,企业经营的最终目的还是为了获取盈利。因此,为保证预定目标利润的顺利实现,企业应在保本分析的基础上进一步开展保利点分析,即分析为实现目标利润应完成的业务量、应控制的成本水平,以及应达到的价格水平等。

保利分析,是指在保证目标利润实现的前提下开展的本量利分析。即将目标利润引进本量利分析的基本数学模式,在单价和成本水平既定、并确保企业目标利润实现的正常条件下,充分揭示成本、业务量、利润三者之间关系的本量利分析。

尽管现实中的成本、业务量和利润等诸因素之间存在着错综复杂的制约关系,但为便于简化分析起见,在揭示任何一个因素与目标利润之间的关系时,通常均假定其他因素是已知或不变的。因此,保利点分析实质上是在目标利润已定的前提下,孤立抽象地逐一研究目标利润与业务量、成本、价格等因素间的数量关系。说明这一点,对于保利点分析的实际应用具有一定的现实意义。

通过保利分析,可以首先确定为实现目标利润而应达到的目标销售量和目标销售额,从而以销定产,确定目标生产量、目标生产成本以及目标资金需要量等,为企业实施目标控制奠定了基础,从而为企业短期经营明确了方向。

2. 保利点的含义及确定

1) 保利点的含义。保利点是指在单价和成本水平确定的情况下,为确保预先确定的目标利润能够实现而应达到的业务量,包括实现目标利润销售量(保利量)和实现目标利润销售额(保利额)两项指标。

2) 保利点的计算。

(1) 不考虑所得税的保利点确定。由于本量利分析中的“利润”一般为息税前利润,所以不考虑所得税的保利点分析是最基本的本量利分析。

根据本量利基本公式,我们不难得到:

$$保利销售量 = \frac{固定成本总额 + 目标利润}{销售单价 - 单位变动成本} = \frac{固定成本总额 + 目标利润}{单位边际贡献}$$

$$保利销售额 = 保利销售量 \times 销售单价 = \frac{固定成本总额 + 目标利润}{边际贡献率}$$

【例 3 - 7】 仍按例 3 - 3 的资料,设计划年度的目标利润为 17 196 元,试计算为实现上述目标应完成的销售量和销售额。

解 $保利销售量 = \dfrac{固定成本总额 + 目标利润}{销售单价 - 单位变动成本} = \dfrac{19\,200 + 17\,196}{32 - 20} = 3\,033(件)$

$保利销售额 = 保利销售量 \times 销售单价 = 3\,033 \times 32 = 97\,056(元)$

(2)考虑所得税的保利点确定。考虑所得税的目标利润,就是指目标税后利润。对于企业的所有者而言,只有企业在一定时期所实现的税后利润才归属所有者,它是所有者取得投资报酬、实现资本保值增值的重要保证,也是企业提取盈余公积、分配股利、形成企业内部积累的重要依据。因此,企业的目标税后利润以及确保目标税后利润实现的保利分析,更受投资者关注,也更受企业管理人员的重视(注:本课程多数情况下不考虑利息开支)。

由于　　　　目标税后利润 = 目标利润 × (1 - 所得税税率)

所以,确保目标税后利润的保利销售量、保利销售额的公式分别为:

$$保利销售量 = \dfrac{固定成本总额 + \dfrac{目标税后利润}{1 - 所得税率}}{销售单价 - 单位变动成本} = \dfrac{固定成本总额 + \dfrac{目标税后利润}{1 - 所得税率}}{单位边际贡献}$$

$$保利销售额 = 保利销售量 \times 销售单价 = \dfrac{固定成本总额 + \dfrac{目标税后利润}{1 - 所得税率}}{边际贡献率}$$

【例 3 - 8】 仍按例 3 - 3 的资料,若计划年度的所得税率为 40%,欲实现目标税后利润 10 317.6 元。

要求:分别计算为实现上述目标应完成的销售量和销售额。

解 $保利销售量 = \dfrac{19\,200 + \dfrac{10\,317.6}{1 - 40\%}}{32 - 20} = 3\,033(件)$

$保利销售额 = 保利销售量 \times 销售单价 = 3\,033 \times 32 = 97\,056(元)$

由以上计算结果可知,只要目标税后利润 = 目标利润 × (1 - 所得税率),则无论税前税后,保利点业务量是一致的。

3.3　本量利分析的其他问题

3.3.1　本量利关系图

在平面直角坐标系上反映本量利关系的图形,称为本量利分析图也称为保本图、盈亏临界点图、损益平衡图等。本量利分析图有多种图示,但它们都能够直观地从动态角度揭示本量利之间的相互依存关系。

1．标准本量利图

标准本量利图属于应用最广泛、且能反映最基本的本量利关系的图形。它所反映的总成本是以固定成本为基础,能清晰地反映固定成本总额不变的特点,同时能揭示保本点、安全边际、盈利区与亏损区的关系。

1) 标准本量利图的绘制方法。

(1) 建立直角坐标系。以横轴表示销售数量(或业务量),纵轴表示成本和销售收入。

(2) 在纵轴上根据固定成本的金额给出固定成本线,使之与横轴平衡。

(3) 绘制销售收入线。根据"销售收入＝销售数量×单价"作出一条源于原点的直线。

(4) 绘制总成本线。由于"总成本＝固定成本＋单位变动成本×销售量",因此总成本线是起始于固定成本与纵轴交点之处的一条直线,此线可根据实际资料给出。

(5) 标明保本点、盈利区与亏损区。在标准本量利图上,总收入与总成本的相交点即为保本点,对应于这一点的销售数量或销售金额,企业处于不盈不亏状态。在销售量小于保本点销售量或销售额时,企业处于亏损状态,亏损额随销售量的增长而逐渐减少。在销售量大于保本点销售量或销售额时,企业处于盈利状态,盈利额随着销售量的增长而增加。

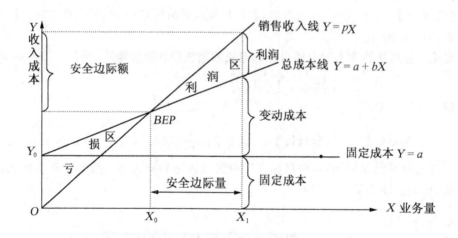

图 3-2　标准本量利图

2) 本量利之间的规律。通过观察标准本量利图(见图 3-2),可以掌握本量利之间的如下规律:

（1）在保本点不变的情况下，如果产品销售量超过保本点一个单位的业务量，即可获得一个单位贡献边际的盈利。销售量越大，能实现的盈利就越多。反之，若产品的销售量低于保本点一个单位的业务量，即亏损一个单位贡献边际。销售量越小，亏损额就越大。

（2）在销售量不变的情况下，保本点越低，盈利区的面积就有所扩大，亏损区的面积就有所缩小。它反映了产品的盈利性有所提高，即能实现更多的盈利或更少的亏损。反之，保本点越高，则盈利区的面积就有所缩小，亏损区的面积就有所扩大。它反映了产品的盈利性有所降低，即能实现的盈利越少或亏损越大。

（3）在销售收入既定的情况下，保本点的高低取决于单位变动成本和固定成本总额的大小。若单位变动成本或固定成本总额越小，则保本点越低；反之，则保本点越高。

2. 边际贡献式本量利图

标准本量利图虽然反映了本量利之间的基本关系，但却无法反映出边际贡献的形成和作用。而边际贡献式本量利图将固定成本置于变动成本线之上，总成本线是一条平行于变动成本线的直线，它能直观地反映出边际贡献的形成及与利润之间的关系，见图 3 - 3。

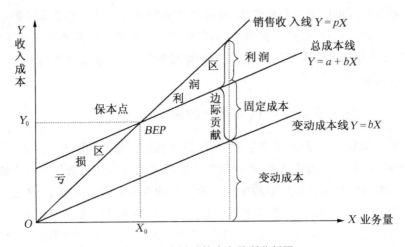

图 3 - 3　边际贡献式本量利分析图

从图 3 - 3 可以看出，只要产品销售单价大于单位变动成本，则必然有边际贡献存在。因此，销售收入首先要用于补偿变动成本，才能形成边际贡献，然后再用于补偿固定成本。当边际贡献总额小于固定成本总额时，企业处于亏损状态；当边际贡献等于固定成本时，企业处于不盈不亏状态；当边际贡献大于固定成本时，企业处于盈利状态。

3. 利润-业务量式本量利图

上述两种本量利图揭示了本量利之间的关系，但对利润与业务量间的直接关系未能予以直接揭示。利润-业务量式本量利图（图 3 - 4）是上述两种本量利图的一种变化形式，它以利润线代替了销售收入线和总成本线，因此是简化了的本量利图。该图突出了利润与业务量之间的关系,提供的利润信息比上述两图更加直截了当,因而简称为利量图。

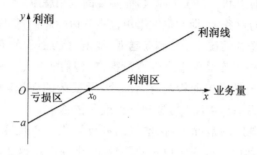

图 3-4　利润-业务量式本量利图

在利量图上,利润线的起点在与固定成本总额相等的亏损上,即当业务量为零时,纵轴上亏损额等于固定成本。利润线的另一点,可以用本量利基本公式根据一定销售量的相应利润来确定。连接上述两点就是利润线,利润线与横轴的交点就是保本点。

图中业务量既可以用销售量表示,也可以用销售收入反映。如果是销售量,利润线的斜率是单位边际贡献;如果是销售额,则利润线的斜率是边际贡献率。从图中还可以看出,在单位边际贡献大于零的条件下,当销售量为零时,企业将发生最大的亏损额,其数额等于固定成本。

3.3.2　有关因素变动对相关指标的影响

以上关于保本点、保利点的本量利分析,都是假定在相关范围内除业务量以外的销售单价、单位变动成本、固定成本、品种结构等诸因素保持不变的条件下讨论的,业务量的变动是影响销售收入和总成本的惟一因素。然而在实际的经营活动中,这种静态的平衡不可能保持长久,每个因素都会发生变动。研究各因素的变动对保本点和保利点等本量利分析的相关指标带来的影响,把握其中的规律,对于指导实际的经营活动是非常有益的。

1. 因素变动对保本点和保利点的影响

1) 单项因素变动。为了简化因素变动分析,在研究某一项因素变动所带来的影响时,往往假定其他因素不变。

(1) 销售单价变动。由于保本点和保利点计算公式中的分母是单位边际贡献,或边际贡献率(加权平均边际贡献率),因此在其他因素不变的情况下,当销售单价发生变动时,会引起单位边际贡献或边际贡献率的同方向变动,从而使保本点和保利点随之反方向变动。

由此可知,提高销售单价,会使单位边际贡献和边际贡献率上升,相应会降低保本点和保利点,增强企业的获利能力,促使企业经营状况向好的方向发展;反之,降低销售单价,会使保本点和保利点上升,从而削弱企业的盈利能力。

【例3-9】 红星公司产销丙种零部件,预计该产品单位售价25元,单位变动成本为17元,固定成本总额为20 000元,预计销售3 000盒,则该产品的保本销售量、保本销售额分别为:

$$保本销售量 = \frac{a}{p-b} = \frac{20\,000}{25-17} = 2\,500(盒)$$

$$保本销售额 = 2\,500 \times 25 = 62\,500(元)$$

若计划年度的目标利润为10 000元,则

$$保利销售量 = \frac{20\,000 + 10\,000}{25-17} = 3\,750(盒)$$

$$保利销售额 = 3\,750 \times 25 = 93\,750(元)$$

若在其他因素不变的情况下,销售单价提高至27元,则

$$保本销售量 = \frac{a}{p-b} = \frac{20\,000}{27-17} = 2\,000(盒)$$

$$保本销售额 = 2\,000 \times 27 = 54\,000(元)$$

$$保利销售量 = \frac{20\,000 + 10\,000}{27-17} = 3\,000(盒)$$

$$保利销售额 = 3\,000 \times 27 = 81\,000(元)$$

计算结果表明:销售单价上升,保本点、保利点均随之下降。

(2)单位变动成本变动。在其他因素不变的情况下,单位变动成本的变动会使单位边际贡献和边际贡献率向相反的方向变动,从而使保本点和保利点的变动趋势恰好同单位变动成本的变动方向一致,即单位变动成本下降,保本点和保利点也随之下降,从而提高企业的盈利能力;单位变动成本上升,保本点和保利点就会提高,使企业的盈利能力下降。这说明,单位变动成本的变动对保本点和保利点的影响与销售单价变动的影响正相反。

【例3-10】 承例3-9资料,假设其他因素不变,如果单位变动成本降低到15元,则

$$保本销售量 = \frac{a}{p-b} = \frac{20\,000}{25-15} = 2\,000(盒)$$

$$保本销售额 = 2\,000 \times 25 = 50\,000(元)$$

$$保利销售量 = \frac{20\,000 + 10\,000}{25-15} = 3\,000(盒)$$

保利销售额 ＝ 3 000 × 25 ＝ 75 000（元）

计算结果表明：单位变动成本下降，保本点和保利点也随之下降；反之，则会上升。

（3）固定成本总额变动。由于固定成本总额是保本点和保利点计算公式中的分子或分子的组成部分，所以固定成本总额的变动将会使保本点和保利点随之发生同方向变动。即在其他因素不变的情况下，增加固定成本总额，就会使保本点和保利点上升，削弱企业的获利能力；而减少固定成本总额，保本点和保利点就会下降，从而增强企业的盈利能力。

（4）销售量的变动。在其他因素不变的情况下，销售量的变动对保本点和保利点无影响，但可通过改变边际贡献总额而引起利润同方向变动。即销售量上升会导致利润增加，销售量下降会导致利润减少。

（5）品种结构的变动。由于加权平均边际贡献率是各产品边际贡献率与销售比重的乘积之和，因此反映品种结构的销售比重的变动将直接影响加权平均边际贡献率指标数值，从而影响多品种的综合保本销售额和综合保利销售额。在固定成本不变的情况下，如果品种结构的变动使加权平均边际贡献率增加，那么多品种产品的综合保本点和综合保利点将下降，从而提高企业整体的盈利能力；反之，将使企业向不利的方向变动。

（6）目标利润的变动。在其他因素不变的情况下，保利点将与目标利润的变动呈同方向，即提高目标利润，保利点就上升；减少目标利润，保利点就下降。即目标利润的变动，只会影响保利点，但不会改变保本点。

2）多项因素的变动。在现实的经济活动中，设置一项因素变动，而其他因素都不变，这仅仅是一种假定。面对瞬息万变的市场环境，企业有时会不得不同时改变售价和成本水平。那么，如果售价和成本水平等多因素的变动是有计划的、可预知的，则可通过保本点和保利点的基本计算公式进行推算。如果客观上某些不受企业控制的因素已经发生变动，那么企业可以根据上述各因素变动对保本点、保利点的不同影响，有目的地使另一些因素发生变动，以抵消因素变动对企业带来的不利影响，从而促使其向有利于企业的方向变动。

利用保本点和保利点的基本公式，可以推算多因素同时变动后的新的保本点和保利点的公式。

$$保本量\ x_0 = \frac{固定成本(1 \pm 提高率或降低率)}{单价(1 \pm 提高率或降低率) - 单位变动成本(1 \pm 提高率或降低率)}$$

$$保本额\ y_0 ＝ 保本量 \times 单价(1 \pm 提高率或降低率) ＝ p \cdot x_0$$

保利销售量

$$= \frac{固定成本总额(1 \pm 提高率或降低率) + 目标利润(1 \pm 提高率或降低率)}{销售单价(1 \pm 提高率或降低率) - 单位变动成本(1 \pm 提高率或降低率)}$$

$$保利销售额 ＝ 保利销售量 \times 销售单价(1 \pm 提高率或降低率)$$

2. 因素变动对安全边际的影响

安全边际是评价企业经营安全程度的重要指标,面对市场经营风险,企业非常重视自身的经营安全性,需要了解各因素的变动对安全边际的影响,以便作出相应的决策。下面我们仅讨论单项因素变动所造成的影响,且假定某一项因素变动时,其他因素均不变。

根据"安全边际量(额)=实际(预计)销售量(额)-保本销售量(额)"可知:

1) 销售量变动。若保本销售量(额)不变,则安全边际量(额)随实际(预计)销售量(额)的变动而同方向变动,即增加实际(预计)销售量,就会扩大安全边际量,增强企业经营的安全程度;反之,减少实际(预计)销售量,就会缩小安全边际量,削弱企业经营的安全性。一旦当实际销售量小于保本销售量,安全边际量为负值,不仅毫无经营安全可言,而且将使企业陷入困境,面临生存的危机。

若预计销售量不变,则安全边际量将随保本销售量的变动而呈反方向变动,即保本点越低,安全边际就越大,经营就越安全;反之,保本点上升,安全边际就下降,企业经营就越不安全。

2) 销售单价变动。因为销售单价的变动会使保本点呈反方向变动,所以当预计销售量(额)不变时,安全边际量(额)会随销售单价的变动而呈同方向变动。

3) 单位变动成本变动。由于单位变动成本的变动将引起保本点向同方向变动,因而在预计销售量(额)既定的条件下,安全边际会随单位变动成本的变动而向反方向变动。

4) 固定成本总额变动。因为固定成本总额的变动将引起保本点呈同方向变动,所以安全边际也将随固定成本总额的变动而向反方向变动。

5) 品种结构变动。在企业产销多品种的条件下,当边际贡献率较高产品的销售比重上升时,会导致多产品的加权平均边际贡献率增大,从而使多产品的综合保本点下降。因此在多产品的综合销售总额不变的情况下,安全边际额将随边际贡献率较高的产品的销售比重的变动而呈同方向变动;反之,将随边际贡献率较低的产品的销售比重的变动而呈反方向变动。

3. 因素变动对利润的影响

根据本量利分析的基本模式"利润=销售量×(销售单价-单位变动成本)-固定成本总额"可知,销售量与销售单价的变动将使利润发生同方向变动。即销售量或销售单价的增加都会使利润上升,给企业带来有利的影响;反之,利润就会下降。

而单位变动成本和固定成本总额的变动将使利润发生相反方向的变动。因此,降低单位变动成本、压缩固定成本,将促进利润增长;反之,将使利润下降。

3.3.3 多品种条件下的本量利分析

1. 多品种条件下保本点的确定

上述保本点的计算方法,是以产销一种产品为基础的,但是大多数企业往往不只产销一种产品,而是同时产销多种。在这种情况下,要进行本量利分析,确定企业实行盈亏两平的保本点,就不能用实物量来表示,因为不同质的各种产品在数量上是不能相加的,而必须选用能反映各种产品销售量的货币指标,即只能计算它们的保本销售额。多品种条件下保本点的计算通常有加权平均法、联合单位法、顺序法、分算法和主要品种法等。这里只介绍加权平均法。

加权平均法是指在确定企业综合边际贡献率的基础上计算各种产品保本销售额的一种方法。这种方法不要求分配固定成本,而是将各种产品所创造的边际贡献视为补偿企业全部固定成本的利润来源。

其公式如下:

$$综合保本销售额 = \frac{固定成本总额}{综合边际贡献率}$$

其中

$$综合贡献边际率 = \frac{各种产品边际贡献合计}{各种产品销售收入合计}$$

$$= \sum 各种产品的贡献边际率 \times \frac{各种产品的销售额}{全部产品预计销售收入合计}$$

$$= \sum 各种产品的贡献边际率 \times 该产品的销售额比重$$

$$各种产品的保本销售额 = 综合保本销售额 \times 各种产品的销售比重$$

【例3-11】 某企业生产A、B、C三种产品,固定成本总额为80 000元,其他资料如表3-3所示。

表3-3 某企业三种产品预计销售量、单价、单位变动成本情况表

产　　品	预计销售量(件)	单 位 售 价(元)	单位变动成本(元)
A	14 000	10	8
B	10 000	18	9
C	7 000	20	18

要求:计算三种产品的综合保本销售额和各种产品的保本销售额。

解 (1)计算三种产品的边际贡献率。

$$A产品边际贡献率 = \frac{p-b}{p} = \frac{10-8}{10} = 0.2$$

$$B产品边际贡献率 = \frac{p-b}{p} = \frac{18-9}{18} = 0.5$$

$$C产品边际贡献率 = \frac{p-b}{p} = \frac{20-18}{20} = 0.1$$

(2)计算三种产品的预计销售收入总额及销售结构。

销售收入总额 $= 14\,000 \times 10 + 10\,000 \times 18 + 7\,000 \times 20 = 460\,000$(元)

A 产品的销售比率 $= \dfrac{14\,000 \times 10}{460\,000} = 30.43\%$

B 产品的销售比率 $= \dfrac{10\,000 \times 18}{460\,000} = 39.13\%$

C 产品的销售比率 $= \dfrac{7\,000 \times 20}{460\,000} = 30.43\%$

则　　综合贡献边际率 $= \sum$ 各种产品的贡献边际率 $\times$ 该产品的销售额比重

$$= 0.2 \times 0.304\,3 + 0.5 \times 0.391\,3 + 0.1 \times 0.304\,3$$

$$= 0.286\,94$$

（3）计算综合保本销售额。

$$综合保本销售额 = \dfrac{固定成本总额}{综合边际贡献率} = \dfrac{80\,000}{0.286\,94} = 278\,803.93(元)$$

（4）计算各种产品的保本销售额。

A 产品保本销售额 $=$ 综合保本销售额 $\times$ 各种产品的销售比重

$$= 278\,803.93 \times 0.304\,3 = 84\,840.03(元)$$

B 产品保本销售额 $= 278\,803.93 \times 0.391\,3 = 109\,095.98(元)$

C 产品保本销售额 $= 278\,803.93 \times 0.304\,3 = 84\,840.03(元)$

用每种产品的保本销售额分别除以各该产品的单价，就可求出它们的保本销售量：

A 产品保本销售量 $= 84\,840.03 \div 10 = 848\,4(件)$

B 产品保本销售量 $= 109\,095.98 \div 18 = 6\,061(件)$

C 产品保本销售量 $= 84\,840.03 \div 20 = 4\,242(件)$

2. 多品种条件下保利点确定

多品种的保利分析与多品种的保本分析一样，不能用实物量表示，只能用货币量表示，因为不同品种产品的销售量直接相加无意义。因此，多品种保利点的计算确定方法一般也有加权平均法、联合单位法、顺序法等，并且保利点计算确定的原理也与保本点一致，故在此不再逐一讨论，仅以加权平均法为例，说明确保实现目标利润的综合保利销售额的计算方法。其计算公式如下：

$$综合保利销售额 = \dfrac{固定成本总额 + 目标利润}{综合边际贡献率}$$

【例 3 - 12】　仍以前例资料为例，若目标利润为 723\,432 元，则加权平均法为：

$$综合保利销售额 = \frac{固定成本总额＋目标利润}{综合边际贡献率} = \frac{80\,000＋723\,432}{0.286\,94} = 2\,800\,000(元)$$

$$A\text{产品综合保利销售额} = 综合保利销售额×该产品销售比重$$

$$= 2\,800\,000×0.304\,3 = 852\,040(元)$$

$$B\text{产品综合保利销售额} = 2\,800\,000×0.391\,3 = 1\,095\,640(元)$$

$$C\text{产品综合保利销售额} = 2\,800\,000×0.304\,3 = 852\,040(元)$$

$$A\text{产品保利销售量} = \frac{该产品保利销售额}{该产品售价} = \frac{852\,040}{10} = 85\,204(件)$$

$$B\text{产品保利销售量} = \frac{1\,095\,640}{18} = 60\,869(件)$$

$$C\text{产品保利销售量} = \frac{852\,040}{20} = 42\,602(件)$$

说明该公司至少在达到 2 800 000 元的销售额以后，才能确保公司目标利润的实现。

3.3.4　本量利分析的应用案例分析

乐华旅游鞋厂设置甲、乙两个车间，分别生产女式和男式两种旅游鞋。生产费用都能按车间划分，企业管理费按固定比例分配给两个车间。生产工人可按任务在车间之间调动。每生产一双女式旅游鞋需要 3 小时，男式旅游鞋需要 6 小时。一般情况下女式旅游鞋年生产 10 000 双以下，男式旅游鞋年生产 6 000 双以下，销售量没有问题。2010 年该厂有关生产和销售资料如下：

	女 式 旅 游 鞋	男 式 旅 游 鞋	合　　计
生产和销售量（双）	8 000	5 000	
销售收入（元）	600 000	600 000	1 200 000
销售成本（元）	424 000	440 000	864 000
直接材料	280 000	200 000	480 000
直接人工	72 000	90 000	162 000
其他费用	72 000	150 000	222 000
利润	176 000	160 000	336 000
销售利润率	29.33%	26.67%	28%

该厂厂长认为生产女式旅游鞋利润比较高，2011 年安排多生产女式旅游鞋 1 000

双,男式旅游鞋减少 1 000 双,乙车间调一部分工人支援甲车间。年终有关生产和销售资料如下表所示:

	女 式 旅 游 鞋	男 式 旅 游 鞋	合　　计
生产和销售量(双)	9 000	4 000	
销售收入(元)	675 000	480 000	1 155 000
销售成本(元)	474 000	385 000	859 000
直接材料	315 000	160 000	475 000
直接人工	81 000	81 000	162 000
其他费用	78 000	144 000	222 000
利润	201 000	95 000	296 000
销售利润率	29.77%	19.79%	25.63%

对于这一结果,厂长大为吃惊,这两年成本的耗用水平并没有变化,为什么多生产了利润高的女式旅游鞋,总利润反而低了呢?

对于 2012 年计划如何安排,厂长感到困惑。假如你当时正在该厂实习,厂长要求你来分析利润下降的原因,帮助制订 2012 年生产计划,并预计其利润,你应如何安排?

解答　2011 年厂长安排生产任务,显然犯了两个错误:

1. 没有充分利用生产能力。从提供的资料来看,这个企业女式旅游鞋生产 10 000 双,男式旅游鞋生产 6 000 双销售没有问题,但 2000 年生产没有按照可能销售量安排足,说明是受到生产工人数量的限制(2001 年女式旅游鞋增产,男式旅游鞋必须减产,也说明这一点)。原加工一双男式旅游鞋为 6 小时,女式旅游鞋为 3 小时。2001 年减少男式旅游鞋 1 000 双,应该可以增产女式旅游鞋 2 000 双,达到 10 000 双,则利润就可以增加。

2. 没有分清女式旅游鞋生产、男式旅游鞋生产的变动成本和固定成本。女式旅游鞋利润大于男式旅游鞋并不等于边际贡献大于男式旅游鞋。增产的应该是单位工时边际贡献大的产品。

为此,先要计算产品的边际贡献。从资料来看,原材料是变动成本,工资虽然是固定的,但在生产任务饱和的情况下,两种产品之间分配随工时消长,也成为变动成本。其他费用是混合成本,可按照高低点法进行分解。

$$女式旅游鞋单位变动成本 = \frac{78\,000 - 72\,000}{9\,000 - 8\,000} = 6(元/双)$$

$$女式旅游鞋固定成本总额 = 72\,000 - 8\,000 \times 6 = 24\,000(元)$$

$$男式旅游鞋单位变动成本 = \frac{150\,000 - 144\,000}{5\,000 - 4\,000} = 6(元/双)$$

男式旅游鞋固定成本总额＝150 000－5 000×6＝120 000(元)

两种旅游鞋的边际贡献,计算如下表:

	女 式 旅 游 鞋	男 式 旅 游 鞋
单　　价	75	120
单位变动成本:		
直接材料	35	40
直接人工	9	18
其他费用	6	6
小计	50	64
单位边际贡献	25	56

生产一双男式旅游鞋可生产两双女式旅游鞋,两双女式旅游鞋的边际贡献为 50 元(25×2),小于一双男式旅游鞋的边际贡献,因而,扩大生产的应该是男式旅游鞋。2012年生产安排以生产 6 000 双女式旅游鞋,6 000 双男式旅游鞋的经济效益为最佳。预计经济效益如下表:

	女 式 旅 游 鞋	男 式 旅 游 鞋	合　　计
生产和销售量(双)	6 000	6 000	
销售收入(元)	450 000	720 000	1 170 000
变动成本(元)			
直接材料	210 000	240 000	450 000
直接人工	54 000	108 000	162 000
变动其他费用	36 000	36 000	72 000
小计	300 000	384 000	684 000
边际贡献	150 000	336 000	486 000
固定成本	24 000	120 000	144 000
利润	1 260 000	216 000	342 000
销售利润率	28%	30%	29.23%

【思考题】

1. 什么是本量利分析? 简述其基本公式。

2. 本量利分析的基本内容是什么?

3. 本量利分析的假设前提有哪些?

4. 什么是保本点?

5. 什么是保利点?

6. 影响保本点的因素有哪些?

7. 如何进行多品种的保本点预测?

8. 评价企业经营安全程度的指标有哪些? 其内容是什么?

9. 有关因素的变动对安全边际会产生怎样的影响?

10. 有关因素的变动对利润会产生怎样的影响?

【练习题】

1. 单项选择题

1) 如果产品的单价与单位变动成本上升的百分率相同,其他因素不变,则保本销售量　　　(　　)

    A. 不变　　　　　　B. 上升　　　　　　C. 下降　　　　　　D. 不确定

2) 当单价为 100 元,边际贡献率为 30%,安全边际量为 1 000 件时,企业可实现利润　　(　　)

    A. 2 500 元　　　B. 100 000 元　　　C. 60 000 元　　　D. 30 000 元

3) 下列措施中,能提高安全边际又不会降低保本点的是　　　　　　　　　　　　　　(　　)

    A. 增加销售量　　　　　　　　　　　B. 提高单价

    C. 降低单位变动成本　　　　　　　　D. 压缩固定成本开支

4) 在采用图解法确定产品保本点时,保本点是保本图中(　　　　)所对应的销售量

    A. 变动成本线与销售收入线的交点　　　B. 固定成本线与销售收入线的交点

    C. 总成本线与销售收入线的交点　　　　D. 变动成本线与总成本线的交点

5) 保本点作业率指标数值　　　　　　　　　　　　　　　　　　　　　　　　　　(　　)

    A. 越大经营越安全　　　　　　　　　B. 越大盈利额越多

    C. 越小经营越危险　　　　　　　　　D. 越小经营越安全

6) 已知企业某产品的单价为 2 000 元,目标销售量为 3 500 件,固定成本总额为 100 000 元,目标利润为 600 000 元,则企业应将单位变动成本的水平控制在　　　　　　　　(　　)

    A. 1 000 元/件　　B. 1 500 元/件　　C. 1 667 元/件　　D. 1 800 元/件

7) 在其他因素不变的情况下,固定成本减少,保本点　　　　　　　　　　　　　　(　　)

    A. 升高　　　　　B. 降低　　　　　C. 不变　　　　　D. 不一定变动

8) 在销售量不变的情况下,保本点越高,能实现的利润　　　　　　　　　　　　　(　　)

    A. 越多　　　　　B. 越少　　　　　C. 不变　　　　　D. 越不确定

9) 在下列指标中,可据以判断企业经营安全程度的指标是　　　　　　　　　　　　(　　)

    A. 保本量　　　　B. 边际贡献　　　C. 保本作业率　　D. 保本额

10) 已知企业只生产一种产品,单位变动成本为 45 元,固定成本总额为 60 000 元,产品单价为 120 元,为使安全边际率达到 60%,该企业当期至少应销售的产品数量为　　　(　　)

    A. 2 000 件　　　B. 1 333 件　　　C. 1 280 件　　　D. 800 件

11) 某企业年度固定成本总额为 50 000 元,产品的销售单价为 17 元,单位变动成本为 12 元,则保本量为　　　　　　　　　　　　　　　　　　　　　　　　　　　　　　(　　)

    A. 10 000 件　　　B. 12 500 件　　　C. 17 000 件　　　D. 8 000 件

2. 多项选择题

1) 提高企业经营安全性的途径包括 （　　）

  A. 扩大销售量　　　　B. 降低固定成本　　　　C. 降低销售单价　　　D. 降低单位变动成本

2) 根据企业经营安全性检验标准，在以下不相关的情况中，能够断定企业的经营安全程度为"很安全"的有 （　　）

  A. 保本作业率小于 60%   B. 保本作业率等于安全边际率

  C. 保本作业率小于安全边际率   D. 安全边际率大于 40%

3) 在生产单一品种的条件下，对保本点、保利点和实现目标税后利润都有影响的因素包括 （　　）

  A. 固定成本　　　　B. 单位变动成本　　　　C. 销售单价　　　　D. 销售量

4) 下列各因素单独变化对保本点的影响是 （　　）

  A. 销售单价降低，保本点上升   B. 销售量上升，保本点不变

  C. 单位变动成本降低，保本点上升   D. 固定成本下降，保本点下降

5) 下列各项的变动能使综合保本点和综合保利点同时下降的有 （　　）

  A. 边际贡献率较低的产品所占销售比重上升

  B. 边际贡献率较高的产品所占销售比重上升

  C. 边际贡献率较低的产品所占销售比重下降

  D. 边际贡献率较高的产品所占销售比重下降

6) 某产品单价为 8 元，固定成本总额为 2 000 元，单位变动成本为 5 元，计划产销量为 600 件，要实现 400 元的利润，可分别采取的措施有 （　　）

  A. 减少固定成本 600 件   B. 提高单价 1 元

  C. 提高产销量 200 件   D. 降低单位变动成本 1 元

7) 下列各项中，与保本点无关的因素有 （　　）

  A. 销售单价　　　　B. 单位变动成本　　　　C. 销售量　　　　D. 目标利润

8) 如果两种方法息税前利润不等于零，则完全成本法期末存货吸收的固定性制造费用与期初存货释放的固定性制造费的数量关系可能是 （　　）

  A. 前者等于后者　　B. 前者大于后者　　C. 前者小于后者　　D. 两者为零

  E. 两者不为零

9) 当企业生产经营处于保本点时，则 （　　）

  A. 边际贡献总额等于固定成本总额   B. 利润等于零

  C. 边际贡献总额等于利润   D. 销售收入等于变动成本总额加固定成本总额

  E. 边际贡献率等于变动成本率

10) 评价企业经营安全程度的指标主要有 （　　）

  A. 安全边际量　　　B. 安全边际额　　　　C. 保本点作业率　　　D. 安全边际率

  E. 边际贡献率

3. 判断题

1) 若单价与单位变动成本呈同方向、同比例变动，则单一品种的产品保本点业务量不变。 （　　）

2) 在其他条件不变的情况下，单位变动成本越小，保本点就越低。 （　　）

3) 某产品的变动成本率为 70%，安全边际率为 30%，则销售利润率为 21%。 （　　）

4) 在盈利条件下的本量利分析中,研究任何一个因素时,其他因素必为已知或固定不变。　　　（　　）

5) 在其他因素不变的情况下,若目标利润变动,则会使保本点业务量发生相应变动,但保利点业务量将保持不变。　　　（　　）

6) 企业生产经营多种产品时,无法使用本量利分析法。　　　（　　）

7) 安全边际量是指保本点以上的销售量。　　　（　　）

8) 安全边际指标的大小与固定成本总额无关,与单位边际贡献有关。　　　（　　）

9) 保本点的边际贡献额等于固定成本。　　　（　　）

10) 单价、单位变动成本及固定成本总额的分别变动均会引起保本点、保利点呈同方向变动。

（　　）

4. 计算题

1) 已知某企业生产经营 H 产品,预计该产品单位售价为 20 元,单位变动成本为 12 元,固定成本总额为 21 000 元。

要求:计算该产品的保本销售量、保本销售额。

2) 仍按上题资料,如果销售量为 3 000 件。

要求:(1) 计算安全边际率;

　　　(2) 计算保本作业率。

3) 某企业经营某种产品,上年度的有关资料如下(变动成本率保持不变):

销售收入	500 000 元
变动成本	350 000 元
固定成本	250 000 元
经营亏损	100 000 元

要求:(1) 计算在目前条件下,该产品要扭转亏损至少需要增加的销售额;

　　　(2) 计算当该产品固定成本增加 10 万元时的保本销售额;

　　　(3) 计算当该产品固定成本增加 10 万元,边际贡献率在原有基础上提高 10% 时的保本销售额。

4) 已知某厂只产销一种产品,2000 年销售量为 8 000 件,单价为 240 元,单位成本为 180 元,其中单位变动成本为 150 元,该企业计划 2001 年利润比 2000 年增加 10%。

要求:运用本量利分析原理说明,该厂应从哪些方面采取措施,才能实现目标利润(假定采取某项措施时,其他条件不变)。

5) 某企业产销 A 产品 30 000 件,单价为 16 元,单位变动成本为 10 元,固定成本总额为 96 000 元,目标利润为 108 000 元。

要求:通过对影响利润的有关因素的计算分析,提供实现目标利润的各种方案。

6) 某企业对原产销方案进行调查分析后,认为单价从 20 元降为 18 元,销售量可从 8 000 件增加到 10 000 件,同时单位变动成本也可以从 14 元降为 13 元,固定成本总额却从 18 000 元增加到 22 000 元。

要求:(1) 计算原产销方案的利润;

　　　(2) 计算新方案的利润,并做出产销方案的选择。

7) 某企业 2003 年产销 B 产品 10 万件,单价为 30 元,变动成本率为 70%,实现息税前利润 30 万元。

要求：计算单位变动成本和固定成本总额。

8）某企业计划期产销甲、乙、丙三种产品，固定成本总额为 134 400 元。其他资料如下：

产　品	甲（件）	乙（台）	丙（只）
销售量	10 000	6 000	5 000
单价（元）	30	20	16
单位变动成本（元）	21	12	10
生产工时（时）	35 000	16 000	7 500

要求：（1）用加权平均法计算综合保本销售额。

（2）如果固定成本按生产工时进行分摊，各产品的保本销售量分别是多少？

（3）到 9 月底，各产品已实现的销售额分别为 240 000、100 000 和 67 200 元，计算并说明盈亏情况（固定成本按计划工时进行分摊）。

预 测 分 析

导 读

宏净公司新开发了一种半自动的家用吸尘器,已经成功试制了一批样品。为了预测市场前景,公司委托专业的市场调查公司进行调查摸底。调查人员带上样机,就该产品正式推出的两年内,以 2 000 元和 1 500 元的价格水平,对浙江省内五个城市进行分层随机抽样,选定 1 000 户居民家庭进行了访问调查。10 名调查员经过了 20 天的艰苦工作,得到结果如下:

		肯定购买	可能购买	难 说	可能不购买	肯定不购买
购买概率(%)		100	80	50	20	0
户数	单价 2 000 元	25	108	608	206	53
	单价 1 500 元	32	198	502	182	86

估计浙江省内城市居民家庭数有 500 万家,请你预测一下,分别就这两种价格,两年内有望卖出多少台吸尘器? 你认为哪个价格比较合适,为什么?

【学习目标】

了解预测的意义、种类以及定性预测的基本方法在各预测内容的应用,掌握趋势法、回归法和加权平均法等定量预测方法在产品销售预测、利润预测、成本预测和资金预测中的具体应用,掌握销售百分比法在资金需要量预测中的应用。

【重点和难点】

趋势外推法、因果分析法、利润灵敏度分析原理和销售百分比法。

4.1 预测分析概述

4.1.1 预测分析的意义和特征

1. 预测分析的意义

预测分析是人们依据过去和现在的相关资料和信息,运用已有的知识、经验和科学的方法,对事物的未来发展趋势做出预计和推测的过程。而企业经营预测分析则是人们对企业未来经济活动可能产生的效益及其发展趋势所进行的预计和推测。预测分析的意义,就在于把企业的生产经营活动有意识地引导到提高经济效益的轨道上来,它不仅可以提高决策的科学性,而且可以使企业的经营目标同整个社会经济的发展和消费者的需求相适应。因此,预测分析在提高企业经营管理水平和改善经济效益等方面有着十分重要的意义。

1) 预测分析是进行经营决策的主要依据。企业的经营活动必须建立在正确的决策基础上,而科学的预测是进行正确决策的前提和依据。通过预测分析,可以科学地确定有关商品的品种结构、最佳库存结构等,合理安排和使用现有的人力、物力和财力,全面协调整个企业的经营活动。

2) 预测分析是编制全面预算的前提。为了减少生产经营活动的盲目性,企业要定期编制全面预算。而预算的前提,就是预测工作所提供的信息资料。科学的预测,能够避免主观预计或任意推测,使企业计划与全面预算合理、科学,切实可行。

3) 预测分析是提高企业经济效益的手段。以最少的投入取得最大的收益是企业的基本经营原则。通过预测分析,及时掌握国内外市场信息、市场销售变动趋势和科学技术发展动态,合理组织和使用各种资源,可以使企业降低消耗,增加销售收入,提高经济效益。

2. 预测分析的特征

在市场经济条件下,企业的生产经营受到社会、经济、技术和自然等各方面因素的影响。这些因素往往相互交织,错综复杂。因此,必须深刻认识预测分析的特征,遵循科学的原则,不断改善预测方法,使预测分析发挥应有的重要作用。

1) 预测具有一定的科学性。预测是根据实地调查和历史统计资料,通过一定程序和计算方法,推测未来的经营状况。基本上能够反映和代表未来发展趋势,从这一角度来说,预测具有一定的科学性。

2) 预测具有一定的不确定性。因为预测是事先对未来经营状况的预计和推测,而企业的经营活动受各种因素的影响,未来的经营活动又不是过去的简单重复,所以预测值与实际值之间不可能完全一致,难免存在一定的误差。从这一角度来说,预测具有一定的不确定性。

3) 预测具有一定的局限性。因为人们对未来经营活动的认识和预见,总带有一定的主观性和局限性,而且预测所掌握的资料有时不全、不太准确或在计算过程中忽略了某些因素。所以,预测的结果不可能完整地、全面地反映未来的经营状况,因而具有一定的局限性。

4.1.2 预测分析的内容

预测分析是决策分析的基础和依据,是计划预算工作的最重要的基本假设和前提。

因此,预测的范围十分广泛。不同的部门、不同的目的,相应地有不同的预测内容。就管理会计而言,预测分析的基本内容主要包括以下几个方面:

1. 销售预测分析

销售是企业的重要经营活动,关系到企业目标利润的实现和市场需求的满足。在市场经济条件下,销售预测分析具有极为重要的意义。它主要包括市场需求和企业销售量(销售额)的预测分析。

2. 利润预测分析

利润预测是指通过对影响企业利润高低的各项因素(如成本、业务量、价格等)进行分析,对企业未来一定时期的利润水平及其升降的预计和测算,为企业确定最优的利润目标提供依据。

3. 成本预测分析

产品成本是反映企业经营管理水平的综合性指标,降低成本是提高企业经济效益的重要途径。因此,成本预测分析作为成本管理的重要内容,是补偿生产消耗、制定价格的重要依据,也是企业生产经营决策和核算经济效果的基础。它主要包括目标成本、成本降低幅度等方面的预测分析。

4. 资金预测分析

企业的目标是实现资产的不断增值和所有者财富的最大化。为实现这一目标,企业就要进行资本运营。资金预测分析是资本运营,即资金筹集、使用、分配与控制的基础和前提。它主要包括固定资产和流动资产需要量及追加资金的预测分析。

4.1.3 预测分析的步骤

预测分析的一般程序,大体可分为以下七个步骤:

1. 确定预测目标

管理者在进行预测之前,先要清楚预测什么,是预测保本点还是预测利润?是预测销售量还是预测成本?然后根据预测的具体对象和内容,确定预测范围、时间期限及数量单位。

2. 制定预测计划

根据预测目标,形成具体预测计划,作为进行预测分析的保证。预测计划的内容应包括:由谁来领导和组织?采用什么预测方法?什么时间完成?以及预测的各项准备工作等等。

3. 收集并分析信息

有组织地、系统地搜集相关的信息及原始资料和数据,并进行加工、整理、归纳、鉴别,做到去粗取精、去伪存真,这是预测分析的基础性工作。信息资料有纵横之分、内外之别,搜集整理资料时,要注意各项指标的计算口径、计算方法、计量单位和计价标准是否一致与可比。对于历史资料,要注意其完整性和连续性。

4. 选择预测方法

正确选择预测方法是保证预测精度的一个关键因素,应要根据预测计划和预测目标的具体特点,选择具体的预测方法。对于定量预测,应选择预测分析的专门方法,建立数学模型;对于定性预测,则要建立设想的逻辑思维模型,并拟订预测的调查提纲。

5. 实际进行预测

应用选定的预测方法和建立的模型,分别进行定量分析或定性分析,并提出实事求是的预测结果。

6. 对预测结果进行验证、评价和修正

经过一段时间,对上一阶段的预测结果进行验证和分析评价。即以实际数与预测数进行比较,计算误差,分析原因,以便及时修正预测方法,完善预测模型。由于数据不充分或不确定因素引起的定量预测误差,可以用定性分析方法考虑这些因素,并修正定量预测结果。对于定性预测结果,应用定量方法加以验证、修改和补充,使预测更接近实际情况。

7. 输出预测结论

根据上一阶段的修正、补充,形成文字报告,把最后的预测结论提交给有关管理部门。

以上预测分析的程序是必要的,但不是简单机械的排列。根据具体情况而简繁有度。

4.1.4 预测分析的方法

预测分析方法种类繁多,随预测对象和预测期限不同而各有所异。但基本方法大体可归纳为定量分析法和定性分析法两大类。

1. 定量分析法

定量分析法或称数量分析法,是应用数学方法和各种计算工具对经济信息进行科学的加工处理,建立预测分析数学模型,揭示各有关变量间的规律性联系,并做出预测性结论。按照对资料数据的处理方式,定量分析法可分为以下两种类型:

(1)趋势外推分析法。趋势外推分析法亦称时间序列分析法。它是将预测对象的历史数据按时间顺序排列,应用数学模型进行处理和计算,借以预测其未来发展趋势的分析方法。这种方法的实质是依据事物发展的"延续性原则",采用数理统计的方法,预测事物的发展趋势。具体方法有算术平均数法、移动平均数法、指数平滑法和回归分析法等。

(2)因果预测分析法。这种方法主要是根据预测对象与其他相关指标之间的相互依存、相互制约的规律性联系,建立相应的因果数学模型进行预测分析,实质上是依据事物发展的"相关性原则",推测事物发展的趋势。具体方法有本量利分析法、回归分析法和投入产出法等。

2. 定性分析法

定性分析法亦称非数量分析法,主要是依靠预测人员的经验、知识、判断和分析等能力,推断事物的性质和发展趋势。这种方法的主要依据是预测人员主观判断和直观分析能力,一般在缺乏完备的统计资料或主要影响因素难以定量分析的情况下采用。如对初次投入市场的新产品销售量的预测等。

定性分析法按具体做法可分为:典型调查法、全面调查法、直接调查法、间接调查法、专家集合意见法和德尔菲法等等。

定量分析与定性分析两种方法各有特点,往往需要互相检验和补充。一般以遵循定性分析为指导、定量分析做验证的原则,两者结合运用。定性分析法主要用于预测未来的变动方向,即所谓"质"的预测,往往带有主观随意性,但迅速灵活,可综合大量的情况。对于某些不易或不能量化的因素,则只能采用这种方法。定量分析法可以得到确定的预测值,但由于经济现象非常复杂,建立数学模型时不得不舍掉一些"不重要"的因素。当然,这些"不重要"的因素并不是一成不变的。因此,建立数学模型需要十分仔细和小心,既不要使模型过于复杂,也不要遗漏影响事物变动的重要因素。在某些经济变动的影响因素很难或根本不能量化的情况下,数学模型也就无能为力了。

4.2 销售预测分析

4.2.1 销售预测的含义

销售预测是根据某种产品的历史销售资料和其他有关数据,对其在未来一定期间内的销售变动趋势作出科学的预计和推断,以确定该种产品的销售期望值的过程。销售预测的方法很多,一般也分为定量分析和定性分析两类。本节只选择其中几种最基本的预测方法扼要地加以介绍。

4.2.2 销售的定性预测

销售的定性预测,主要是依靠有关专业人员的政策水平、知识技能、实践经验和综合分析能力,在调查研究的基础上,对企业产品市场销售的发展趋势做出预计和推测。这种方法一般在缺乏系统、完备的统计资料或影响销售量等相关因素难以量化的情况下采用。其具体的方法有:

1. 全面调查法

全面调查法是对涉及同一产品的所有销售对象进行逐一调查,经综合分析整理以后,推测该产品在未来一定时期内产品销售变动的总体情况。采用全面调查法可以取得比较完整、可靠的资料,但工作量较大,耗费较多,所需时间较长。全面调查法主要适用于对某些使用范围和用户有限的专用产品进行预测分析。

2. 典型调查法

典型调查法就是对某些产品,通过对一些具有代表性的用户需求情况的调查,以推算市场需求及其发展趋势。其主要内容包括对产品的数量需求、用户的购买能力、生活方式和季节变化要求等,通过典型调查,进行科学的整理分析,然后得出销售预测结论。典型调查的对象要尽量体现出典型性和代表性,以提高预测结果的准确性。

3. 专家意见法

专家意见法是由企业组织各有关方面的专家组成小组,运用专家的集体智慧进行判断预测的方法。这里的专家一般指企业的高级决策者、销售部门负责人、某方面的专门人员、经销商和其他外界的专家。这种方法预测的结果容易受少数权威人士意见的左右,所以采用这种方法一定要注意让各位专家有平等表达意见的机会,尽量避免"权威"的影响,从而保证预测结果的准确性。

定性预测分析的特点是以经验为基础,简便易行,但缺乏具有说服力的数学依据。而且预测过程中掺杂的主观因素较多,产生偏差的可能性较大。因此,这类方法主要在资料不完备、客观因素无法量化分析时才独立使用。

销售定性预测案例

安达家用电器厂从国外引进一种毛皮大衣和高级呢绒服装清洁吸尘器的先进技术,准备试制投产。这种产品在当地尚没有销售记录。于是,厂部决定聘请专家多人来预测该新产品明年投放市场后可能的销售量。

在预测前,首先对产品的样式、特点和性能用途及可能的售价连同其他地区和国外市场的销售情况作了详细介绍,同时发给每人一张书面意见表,让各人进行判断,经过三次反馈,得到资料如下:

专家姓名	第一次预测(台)			第二次预测(台)			第三次预测(台)		
	最 低	可 能	最 高	最 低	可 能	最 高	最 低	可 能	最 高
A	2 100	7 000	11 900	3 300	7 000	11 900	3 600	8 000	12 800
B	1 500	5 000	9 100	2 100	5 500	9 800	2 700	6 000	12 000
C	2 700	6 500	11 900	3 300	7 500	11 900	3 300	7 000	12 000
D	4 200	8 500	20 000	3 900	7 000	15 300	3 300	5 000	20 000
E	900	2 500	5 600	1 500	4 500	7 700	2 100	5 500	10 400
F	2 000	4 500	9 800	1 800	5 000	10 500	2 100	5 500	10 400
G	1 500	3 000	5 600	1 200	3 500	11 300	2 700	4 500	9 600
H	1 900	3 500	6 800	2 400	4 500	9 100	2 400	4 500	10 400
I	2 100	4 500	13 800	2 100	5 000	15 100	2 100	8 000	10 400
平均数	2 100	5 000	10 500	2 400	5 500	11 400	2 700	6 000	12 000

对上述资料加以整理，并运用概率进行测算，最低销售量、可能销售量和最高销售量的概率分别为：0.2，0.5，0.3。

该产品是为毛皮大衣和高级呢绒服装服务的，其销售量与毛皮大衣和高级呢绒服装的销售量有十分密切的关系。该厂零售店经理了解到毛皮大衣和高级呢绒服装与其清洁吸尘器的比例关系为：国外市场1：3，国内市场1：23，零售经理估计该市场可能比例为1：35，考虑到本产品的市场占有率，其销售量约为9 350台。

该厂销售人员对如何预测其销售量产生了不同意见：

第一种意见认为：把专家预测判断数加以平均，再加以适当考虑概率因素，以此作为销售预测量；

第二种意见认为：应排除专家预测中的各种最大和最小因素后，才能加以平均，因此也无须考虑概率因素；

第三种意见则坚持按照相关服装和该产品的比例来确定全年的销售量，认为无须考虑专家预测的因素。

上述几种方案，哪种最合理（说明理由）？你认为预测销售量应为多少？

解答 从长远看，按吸尘器与相关服装销售量的比例进行预测，是比较合理的。特别是国内市场已有销售记录，完全可供参考。

但是从本例具体情况来看，该吸尘器属于新产品试销性质，要一下子达到国内市场销售水平需要有一个过程。第一年销售数不能期望过高。资料对零售经理估计可能比例为1：35，没有进一步提供依据，缺乏说服力。预测可能建立在单纯的主观估计上。如果零售店经理能够提供数据，说明理由，应该首先考虑零售店经理的意见。

如果零售经理不能证明他的意见是合理的，则专家意见，并考虑概率因素，可作为销售预测依据。因为专家意见，并经过两次反馈，应该说各方面的情况都考虑到了，是可以相信的。按照这种方法预测销售量如下：

$$2\ 700 \times 0.2 + 6\ 000 \times 0.5 + 12\ 000 \times 0.3 = 7\ 140（台）$$

必须指出，上述概率0.2、0.5、0.3，应该是各专家估计各种可能性概率平均数。如果专家提供资料中没有作出估计，仅凭预测人员主观决定，则不如另一部分人员的意见，即排除专家预测中最大最小因素后，可能数的平均值作为预测数，也就是6 000台。

4.2.3 销售的定量预测

1. 趋势外推法

趋势外推分析法亦称时间序列分析法或历史引申法，是应用事物发展的"延续性原则"来预测事物发展的趋势。这种方法是将历史数据按时间的顺序排列，构成一个与时间成函数关系的动态统计数列，根据这个统计数列的统计规律予以外推，以作为未来的预测值。这种方法的优点是简便易行，缺点是对影响市场的供需情况的变动趋势的其他因素未加考虑。趋势外推分析法根据所采用的具体数学方法的不同,又可分为算术平均数法、移动平均数法、指数平滑法、回归分析法和季节指数法等。

1) 算术平均数法。算术平均数法是以过去若干期的销售量或销售额的算术平均数作为计划期的销售预测值。其计算公式为:

$$计划期销售预测值 = \frac{各期销售量(或销售额)之和}{期数}$$

即

$$\bar{x} = \frac{\sum X}{N}$$

【例 4-1】 华海公司 2010 年下半年销售 A 类产品的 6 个月的销售额资料如表 4-1 所示。要求:预测 2011 年 1 月份 A 类产品的销售额。

表 4-1 A 类产品销售资料

月 份	7	8	9	10	11	12
销售额(万元)	60	70	65	75	70	75

由算术平均法计算公式,得

$$\bar{x} = \frac{\sum X}{n} = \frac{60+70+65+75+70+75}{6} = 69.17(万元)$$

这种方法的优点是计算简单、方便易行,缺点是没有区分近期数据和远期数据对未来影响程度的差别。因而,此方法只适用于销售量或销售额比较稳定的商品,或者处于市场寿命周期中的成熟期产品的销售预测。对于某些没有季节性的商品,如食品、文具、日常用品等,这是一种十分有用的方法。

2) 移动加权平均法。移动加权平均法是对过去若干期的销售量或销售额,按其距离预测期的远近分别进行加权(近期所加权数大些,远期所加权数小些),然后计算其加权平均数,并以此作为计划期的销售预测值。

应该注意的是:所谓"移动",是指所采用的观测值(历史数据)随时间的推移而顺延。另外,由于接近预测期的实际销售情况对预测值的影响较大,故所加权数应大些;离预测期越远的数据,所加的权数越小。移动加权平均法的计算公式为:

$$计划期销售预测值 = 各期销售量(额)分别乘其权数之和$$

即

$$\bar{x} = \sum XW$$

当 $\sum W = 1$ 时,我们称为饱和权数加权。用饱和权数法进行移动加权平均,三项移动时,其权数可取 0.2,0.3,0.5;五项移动时,其权数可取 0.03,0.07,0.15,0.25,0.5。

如 W 随时期的不同而分别取 1、2、3 等自然数,则称为自然数加权。

为了能反映近期的销售发展趋势,还可在上述基础上,再加上平均每月的变动趋势调整值 b_i,以此作为计划期的销售预测值。因此,上述公式可修正为:

$$\overline{x} = \sum XW + b_n$$

其中,$b_n = M_n - M_{n-1}$。

M_n:第 n 期销售量移动平均值;M_{n-1}:第 $n-1$ 期销售量移动平均值。

【例 4-2】 依例 4-1,要求根据 10、11、12 三个月的观察值,按移动加权平均数法预测 2011 年 1 月份的销售额。

解 a) 计算平均每月销售变动趋势值:

$$b_n = M_n - M_{n-1} = \frac{75 + 70 + 75}{3} - \frac{65 + 75 + 70}{3}$$

$$= 73.33 - 70 = 3.33(万元)$$

b) 取权数 $W_1 = 0.2$,$W_2 = 0.3$,$W_3 = 0.5$

$$\overline{x} = (75 \times 0.2 + 70 \times 0.3 + 75 \times 0.5) + 3.33 = 76.83(万元)$$

3) 指数平滑法。指数平滑法是利用平滑系数(加权因子),对过去不同期间的实际销售量和预测销售量进行加权计算,作为计划期的销售预测值(因其权数按指数规律递减而得名)。

令 D 表示实际值,F 表示预测值,下标 t 表示第 t 期,α 表示平滑系数($0 \leqslant \alpha \leqslant 1$),其计算公式:

$$F_t = \alpha \cdot D_{t-1} + (1-\alpha) \cdot F_{t-1}$$

【例 4-3】 依例 4-1,该公司 12 月份 A 类商品实际销售额为 75 万元,原来预测 12 月份的销售额为 75.8 万元,平滑系数为 0.7。

要求:按指数平滑法预测 2011 年 1 月份 A 类商品的销售额。

解 2011 年 1 月份的预测值,由其计算公式得:

$$F_t = \alpha \cdot D_{t-1} + (1-\alpha) \cdot F_{t-1}$$

$$= 0.7 \times 75 + (1-0.7) \times 75.8$$

$$= 75.24(万元)$$

用指数平滑法进行预测时,平滑系数值通常由预测者根据过去销售实际数与预测值之间差异的大小来确定,故确定平滑系数带有一定的主观因素。平滑系数越大,则近期实际数对预测结果的影响越大;反之,平滑系数越小,则近期实际数对预测结果的影响越小。因此,如果要预测长期变动趋势,可选用较小的平滑系数;如果预测近期的变动趋势,则应选用较大的平滑系数。这个方法的优点是,采用一个平滑系数,在确定其数值时,可以结合考虑某些可能出现的偶然因素的影响,从而使预测值更符合实际情况。在实际工作中,平滑系数也可以试用若干个不同数值分别试算预测值,以预测值与实际值差异最小的平滑系数作为最佳数值。

指数平滑法具有递推性,已知对本期的预测值,就能很方便地预测下期的数值;而且该方法需要保存的历史数据最少,信息最全。

2. 因果预测分析法

因果预测分析法或称相关预测分析法,是利用事物发展的"相关性原则"来推测事物发展趋势的方法。它是根据已掌握的历史资料,找出预测变量与其相关变量之间的依存关系,建立相应的因果预测数学模型,据以预测计划期的销售量或销售额。

因果预测法采用的具体方法较多,最常用而且最可靠的是最小平方法,亦即回归分析法。这种方法的优点是简便易行,成本低廉。本书只介绍一元线性回归法,它适用于只有一个相关因素的情况。例如,某些工业品的销售在很大程度上取决于相关产业的销售状况,如玻璃与建筑、轮胎与汽车、纺织面料与服装等,一般都是前者的销售量取决于后者的销售量。在这种情况下,可利用后者现成的销售预测信息,采用最小平方法推算出前者的销售预测值。其具体做法是,假定变量之间呈线性相关关系,以 x 表示预测对象的相关因素变量,以 y 表示预测对象的销售量(销售额),建立模型如下:

线性方程: $\qquad y = a + bx$

求解参数 a 和 b 的标准方程组是:

$$\begin{cases} \sum y = na + b \sum x \\ \sum xy = a \sum x + b \sum x^2 \end{cases}$$

解方程组可得:

$$a = \frac{\sum y - b \sum x}{n}$$

$$b = \frac{n \sum xy - \sum x \cdot \sum y}{n \sum x^2 - \left(\sum x \right)^2}$$

应用因果预测法,一般还应进行相关程度的测定,即通过计算相关系数 r 来检验预测变量与相关因素变量间的相关性,以判断预测结果的可靠性。

【例 4-4】 阳光纺织面料厂最近五年面料的实际销售量资料及市场服装实际销售量统计资料,如表 4-2 所示。

表 4-2 服装、面料销售量统计资料

年　　度	2006	2007	2008	2009	2010
服装销售量(万件)	10	12	15	18	20
面料销售量(万米)	64	78	80	106	120

假定计划期 2011 年服装销售量预测为 25 万件,该面料生产企业的市场占有率为35%。要求:采取最小平方法预测 2011 年面料的销售量。

解 (1)编制计算表,如表 4-3 所示。

表 4-3 回归预测计算表

年　　度	服装销售(x)	面料销售(y)	xy	x^2	y^2
2006	10	64	640	100	4 096
2007	12	78	936	144	6 084
2008	15	80	1 200	225	6 400
2009	18	106	1 908	324	11 236
2010	20	120	2 400	400	14 400
$\sum$	75	448	7 084	1 193	42 216

(2)计算参数 a,b,并计算预测值。

$$b = \frac{n\sum xy - \sum x \cdot \sum y}{n\sum x^2 - \left(\sum x\right)^2} = \frac{5 \times 7\,084 - 75 \times 448}{5 \times 1\,193 - 75^2} = 5.35$$

$$a = \frac{\sum y - b\sum x}{n} = \frac{448 - 5.35 \times 75}{5} = 9.35$$

2011 年面料预计市场销售量:

$$y = a + bx = 9.35 + 5.35 \times 25 = 143.1(万米)$$

2011 年该企业面料预计市场销售量 $= 143.1 \times 35\% = 50.085(万米)$

(3)相关性检验。

$$r = \frac{n\sum xy - \sum x \cdot \sum y}{\sqrt{\left[n\sum x^2 - \left(\sum x\right)^2\right]\left[n\sum y^2 - \left(\sum y\right)^2\right]}}$$

$$= \frac{5 \times 7\,084 - 75 \times 448}{\sqrt{(5 \times 1\,193 - 75^2)(5 \times 42\,216 - 448^2)}} = 0.97$$

相关系数 $r=0.97>0.8$，即面料销售量与服装销售量之间高度相关。

4.3 利润预测分析

任何一个企业，为了在激烈的市场竞争中不断发展壮大，首先必须明确自己的经营目标。尽管企业在不同时期可能有不同的经营目标，但经营目标的实现，都直接或间接地同利润紧密相连。因此，做好利润预测工作，不仅能合理地确定企业在未来一定期间的利润目标，而且还可以使企业的总体目标建立在坚实可靠的基础之上。预测可能实现的利润，规划最优的目标利润，并为实现目标利润提供销售量、价格等方面的可行性方案，是利润预测分析的主要内容。

4.3.1 目标利润及其预测分析

企业在分析上期利润计划的完成情况，并考察下期影响利润的各种因素的变动情况的基础上，就可以预测下期的目标利润。由于销售收入抵减成本以后尚有剩余，才是企业的利润。因此，我们可以通过本量利分析的基本公式，求得企业的目标利润。

$$目标利润 = 销售收入 - 变动成本 - 固定成本$$
$$= 贡献边际 - 固定成本$$
$$= 销售收入 \times 贡献边际率 - 固定成本$$

【例 4-5】 光洋公司 2011 年预计销售 A 产品 1 000 件，每件售价 300 元，贡献边际率为 30%，固定成本总额为 46 000 元。则

$$目标利润 = 1\,000 \times 300 \times 30\% - 46\,000 = 44\,000(元)$$

除了上述用贡献边际法预测目标利润外，还可以根据各种不同的利润率来确定目标利润。

1. 根据销售利润率确定

$$销售利润率 = \frac{销售利润}{销售收入总额} \times 100\%$$

$$目标利润 = 预计销售收入总额 \times 预计销售利润率$$

2. 根据产值利润率确定

$$产值利润率 = \frac{销售利润}{工业总产值} \times 100\%$$

$$目标利润 = 预计工业总产值 \times 预计产值利润率$$

3. 根据资金利润率确定

$$资金利润率 = \frac{销售利润}{资金平均占用额} \times 100\%$$

$$目标利润 = 预计资金平均占用额 \times 预计资金利润率$$

4. 根据销售比例确定

$$销售比例 = \frac{下年度预计销售收入总额}{上年度实际销售收入总额}$$

$$目标利润 = 上年度实际利润总额 \times 销售比例$$

5. 根据利润增长率确定

$$目标利润 = 上年度实际利润总额 \times (1 + 预计利润增长率)$$

【例 4 - 6】 河海公司上年度实际利润 500 000 元,根据对过去连续 3 年盈利情况的分析和预算,确定下年度的利润增长率为 8%。

试确定该企业下年度的目标利润。

解   目标利润 = 上年度实际利润总额 × (1 + 8%)

$$= 500\,000 \times (1 + 8\%) = 540\,000(元)$$

4.3.2 利润灵敏度分析

敏感性分析是预测分析和决策分析中常用的一种技术方法。它主要是用来测定与预测或决策有关的某个因素发生变动时,对预测或决策的影响程度。如果某个因素在很小幅度内发生变动就会影响预测或决策结果,即表明这个因素的敏感性强;如果某个因素在较大幅度内发生变动才会影响预测或决策结果,则表明这个因素的敏感性弱。利润敏感性分析是指运用数学模型对影响利润的各个因素如销售单价、销售量、单位变动成本和固定成本总额进行分析,来测定各有关因素的变动对企业目标利润影响程度大小。利润敏感性分析的主要内容为:

1. 各因素对利润敏感程度的分析

根据本量利分析的基本公式:

$$目标利润(EBIT) = 销售单价(p) \times 销售数量(x) -$$

$$[单位变动成本(b) \times 销售数量(x) + 固定成本总额\ (a)]$$

结合实例来说明 p、x、a、b 对 $EBIT$ 的影响程度。

【例 4 - 7】 华海公司计划期生产并销售甲产品 1 000 件,若销售单价为 50 元,单位变动成本为 30 元,固定成本总额为 10 000 元,可获利多少? 若 p、b、a、x 各因素分别变动 1%,对利润的影响程度如何?

解 $EBIT = px - (a + bx) = 50 \times 1\,000 - (10\,000 + 30 \times 1\,000) = 10\,000(元)$

p、b、a、x 各变动 1% 对利润的影响程度如表 4-4 所示。

表 4-4 有关因素对利润影响的分析表

影响利润的各因素	变动程度（%）	影响范围		变动后利润	影响程度	
		计划期销售收入	计划期销售成本		绝对数	百分比
销售单价（p）	+1	$50 \times 1\% \times 1\,000 = +500$	0	10 500	+500	+5%
销售量（x）	+1	$50 \times 1\,000 \times 1\% = +500$	$30 \times 1\,000 \times 1\% = +300$	10 200	+200	+2%
单位变动成本（b）	-1	0	$30 \times (-1\%) \times 1\,000 = -300$	10 300	+300	+3%
固定成本总额（a）	-1	0	$10\,000 \times (-1\%) = -100$	10 100	+100	+1%

我们把影响利润的四个因素单独向有利方向变动 1%，而引起的利润变动百分比称为利润的灵敏度指标。根据本量利基本公式，结合本例的计算结果，不难总结出其一般算式：

单价的灵敏度 $K_p = \dfrac{px}{EBIT} \times 1\%$

单位变动成本的灵敏度 $K_b = \dfrac{bx}{EBIT} \times 1\%$

销售量灵敏度 $K_x = \dfrac{(p-b)x}{EBIT} \times 1\%$

固定成本的灵敏度 $K_a = \dfrac{a}{EBIT} \times 1\%$

它们存在着以下关系：

（1）单价的灵敏度总是最高的。就是说，在其他因素不变的条件下，提高单价是增加利润最有效的途径，降价销售会使利润以更大的幅度下降。

（2）销售量的灵敏度不会最低。就是说，以增加销售量的方式来增加利润，不是最笨的办法。

（3）单价的灵敏度与单位变动成本的灵敏度之差，等于销售量的灵敏度。

(4) 销售量的灵敏度与固定成本的灵敏度之差,等于1%。

(这些关系请读者亲自计算并加以验证)

2. 各因素逐个变动对目标利润实现的分析

进行利润敏感性分析,还应对各因素逐个进行预测分析,再结合该公司的具体情况,决定采取哪种方案来保证目标利润的实现。

根据本量利分析的基本公式:$EBIT = (p - b)x - a$

1) 在 a、b、x 为常数的情况下,$p = \dfrac{a + bx + EBIT}{x}$。

2) 在 p、a、b 为常数的情况下,$x = \dfrac{a + EBIT}{p - b}$。

3) 在 p、x、b 为常数的情况下,$a = px - bx - EBIT$。

4) 在 p、x、a 为常数的情况下,$b = \dfrac{px - a - EBIT}{x}$。

【例 4-8】 依例 4-7,现根据该公司的生产能力及市场预测,将目标利润提高为 12 000 元。要求对影响利润的各个因素进行逐个预测,计算它们如何变动才能保证目标利润的实现。

解 1) 提高销售单价。

$$p = \frac{a + bx + EBIT}{x} = \frac{10\,000 + 30 \times 1\,000 + 12\,000}{1\,000} = 52(元)$$

即在固定成本总额、销售量、单位变动成本不变的情况下,只要将销售单价提高到 52 元,即提高 4%,就可保证目标利润的实现。

2) 增加销售量。

$$x = \frac{a + EBIT}{p - b} = \frac{10\,000 + 12\,000}{50 - 30} = 1\,100(件)$$

即在固定成本总额、销售单价、单位变动成本不变的情况下,只要将销售量提高到 1 100 件,即提高 10%,就可保证目标利润的实现。

3) 降低固定成本总额。

$$a = px - bx - EBIT = 50 \times 1\,000 - 30 \times 1\,000 - 12\,000 = 8\,000(元)$$

即在销售单价、销售量、单位变动成本不变的情况下,只要将固定成本总额降低到 8 000 元,即降低 20%,就可保证目标利润的实现。

3. 各因素同时变动对利润影响的综合分析

在现实生活中,各因素是相互制约、互为影响的。为此,就需要综合预测各有关因素同时变动对利润的影响。它主要是根据本量利分析的基本公式,分别计算出变化前的利润和变化后的利润,然后加以对比,就可测算出两者的利润差额。

【例 4 - 9】 华光公司经过技术革新后,计划期生产并销售 A 产品的产量由原来的 1 000 台增加到 1 500 台,销售单价由原来的 50 元降到 46 元,单位变动成本由原来的 30 元降低到 25 元,固定成本总额由原来的 10 000 元增加到 14 000 元。

要求:综合测算各因素同时变动对利润的影响。

解 技术革新前的利润 = 50 × 1 000 − (10 000 + 30 × 1 000) = 10 000(元)

技术革新后的利润 = 46 × 1 500 − (14 000 + 25 × 1 500) = 17 500(元)

两者的利润差额 = 17 500 − 10 000 = 7 500(元)

4. 产品品种结构变动对利润影响的分析

在生产并销售多种产品的企业中,为了保证目标利润的实现,还可以通过对产品品种的结构变动,即通过多生产销售贡献边际率高的产品,少生产销售贡献边际率低的产品的办法,来提高企业的盈利水平。

【例 4 - 10】 华海公司在计划期拟生产 A、B、C 三种产品,其固定成本总额为 30 000 元,各种产品的贡献边际率及各种产品销售额占全部销售额的比重如表 4 - 5 所示。

表 4 - 5　海华公司产品资料表

项　　目	A 产品	B 产品	C 产品
贡献边际率(%)	35	45	40
销售比重(%)	60	10	30

现为提高企业的盈利,保证目标利润的实现,将各种产品的品种结构加以变动,改为 A 产品为 30%,B 产品 30%,C 产品 40%。

要求:预测三种产品的综合保本销售额,并说明对利润的影响。

解 根据上述资料,首先确定各种方案的加权贡献边际率。

品种结构变动前:

加权平均贡献边际率 = 35% × 60% + 45% × 10% + 40% × 30% = 37.5%

品种结构变动后:

加权平均贡献边际率 = 35% × 30% + 45% × 30% + 40% × 40% = 40%

三种产品的综合保本销售额:

品种结构变动前:

$$综合保本销售额 = \frac{固定成本总额}{加权平均贡献边际率} = \frac{30\,000}{37.5\%} = 80\,000(元)$$

品种结构变动后：

$$综合保本销售额 = \frac{30\,000}{40\%} = 75\,000（元）$$

上述计算表明，华海公司通过调整产品品种结构，使它们的综合保本销售额由原来的 80\,000 元降低到 75\,000 元，降低额为 5\,000 元，降低率为 6.25%。因此，可使该公司的盈利水平明显提高。

由此可见，通过进行利润敏感性分析，可以具体掌握各个因素对利润变动的敏感程度，有利于管理人员在生产经营中增加预见性，并采取相应的有效措施，即选择最优方案来保证目标利润的实现。

4.4　成本与资金预测分析

4.4.1　成本预测方法

成本预测，一般都是根据企业产品成本的历史资料，按照成本习性的原理，应用数理统计的方法来预计和推测成本的发展变动趋势。一般来讲，成本的发展变动趋势可用直线方程式来反映，即

$$y = a + bx$$

只要我们求出 a 和 b，就可以根据这个方程来预测在任何"产量"(x)下的"产品总成本"(y)的值。

必须注意，作为预测依据的历史资料，所选用的时期不宜过长，也不宜过短。因为当今经济形势发展迅猛，过长则失去可比性，过短则不能反映出成本发展变动的趋势。通常以最近的 3～5 年的历史资料为宜。另外，对于历史资料中某些金额较大的偶然性费用，譬如说，意外的停工损失、材料或产品的盘盈盘亏等，在引用时应予剔除。

应用 $y = a + bx$ 模型，通过确定 a（代表固定成本总额）与 b（代表单位变动成本）的数值进行成本预测，具体可分为高低点法、加权平均法和回归分析法。

1. 高低点法

高低点法是将成本费用的发展趋势用方程 $y = a + bx$ 表示，选用一定时期内历史资料中的最高点业务量与最低点业务量的总成本之差与两点业务量之差进行对比，先求出 a,b 的值，然后据以预测计划期成本。

【例 4-11】　三利公司最近五年 A 机床产量和成本资料如表 4-6 所示。

表 4-6 A 产品历年成本资料

年 度	产 量 x(台)	单位变动成本 b(元)	固定成本总额 a(元)
2006	20	60	400
2007	65	30	530
2008	70	45	640
2009	55	55	480
2010	100	40	600

若 2011 年度计划产量为 120 台。要求：采用高低点法预测 2011 年度产品的总成本和单位成本。

解 (1)最高与最低点的产量与总成本数,计算其差异,如表 4-7 所示。

表 4-7 最高点、最低点产量、成本差异计算表

项 目	最 高 点(2010 年)	最 低 点(2006 年)	差 异
产量 x(台)	100	20	$\Delta x = 80$
总成本 y(元)	$600 + 40 \times 100 = 4\,600$	$400 + 60 \times 20 = 1\,600$	$\Delta y = 3\,000$

$$b = \frac{y_h - y_l}{x_h - x_l} = \frac{3\,000}{80} = 37.5(元)$$

$$a = y_h - bx_h = 4\,600 - 37.5 \times 100 = 850(元)$$

(2)计算计划期总成本与单位成本。

计划年度 A 机床总成本预测值$(Y) = a + bx = 850 + 37.5 \times 120 = 5\,350(元)$

计划年度 A 机床单位成本预测值 $= \dfrac{y}{x} = \dfrac{5\,350}{120} = 44.58(元)$

2. 加权平均数法

该法是根据过去若干期的单位变动成本和固定成本总额的历史资料,按其时间远近给予不同权数,用加权平均数计算计划期的产品成本。一般来讲,加权平均法适用于成本资料 (a, b) 比较健全的企业。

其计算公式如下:

$$y = \sum aw + \sum bwx$$

式中, $\sum w = 1$。

$$单位成本预测值 = \frac{y}{x}$$

【例 4 - 12】 依例 4 - 11 数据,用加权平均法预测 2011 年度 A 机床 120 台的总成本和单位成本。

解 令 w 依次为 0.03,0.07,0.15,0.25,0.5。

把已知的资料代人计算公式,得:

计划年度 A 机床 总成本预测值
$$y = \sum aw + \sum bwx$$

$$= (400 \times 0.03 + 530 \times 0.07 + 640 \times 0.15 + 480 \times$$

$$0.25 + 600 \times 0.5) + (60 \times 0.03 + 30 \times 0.07 +$$

$$45 \times 0.15 + 55 \times 0.25 + 40 \times 0.5) \times 120$$

$$= 5\ 893.1(元)$$

计划年度 A 机床单位成本预测值 $= \dfrac{y}{x} = \dfrac{5\ 893.1}{120} = 49.11(元)$

3. 回归分析法

应用最小平方法原理预测成本,基本公式为:

$$y = a + bx$$

其中

$$b = \frac{n \sum xy - \sum x \cdot \sum y}{n \sum x^2 - \left(\sum x \right)^2}$$

$$a = \frac{\sum y - b \sum x}{n}$$

在企业历史成本资料中,单位产品成本忽高忽低、变动幅度较大时,采用此法较为适宜。

【例 4 - 13】 依例 4 - 11 数据,用回归分析法预测计划年度(第 6 年)的产品总成本与单位成本。

解 (1)编制回归分析计算表,如表 4 - 8 所示。

表 4 - 8 回归分析计算表

年 度	产量 x	总成本 y	xy	x^2
1	20	$400 + 20 \times 60 = 1\ 600$	32 000	400
2	65	$530 + 30 \times 65 = 2\ 480$	161 200	4 225
3	70	$640 + 45 \times 70 = 3\ 790$	265 300	4 900
4	55	$480 + 55 \times 55 = 3\ 505$	192 775	3 025
5	100	$600 + 40 \times 100 = 4\ 600$	460 000	10 000
$\sum$	310	15 975	1 111 275	22 550

(2) 计算 a,b 值并预测成本。

$$b = \frac{n\sum xy - \sum x \cdot \sum y}{n\sum x^2 - (\sum x)^2} = \frac{5 \times 1\,111\,275 - 310 \times 15\,975}{5 \times 22\,550 - 310^2} = 36.28(元)$$

$$a = \frac{\sum y - b\sum x}{n} = \frac{15\,975 - 36.28 \times 310}{5} = 945.64(元)$$

计划年度 A 机床总成本预测值 $y = a + bx = 945.64 + 36.28 \times 120 = 5\,299.24(元)$

计划年度 A 机床单位成本预测值 $= \dfrac{y}{x} = \dfrac{5\,299.24}{120} = 44.16(元)$

为检验预测结果的可靠性,可以计算其相关系数。请读者自行计算。

4.4.2　资金预测方法

资金是企业进行生产经营活动的必要条件。通常,按其在生产经营过程中的作用不同,将资金分为两类:一类是固定资金,即用于固定资产方面的资金;一类是流动资金,即用于流动资产方面的资金。这里所提的资金预测是指包括流动资金和固定资金在内的资金需要总量的预测。准确地进行资金预测,不仅能为企业生产经营活动的正常开展测定相应的资金需要量,而且能为经营决策、节约资金耗费、提高资金利用效果创造有利条件。

资金预测,首先应弄清楚影响资金需要量的主要因素是什么。在一般情况下,影响资金需要量程度最大的就是计划期的预计销售量(销售额)。这是因为,在一般情况下,企业在不同期间资金实际需要量的多少,同该期间经营业务量的大小基本上是相适应的。虽然企业的生产经营活动比较复杂,影响资金变动的因素也远不止一个,但从较短期间来考察,特别是就一个特定年度(或季度、月份)而言,导致资金发生变动的最直接、最重要的因素就是产品销售收入的变动。一般说来,在其他因素保持不变的情况下,当销售收入水平较高时,相应的资金需要量(尤其是流动资金占用量)也较多;反之,则较低。所以,销售预测是资金预测的主要依据。通过确定并利用销售收入和资金需要量之间相互关系的基本模式,可以推算出销售收入处在某一特定水平上的资金需要量。

1. 销售百分比法

销售百分比法就是根据资金各个项目与销售收入总额之间的依存关系,按照计划期销售额的增长情况来预测需要相应追加多少资金的方法。这一方法在西方国家颇为盛行。销售百分比法一般按以下三个步骤进行:

1) 分析基期资产负债表各个项目与销售收入总额之间的依存关系。

(1) 资产类项目:周转中的货币资金、正常的应收账款和存货等流动资产项目,一般都会因销售额的增长而相应地增加。我们称这类资产为敏感资产。而固定资产是否要增加,则需视基期的固定资产是否已被充分利用。如尚未充分利用,则可通过进一步挖掘其利用潜力,即可产销更多的产品而不需要增加新的固定资产;如基期对固定资产的利用已达饱和状态,则增加销售额就需要扩充固定资产。至于长期投资和无形资产等项目,一般不随销售额的增长而增长,我们称之为非敏感资产。

(2) 负债与权益类项目:应付账款、应交税金和其他应付款等流动负债项目,通常会因销售额的增长而自动增加,我们称这类负债为敏感负债。至于长期负债和股东权益等项目,则不随销售额的增长而增加,我们称这为非敏感项目。

此外,计划期计提的折旧准备(应减除计划期用于更新改造的金额)和留存收益两项目,通常可作为计划期内需要追加资金的内部资金来源予以扣除。

2) 将基期的资产负债表各项目用销售百分比的形式编表。

3) 计算计划期预计需要追加的资金数额。

【例4-14】 华海公司在基期2010年的实际销售总额为2 000万元,税后净利100万元,发放普通股股利50万元。假定基期固定资产利用率已达到饱和状态,该公司基期期末简略资产负债表如表4-9所示。

表4-9 华海公司资产负债表

2003年12月31日 单位:万元

资　产		负债及权益	
1. 现金	40	1. 应付账款	240
2. 应收账款	300	2. 应交税金	120
3. 存货	380	3. 长期负债	460
4. 厂房设备(净额)	600	4. 普通股股本	740
5. 无形资产	280	5. 留存收益	40
资产总计	1 600	权益总计	1 600

若该公司在计划期2011年销售收入总额将增至2 500万元;折旧提取数为60万元,其中70%用于改造现有的厂房设备;计划期零星资金需要量为15万元。

要求:预测计划期需要追加资金的数量。

解 (1) 根据基期期末资产负债表,分析研究各项资金与当年销售收入总额的依存关系,并编制基期用销售百分比形式反映的资产负债表,如表4-10所示。

表 4-10　华海公司资产负债表
（用销售百分比反映）　　　　　　　　　　　2010 年 12 月 31 日

资　　产		权　　益	
1. 现金	2%	1. 应付账款	12%
2. 应收账款	15%	2. 应交税金	6%
3. 存货	19%	3. 长期负债	（非敏感）
4. 厂房设备（净额）	30%	4. 普通股股本	（非敏感）
5. 无形资产	（非敏感）	5. 留存收益	（非敏感）
合计	66%	合计	18%

在上表中，66% － 18% ＝ 48%，表示该公司每增加 100 元的销售收入，需要增加资金 48 元。

（2）将以上各有关数据进行加总，计算计划期需要追加资金的数量：

计划期预计需要追加的资金数额

＝销售收入增加需要追加的资金 － 可用的折旧 － 留用利润 ＋ 零星开支

＝（66% － 18%）×（2 500 － 2 000）－（60 － 42）－ 50 ＋ 15 ＝ 187（万元）

2. 时间数列法

时间数列分析法，就是应用最小平方法的原理，对过去若干期的销售额及资金总量（即资金占用总额）的历史资料进行分析，确定反映销售收入总额（x）与资金总量（y）之间相互关系的回归直线（$y＝a＋bx$），并据以预测计划期的资金需要量。具体计算方法与成本预测相同，这里不再赘述。

【思考题】

1. 什么是预测分析？基本内容有哪些？

2. 销售预测有哪几种方法？具体如何应用？

3. 利润预测有那几种方法？具体如何应用？

4. 成本预测有哪几种方法？具体如何应用？

5. 资金预测有哪几种方法？具体如何应用？

【练习题】

1. 判断题

1）预测分析方法可分为定性预测分析、定量预测分析、趋势预测分析。　　　　　（　　）

2）算术平均法的优点是计算简单，因此当所预测产品的市场销售比较复杂多变时，可采用此法。

（　　）

3）加权移动平均法在权数设置时，通常近期资料的权数取大一些，远期资料的权数取小一些。

（　　）

4) 销售百分比法是资金预测最常用的方法。 　　　　　　　　　　　　　　　（　　　）

5) 目标成本应是同行业中最先进的,并且是本企业所追求的目标。　　　　（　　　）

2. 单项选择题

1) 下列方法中,属于定性分析法的是 　　　　　　　　　　　　　　　　　　（　　　）

    A. 经验分析法　　　　　B. 移动平均法　　　　　C. 因果预测法　　　　　D. 回归分析法

2) 趋势预测法中,(　　　)在计算过程中需要上期预测数的资料。

    A. 简单平均法　　　　　B. 移动平均法　　　　　C. 指数平滑法　　　　　D. 以上都不对

3) 资金预测常用的方法是 　　　　　　　　　　　　　　　　　　　　　　　（　　　）

    A. 趋势预测法　　　　　B. 销售百分比法　　　　C. 回归分析法　　　　　D. 高低点法

4) 德尔斐是(　　　)中的一种具体形式。

    A. 推销员判断法　　　　B. 综合判断法　　　　　C. 专家讨论法　　　　　D. 专家判断法

5) 以下关于销售百分比法预测资金需要量的说法正确的是 　　　　　　　　（　　　）

    A. 假定有关资产、负债项目与销售收入总额之间存在依存关系

    B. 既可以预测短期内企业的资金需要量,也可以预测较长时期企业的资金需要量

    C. 在各项资产、负债项目与销售额不能同比例增长的情况下,该方法同样适用

    D. 以上都不对

3. 多项选择题

1) 销售预测常用的方法有 　　　　　　　　　　　　　　　　　　　　　　　（　　　）

    A. 算术平均法　　　　　　　　　　　　　　B. 趋势平均法

    C. 指数平滑法　　　　　　　　　　　　　　D. 高低点法

    E. 直线回归预测法

2) 资产负债表中的(　　　)项目,随销售额的增长而相应增长

    A. 货币资金　　　　　B. 无形资产　　　　　C. 应付账款　　　　　D. 存货

    E. 长期负债

3) 用销售百分比法来预测资金需要量,其特点是 　　　　　　　　　　　　（　　　）

    A. 简单可行

    B. 考虑利用销售量对资金量的影响

    C. 假定有关各项资产、负债项目同销售额成比例增长

    D. 比较适合于作较长期的预测

    E. 预测成本较高

4) 资金预测常用的方法有 　　　　　　　　　　　　　　　　　　　　　　　（　　　）

    A. 算术平均法　　　　　　　　　　　　　　B. 趋势平均法

    C. 指数平滑法　　　　　　　　　　　　　　D. 销售百分比法

    E. 直线回归预测法

5) 资金预测时,计划期需要追加的资金数额,计入敏感资产项目中的有 　　（　　　）

    A. 应付账款　　　　　　　　　　　　　　　B. 存货

    C. 周转中的货币资金　　　　　　　　　　　D. 正常的应收账款

    E. 长期负债

4. 计算题

1) 友谊商场 2011 年上半年各月的实际销售收入如下表 4-11 所示:

表 4-11

月　份	1 月	2 月	3 月	4 月	5 月	6 月
实际销售额(万元)	240	236	280	254	260	270

假定该公司 6 月份的销售金额的原预测数为 279 万元。

要求:分别采用以下方法,预测 7 月份的销售额:

(1) 算术平均法;

(2) 指数平滑法(平滑系数采用 0.6);

(3) 直线回归预测法。

2) 宏美公司 2011 年上半年各月份的销售收入的数据如表 4-12 所示:

表 4-12

月　份	实际销售额(万元)	月　份	实际销售额(万元)
1	234	4	249
2	225	5	265
3	270	6	280

要求:采用直线回归预测法,预测该年 7 月份的销售额。

3) 仁和公司全年只产销一种产品,2011 年 1~4 月该产品实际销售量和总成本的资料如表 4-13 所示。

表 4-13

月　份	1 月	2 月	3 月	4 月
总成本(元)	100 000	90 000	160 000	150 000
总销量(件)	5 000	6 000	8 000	10 000

要求:

(1) 用算术平均法预测 5 月份的销售量;

(2) 用高低点法预测总成本与单位成本;

(3) 用指数平滑法预测 5 月份的销售量(平滑系数为 0.3,4 月份销售量预测数为 8 500 件);

(4) 利用成本模型预测 5 月份的总成本(根据指数平滑法预测的销售量计算)。

4) 宏大公司 2011 年前 5 个月甲产品的产销量及成本水平如表 4-14 所示:

表 4 – 14

年　　度	1	2	3	4	5
产量(万件)	25	20	30	36	40
总成本(万元)	275	240	315	350	388

假定该年度 6 月份的预计产量为 45 万件。

要求：分别采用以下方法为该公司预测 6 月份甲产品的总成本和单位成本。

(1) 按高低点法；

(2) 按回归直线法。

5) 海达公司在 2010 年度厂房设备的利用率达 100%，当年实际销售收入为 500 000 元，税后净利为 20 000 元，发放的普通股股利为 10 000 元。如果该企业在下一年度销售收入将增至 750 000 元，折旧提取数为 20 000 元，其中 70% 用于改造现有的厂房设备，又假定 2011 年度的零星资金需要量为 10 000 元。该公司 2010 年末的资产负债表如表 4 – 15 所示。

表 4 – 15　资产负债表

2010 年 12 月 31 日

资　　　　产		负债及所有者权益	
1. 现金	12 000	1. 应付账款	52 000
2. 应收账款	85 000	2. 应付票据	25 000
3. 存货	115 000	3. 长期负债	120 000
4. 厂房设备(净额)	150 000	4. 普通股股本	200 000
5. 无形资产	48 000	5. 留存收益	13 000
资产总计	410 000	负债及所有者权益总计	410 000

要求：运用销售百分比法预测 2011 年需要追加的资金流量。

5 经营决策分析

导　读

　　大元机械是一家有十多年历史的大型注塑机生产厂家。其主导产品 AJ 型注塑机，全部用于国内销售。设计年生产能力为 2 000 台，预测 2007 年可销售 1 800 台。预计单位产品成本 10 万元，其中直接材料 6 万元（包括外购件）、直接人工 1 万元、变动制造费用 1 万元，全年固定制造费用总额 3 600 万元，每台分摊 2 万元。产品出厂价定为 12.8 万元。

　　在新春订货会上，一德商看上该产品，愿意出价 8.2 万元，订购 160 台。一英商也看中了该产品，愿意出价 9.2 万元，订购 250 台。如果接受外商订货，经测算，每台可享受出口退税 0.6 万元。

　　两位外商的订货是接受，还是不接受？这是走向国际市场的好机会，可是出价均低于成本价；都接受或者接受英商的订货，产品的生产能力又不足。厂长为难了。

　　应该怎么办？请你给出出主意吧！

【学习目标】

　　了解决策的含义和决策分析须遵循的原则，掌握决策的程序和决策的类型、决策成本的概念、生产经营决策的各种方法和定价决策的各种方法。

【重点与难点】

　　决策成本、生产经营决策、最优定价决策和经济批量决策。

5.1　决策分析概述

5.1.1　决策分析的意义和原则

　　所谓决策就是根据确定的目标，依据对过去、现状的分析，对未来行动做出决定的过程。企业的决策集中于经营决策和投资决策两个方面。决策分析只是决策全过程的一个组成部分，是企业会计人员参与决策活动的主要内容。

管理会计中的决策分析是对企业未来经营、投资活动中所可能面临的问题,由有关人员在充分的可行性研究的基础上,拟定各种备选方案,并对备选方案进行的成本、效益等方面进行比较,以便为最终确定行动方案奠定基础。

为了保证决策的科学性,使得决策能够达到预期的目标,必须遵循以下几个原则。

(1)信息原则。决策要以相关信息为依据,搜集与决策相关的信息贯穿于决策的整个程序之中。掌握充分、准确、及时和相关的信息是进行科学决策的必要前提和条件。

(2)择优原则。决策就是一个选择的过程。决策要从有助于实现一定决策目标的未来各种可能行动方案中选取最满意的(可行)方案,这是一个分析对比、综合判断的过程,须以择优为原则。决策者所掌握的信息越充分,综合判断能力就越强,实现优中择优的可能就越大。

(3)充分利用资源原则。经济学原理告诉我们,资源是稀缺的。现代化企业的生产经营活动必须取得并利用一系列的人力、物力和财力资源。在正常情况下,资源条件就是决策方案实施的客观制约因素。因此,在决策中为了促使决策方案的实施具有客观基础,就必须以最充分和最合理地利用稀缺资源为原则。

(4)反馈原则。企业的决策总是依存于一定的主客观环境和条件。经济活动不仅复杂而且具有高度的不确定性。因此,原先以择优原则为基础选取的方案付诸实施之后,其原来所赖以依存的主客观环境和条件可能发生了变化,从而使得决策方案的论证和择优的主客观环境和条件与最满意(可行)方案的实施所面临环境和条件不同。这就要求决策者要以反馈原则为指导,根据反馈信息所揭示的新情况,对原先决策方案进行适当的修改和调整,使之更具有客观现实性。

5.1.2 决策的程序和类型

1. 决策的程序

决策应尽可能做到主客观一致,与企业内外部环境相适应,为此必须按照科学的程序来进行。从本质上说,决策程序就是提出问题、分析问题和解决问题的过程。一般而言,决策程序有如下几个步骤:

1) 确定决策目标。决策目标是决策的出发点和终点,决策是为了实现一定的经济目标。因此,决策首先要明确某项决策要解决什么问题,达到什么目的。确定决策目标就是要根据企业所面临的内外部环境和条件,确定某项决策究竟要解决什么问题,达到什么目的。例如,企业在生产方面,存在新产品研制和开发、生产力如何提高、生产设备如何充分利用、生产工艺技术如何革新以及产品生产如何组合等等问题,有关生产决策就是要确定决策须解决的是上述所列问题中的哪一个问题。

2) 收集相关信息。确定了决策的目标,决策者就要针对并围绕决策目标,广泛地收集与决策目标相关的信息。这是决策程序中具有重要意义的步骤,它是关系决策成败的关键问题之一。

在当今信息社会,信息是管理决策的重要依据,任何管理决策都离不开信息。决策者所收集的信息必须符合决策所需的质量要求,只有这样,才能使所收集的信息对决策具有相关性。因此,收集与决策目标相关的信息在企业决策程序中要反复进行,并贯穿于决策的各个步骤之间。也就是说,决策程序中的各个步骤都涉及到它。

3) 提出备选方案。决策就是对未来的各种可能行动方案进行选择或做出决定。为了对未来各种可能行动方案作出最优的选择,必须根据所确定的决策目标和所掌握的相关信息,提出实现决策目标的各种备选方案。这是科学决策的基础和保证。

4) 选择最优方案。选择最优可行方案是整个决策过程中最关键的环节。在这个环节中,决策者必须根据所掌握的相关信息,对各种备选方案的可行性进行充分的论证,全面权衡有关因素的影响,通过不断比较、筛选,选择出最优的可行方案。

5) 方案的实施与修正。决策的付诸实施才是决策的目的,其实施结果也是检验所做决策正确性与否的客观依据。因此,决策方案选定之后,就应该将其纳入企业的计划,并具体组织实施。在方案实施过程中,要对实施的具体情况进行检查和监督,将实施结果与决策目标进行比较,揭示偏离决策目标的程度及其原因;"对症下药",采取相应的措施,纠正偏差,甚至修正原先的决策方案,使之尽量符合客观需要和适应企业内外部环境,以保证决策目标的顺利实现。

2. 决策的类型

1) 按决策规划时期的长短分为经营决策和投资决策。

(短期)经营决策:一般是指企业对一年期内的生产经营活动所进行的决策。主要包括生产决策、定价决策和存货决策等。这类决策涉及到的方案影响期一般在一年以内。主要是解决如何最有效地利用现有资源的问题,一般不涉及大量资金的投入。

(长期)投资决策:一般是指企业对未来较长期间(超过一年)的重大投资活动所进行的决策。这类决策投入的资金量大,方案影响期较长,投入的资金需要较长的收回时间。

2) 按决策的重要程度分为战略决策和战术决策。

战略决策:它是指对影响到企业未来发展方向、关系企业全局的重大问题所进行的决策。这类决策取决于企业的长远发展规划和外部市场环境对企业的影响,它的正确与否,对企业的成败具有决定性意义。

战术决策:它是指对企业日常经营管理活动所进行的决策。这类决策主要考虑如何使现有的人力、物力、财力资源得到合理充分的利用,并产生最大的经济效益。

3) 按决策条件的肯定程度分为确定型决策、风险型决策和不确定型决策。

确定型决策:这类决策所涉及的各种备选方案的各项条件都是已知并且是确定的,而且一个方案只会有一个确定的结果。这类决策问题比较明显,决策比较容易。

风险型决策:这类决策所涉及的各种备选方案的各项条件虽然也是已知的,但却是不完全确定的,可能存在着多种状况。每一方案的执行都可能会出现两种或两种以上的结果。但每一种状况的出现可以事先估测出其出现的可能性的大小,也就是其客观概率。这类决策由于结果的不惟一性,使决策存在一定的风险。

不确定型决策:这类决策与风险型决策有些近似,两者所知条件基本相同,但不确定型决策的各项条件无法确定其客观概率,只能以决策者的经验判断所确定的主观概率作为依据。

4) 按决策方案之间的关系分为单一方案决策、互斥方案决策和组合方案决策。

单一方案决策:这类决策只存在一个备选方案,决策只需要对这一方案做出接受或拒绝的选择。

互斥方案决策:这类决策存在两个或两个以上的备选方案,它需要在多个备选方案中选择一个最优方案。而一旦选择某一方案,其他方案则必须放弃,因此各备选方案之间是互相排斥的。这类决策属于多方案决策。

组合方案决策:这类决策也存在两个或两个以上的备选方案。要在多个备选方案中选择一组最优的组合方案,各备选方案可能同时被选中。这类决策也属于多方案决策。

5.1.3　经营决策的目标

目标就是组织在某一方面、某一预定时期所要达到的成果指标。譬如:某一公司在某年度计划实现多少利润,就是该公司这一年度的目标。经营决策目标就是在一定时期内,经营工作应达到的成果指标。经营决策目标的确定,是经营决策工作程序的起点,对决策的有效性起着重要的作用。因此,如何确定正确的目标就显得十分重要。由于组织的各部门职能不同,不同时期、不同条件的目标不同,其目标的确定肯定是各有千秋。如:生产决策、定价决策、存货决策等,他们都有各自的决策目标。但经营决策的基本目标是一样的,即提高企业生产经营的经济效益。不过从总体上考虑,要使目标合理有效,制定目标必须遵循以下基本原则:

(1) 预见性。目标是组织希望达到的预期效果,是预先确定的。目标的确定要认清组织外部的环境和组织内部条件的发展变化情况,尽量做到目标同将来事物的发展状态相吻合。

(2) 科学性。目标必须在对象、要求和时限上是明确的和单义的。目标必须尽可能量化,进行科学的计算。

(3) 应变性。组织的外部环境和内部条件都是在不断发展变化的,组织的目标应当随着情况的变化而相应地调整或作出必要的修改。

5.1.4　相关收入、相关成本与无关成本

1. 相关收入

相关收入是指与特定决策方案相联系的、能对决策产生重大影响、在短期经营决策中必须予以充分考虑的收入。如果某项收入只属于某个经营决策方案,即若有这个方案存在,就会发生这项收入;若这个方案不存在,就不会发生这项收入;那么,这项收入

就是相关收入。相关收入的计算,要以特定的决策方案的单价和相关销售量为依据。与相关收入相对立的是无关收入。如果无论是否存在某个决策方案,均会发生某项收入,那么该项收入就是该方案的无关收入。显然,在经营决策中是不考虑无关收入的。

2. 相关成本

相关成本是指与特定决策方案相互联系的、能对决策产生重大影响、在经营决策中必须予以充分考虑的成本。这里所说的相关成本,是指与某个特定决策方案直接相关的成本,此方案采用,该成本就发生;否则,该成本就不会发生。相关成本包括:差别成本、边际成本、机会成本、重置成本、付现成本、专属成本和可延缓成本等。

1) 差别成本。差别成本是指在进行决策分析时,备选方案之间预期成本的差异。差别成本也称为增量成本。广义的差别成本是两个方案总成本的差异,即 ΔY;狭义的差别成本是指随业务量增加而增加的成本,即 $\Delta Y = b\Delta X$。在经营决策中,差别成本是较为常见的相关成本。如在亏损产品是否停产或转产、是否接受特殊价格追加订货、半成品是否深加工和联产品是否深加工等决策中,最基本的相关成本就是差别成本。

2) 边际成本。边际成本是指当业务量发生微小变动时所引起的成本变动额。但在实际经济生活中,业务量的微小变动只能小到一个经济单位。因此,在管理会计中,边际成本是指当业务量增加一个单位所引起的成本增加额,$\Delta X = 1$ 时的 ΔY 值。在相关范围内,边际成本就是单位变动成本,$\Delta Y = b\Delta X = b$。因而,边际成本是差别成本的一种特殊形式。

3) 机会成本。机会成本是指在经营决策中应由中选的方案负担的,按所放弃的方案潜在收益计算的那部分机会损失。譬如说,某人拥有一间铺面,如果用于出租(方案 A),年租金收入为 10 万元;如果自己使用(方案 B),则没有租金收入。如果某人选择了方案 B,就意味着 10 万元租金的丧失。因而可以说,方案 B 的机会成本就是方案 A 的收益。许多经济资源均可有多方面用途,但在一定时空条件下,资源总是相对有限的。选择某一方案必然意味着其他方案可能获利的机会被放弃或者丧失。因此,以次优方案的可能收益作为中选的最佳方案的成本,可以全面评价决策方案收益与成本的关系。

在经营决策中,机会成本是较为常见的相关成本。在进行亏损产品是否停产、转产决策和有关产品是否深加工的决策时,现已具备的相关生产能力及转产所能获取的收益,就是不转产方案的机会成本。在是否接受特殊订货的决策中,对于接受追加订货的方案来说,因为加工能力不足而挪用正常订货所放弃的有关收入也属于机会成本。

4) 重置成本。重置成本是指某项资产在市场上出售的现时价值,也就是一项资产在市场上的重新评估价值。在经营决策中,对企业原有的资产,不应考虑其原始价值,而只应把其重置成本作为相关成本予以考虑。

5) 付现成本。付现成本是指在决策方案开始实施时,用现金支付的营运成本。在一定意义上来说,决策方案的成本往往都要用现金来支付的,但发生的时间有所不同。有的发生在决策方案实施前,如购买原有设备的支出;有的发生在决策方案实施后,如购买原材料采用分期付款方式时的后期付款。管理会计中所说的付现成本不包括前面所说的方案实施前和实施后用现金支付的成本,它只是指方案开始实施过程中用现金支付的成本。

6)专属成本。专属成本是指那些能够明确归属于特定决策方案的固定成本或混合成本。它往往是为了弥补生产能力不足的缺陷,增加有关设备而发生的。专属成本的确认与取得有关设备的方式有关。若采用购买方式,则购买设备的支出就是该方案的专属成本;若采用租入方式,则设备的租金就是该方案的专属成本。另外,在具体应用时,凡是属于某一方案新增加的固定成本,都可确认为专属成本。如采购材料决策时,到外地采购材料的差旅费支出,就可确认为该采购方案的专属成本。

7)可延缓成本。可延缓成本是指那些在经营决策中对其暂缓开支不会对企业未来的生产经营产生重大不利影响的那部分成本。可延缓成本也是决策中必须考虑的相关成本。

3. 无关成本

所谓无关成本是指不受决策结果影响,已经发生或不管方案是否采用都注定要发生的成本。在经营决策中,没有必要考虑无关成本。无关成本主要包括:沉没成本、历史成本、共同成本和不可延缓成本等。

1)沉没成本。沉没成本是指由于过去决策结果而引起的,并已经实际支付款项的成本。企业大多数固定成本属于沉没成本,但并不是说所有的固定成本都属于沉没成本,如与决策方案有关的新增固定资产的折旧费就不是沉没成本,而是与决策相关的成本。另外,某些变动成本也属于沉没成本,如在半成品是否深加工的决策中,半成品本身的成本(不仅其固定成本而且其变动成本)均为沉没成本。

2)共同成本。共同成本是与专属成本相对立的成本,是指应当由多个方案共同负担的固定成本或混合成本。由于它的发生与特定的方案无关。因此,在决策中可以不予考虑,也属于比较典型的无关成本。

3)不可延缓成本。不可延缓成本是与可延缓成本相对立的成本,是指在经营决策中,若对某项成本暂缓开支就会对企业未来的生产经营产生重大不利影响,这类成本就是不可延缓成本。由于不可延缓成本具有较强的刚性,注定要发生,必须保证对它的支付,没有什么可选择的余地,所以决策中没有必要加以考虑。

5.2 生产经营决策分析

5.2.1 生产经营决策的基本方法

生产经营决策分析的基本依据是经济效益的高低,反映经济效益的指标有贡献边际、利润和成本。如用贡献边际、利润指标评价各方案时,则应选择贡献边际率高的方案;如用成本指标评价各方案时,在各方案收入相同的前提下,则应选择成本低的方案。生产决策分析的常用方法有:贡献边际分析法、差别分析法、相关成本分析法和成本平衡点分析法。

1. 贡献边际分析法

生产经营决策一般是在原有生产能力的范围内进行的,多数情况下不改变生产能力。所以,固定成本通常为无关成本。在各方案固定成本均相同的前提下,贡献边际最大的方案实质上就是利润最大的方案。在应用贡献边际法评价各方案优劣时,只需要计算各方案贡献边际指标,选择贡献边际最大的方案即可。

如果决策方案中有专属固定成本的发生,则应从贡献边际中扣除专属固定成本,扣除后的余额一般称为剩余贡献边际,为此就采用剩余贡献边际这一指标进行评价。

贡献边际有两个基本指标,单位贡献边际和贡献边际总额。对某一种产品来说,单位贡献边际指标只反映了产品的盈利能力。在不同备选方案之间进行比较分析时,不能以单位贡献边际指标作为评价标准,而应以贡献边际总额指标作为方案取舍的依据,或者以单位生产能力所提供的贡献边际大小作为方案取舍的依据。这是因为,在生产能力一定的前提下,不同方案单位产品耗费的生产能力可能有所不同,因此各方案能够生产的产品总量也可能不同。如果用单位贡献边际评价各备选方案的话,就可能导致决策失误,因为单位贡献边际最大的方案不一定是贡献边际总额最大的方案。

【例 5-1】 假设华海公司拟利用现有剩余生产能力生产 A 产品或 B 产品。A 产品单价 20 元,单位变动成本 10 元;B 产品单价 10 元,单位变动成本 4 元。该企业现有剩余生产能力 1 200 台时,生产一件 A 产品需耗 8 台时,生产一件 B 产品需耗 4 台时。问公司应该生产 A 产品还是应该生产 B 产品?

解 贡献边际计算见表 5-1 所示。

表 5-1 贡献边际计算表

单位:元

项　　目	A 产 品	B 产 品
单价	20	10
单位变动成本	10	4
单位贡献边际	10	6
剩余生产能力(台时)	1 200	1 200
单位产品耗时(台时)	8	4
可生产量(件)	150	300
贡献边际总额	1 500	1 800

表 5-1 中可以看到,A 产品的单位贡献边际 10 元大于 B 产品的单位贡献边际 6 元,如果我们把单位贡献边际作为评价指标,则应选择 A 产品。但我们发现,尽管 A 产品单位贡献边际较大,但贡献边际总额却小于 B 产品,应选择生产 B 产品。所以,在应用贡献边际分析法时,不能采用单位贡献边际作为评价指标。

如果用单位生产能力所提供的贡献边际大小作为决策的依据,那就更简单。A产品每台时贡献边际为1.25元,B产品每台时贡献边际为1.5元。显然应该选择B产品。

2. 差别分析法

差别分析法是计算备选方案之间产生的差别收入、差别成本和差别损益,根据差别损益来选择决策方案。差别收入是指备选方案之间的收入差异数,差别成本是指备选方案之间的成本差异数,而差别损益是差别收入减去差别成本后的余额。反映差别收入、差别成本、差别损益三项指标关系的基本公式为:

$$差别损益 = 差别收入 - 差别成本$$

在进行备选方案比较时,必须确定哪个方案作为比较的基础,也就是作为在计算差别收入和差别成本时的减数,而另一方案则作为被减数。假如有甲、乙两个备选方案,如果把乙方案作为比较的基础,也就是作为减数,甲方案就作为被减数。由此计算出来的差别损益如果是正数,则意味着甲方案比乙方案能带来更多的利润,应选择甲方案;由此计算出来的差别损益如果是负数,则意味着甲方案比乙方案能获得的利润少,应选择乙方案。

在经营决策中,原有的收入是无关收入,原有的成本是无关成本,在分析时不必计算全部收入和全部成本,而且计算全部收入和全部成本也比较麻烦。因此,只需要计算备选方案的新增加的收入差别和成本差别,就可以计算出损益差别,据此可以做出正确决策。

差别分析法一般只能应用于仅有两个备选方案的决策。差别分析法的应用范围非常广泛,在生产决策的各个方面均可应用。

【例5-2】 以例5-1为基础,采用差别分析法进行决策分析。现编制差别分析表,见表5-2所示。

表5-2 差别分析表　　　　　　　　　　　　　　　单位:元

项　　目	A 产 品	B 产 品	差 异 额
相关收入	150×20＝3 000	300×10＝3 000	0
相关成本	150×10＝1 500	300×4＝1 200	300
差别损益			－300

在表5-2的分析中,以B产品作为分析的基础,也就是作为减数,A产品作为被减数。从表5-2中可以看出,生产A产品与B产品的差别收入为0,而差别成本为300元,由此计算出的差别损益为－300元。也就是在收入相同的前提下,生产A产品比生产B产品成本要多支出300元,差别损益－300元意味着生产A产品比生产B产品利润要少300元,所以应选择生产B产品。这与贡献边际分析法得出的结论

是相同的。

3．相关成本分析法

相关成本分析法是在各个备选方案收入相同的前提下，只分析每个备选方案新增加的变动成本和固定成本，也就是计算每个方案的差别成本和专属成本，两项之和即为相关成本。在收入相同的前提下，相关成本最低的方案必然是利润最高的方案。

注意：采用相关成本分析法必须是在各备选方案业务量确定的条件下进行。如果各备选方案的业务量不确定，则不能采用相关成本分析法。

【例5-3】 华海公司生产需要一种甲配件，年需要量500件，可以由本企业生产，也可以外购。如果由本企业生产，单位变动成本26元，而且需购买一台专用设备，每年发生专属固定成本4 000元。如果外购，外购单价33元。甲配件应该自制还是外购？

解 具体分析见表5-3所示。

表5-3 相关成本分析表

单位：元

方案 项目	自制	外购
变动成本 专属成本	500×26=13 000 4 000	500×33=16 500
相关成本合计	17 000	16 500

从表5-3的分析中可以看出，采用自制方案制造甲配件的相关成本为17 000元，而外购的相关成本为16 500元，外购成本较低，所以应选择外购方案。

4．成本平衡点分析法

成本平衡点分析法也是以成本高低作为决策依据的。所谓成本平衡点，就是两个方案相关总成本相等时的业务量。在备选方案业务量不能事先确定的情况下，特别是各备选方案的预期收入又相等的前提下，可通过计算不同方案总成本相等时的业务量，也就是成本平衡点来选择预期成本较低的方案，这种决策分析方法称为成本平衡点法。

$$成本平衡点 = \frac{两个方案固定成本差额}{两个方案单位变动成本差额}$$

该分析法主要适用于业务量不确定情况下的决策分析。如果预计未来的业务量在成本平衡点之下时，应选择固定成本较低的方案，因为此种情况下总成本较低。如果预计未来业务量在成本平衡点之上时，则选择固定成本较高的方案。

【例5-4】 假设华海公司生产产品甲，现有两种设备可供选择。一种是采用传统设备，每年的专属固定成本20 000元，单位变动成本12元。另一种是采用自动化设备,每年的专属固定成本 30 000 元,单位变动成本 7 元。要求:进行决策分析。

解 采用自动化设备的总成本: $y = 30\,000 + 7x$

采用传统设备的总成本: $y = 20\,000 + 12x$

当两者总成本相等时,所求得的业务量 x,即为成本平衡点。解方程组得:

$$成本平衡点业务量\ x = \frac{30\,000 - 20\,000}{12 - 7} = 2\,000(件)$$

根据两个方案的数据作图,见图 5-1。

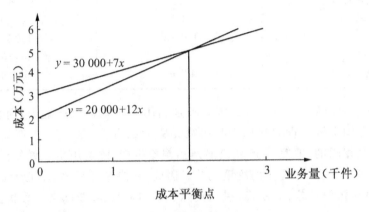

图 5-1   成本比较图示

从图 5-1 中可以看出,当生产量在 2 000 件以下时,传统生产的总成本线在自动化生产的总成本线之下,意味着当生产量在 2 000 件之下时,采用传统设备生产的成本较低,应选择传统设备。当生产量在 2 000 件以上时,自动化生产的总成本线在传统生产的总成本线之下,意味着当生产量在 2 000 件之上时,采用自动化设备生产的成本较低,应选择自动化设备。

5.2.2 新产品开发决策

这里介绍的新产品开发的品种决策分析,是指利用企业现有剩余生产能力来开发某种新产品,而且已掌握可供选择的多个新品种方案的有关资料。通过大量投资追加技术装备开发新产品,属于投资决策的范围,本节暂不涉及。以下按是否涉及专属成本的两种情况进行介绍。

1. 不追加专属成本时的决策分析

当各备选方案只是利用现有剩余生产能力,而不涉及追加专属成本时,各备选方案的原有固定成本都是相同的,属于无关成本。在进行决策分析时,只要比较贡献边际就可以正确决策。

【例 5-5】 华海公司现有年剩余生产能力 4 000 台时,可用来生产 A 或 B 产品。此剩余生产能力的年固定资产折旧费为 80 000 元,其他预测资料及分析如表 5-4 所示。

表 5-4　贡献边际分析表　　　　　　　　　　　　单位:元

方　案 项　目	生产 A 产品	生产 B 产品
单价	150	80
单位变动成本	90	50
可利用剩余生产能力(台时)	4 000	4 000
单位产品定额台时	5	2
可生产量(件)	800	2 000
相关收入	120 000	160 000
相关变动成本	72 000	100 000
贡献边际额	48 000	60 000

　　从表 5-4 可以看出,两个备选方案都是利用现有剩余生产能力,而且现有剩余生产能力的年固定资产折旧费属于与决策无关的成本,不管生产 A 产品或 B 产品,此折旧费都是相同的,即使 A 产品或 B 产品都不生产,此费用也照样发生,因为购置设备的费用早已发生,与现在的决策无关。因此,在决策分析时,不必考虑 80 000 元的折旧费(属于沉没成本)。所以,采用贡献边际分析法来进行决策分析。具体分析计算结果表明,生产 B 产品比生产 A 产品可多获贡献边际 12 000 元,所以应选择生产 B 产品。

　　【例 5-6】 华海公司现有一部分剩余生产能力,现有 A、B 两种产品可供选择,预测资料及分析计算如表 5-5 所示。要求:分析应生产 A 产品还是 B 产品。

表 5-5　单位台时创造的贡献边际分析表

方　案 项　目	生产 A 产品	生产 B 产品
单价	150	80
单位变动成本	90	50
单位贡献边际	60	30
单位产品定额台时	5	2
单位台时创造的贡献边际	12	15

　　从表中可以看出,例 5-5 与例 5-6 相似,但不同的是只知道有一部分剩余生产能力,并不知道这部分剩余生产能力的具体数。在这种情况下,仍然可以采用贡献边际分析法,但因为无法计算贡献边际总额,又不能用单位产品贡献边际作为评价指标,所以可以计算单位台时创造的贡献边际指标,并以此作为决策评价指标。

$$单位台时创造的贡献边际 = \frac{单位产品贡献边际}{单位产品定额台时}$$

单位台时创造的贡献边际是个正指标,哪个方案的该项指标大,哪个方案为优。从上表计算分析中可以看出,生产 A 产品每台时只可创造贡献边际 12 元,而生产 B 产品每台时能创造贡献边际 15 元,所以应选择生产 B 产品。

2. 追加专属成本时的决策分析

当新产品开发的品种决策方案中涉及追加专属成本时,就无法直接用贡献边际指标来评价各方案的优劣,可以采用剩余贡献边际指标来进行评价,也可以用差别分析法进行分析评价。

【例 5−7】 华海公司有一条闲置的生产线,按最初的投资额计算,每年应发生的折旧额为 28 000 元,现有甲、乙两种产品可供选择生产,预测有关资料如表 5−6 所示。

要求:分析应生产哪种产品。

表 5−6 预测资料 单位:元

项 目 \ 品 种	甲 产 品	乙 产 品
可生产量(件)	80 000	60 000
单价	18	32
单位变动成本	12	23
追加专属成本	100 000	200 000

首先采用计算剩余贡献边际指标进行评价,具体计算分析见表 5−7 所示。

表 5−7 剩余贡献边际分析表 单位:元

项 目 \ 方 案	生产甲产品	生产乙产品
可生产量(件)	80 000	60 000
单位贡献边际	6	9
贡献边际总额	480 000	540 000
追加专属成本	100 000	200 000
剩余贡献边际	380 000	340 000

从表中的计算分析中可以看到,生产乙产品的贡献边际虽然大于甲产品,但扣除追加的专属成本之后,生产甲产品的剩余贡献边际却大于乙产品,所以应选择生产甲产品。

下面再采用差别分析法进行评价,具体计算分析见表 5−8 所示。

表 5 - 8   差别分析表

方案项目	生产乙产品	生产甲产品	差 异 额
相 关 收 入	1 920 000	1 440 000	480 000
相 关 成 本	1 580 000	1 060 000	520 000
其中：增量成本	1 380 000	960 000	
专 属 成 本	200 000	100 000	
差 别 损 益			—40 000

在表 5 - 8 的分析中,把甲产品作为比较的基础,也就是作为减数,而把乙产品作为被减数。差别损益—40 000 意味着生产乙产品要比生产甲产品少获利润 40 000 元,所以应选择生产甲产品,这与计算剩余贡献边际指标所得出的结论完全相同。

5.2.3　亏损产品是否停产决策

如果按照财务会计核算,亏损产品继续生产只能产生负效益。但按照管理会计成本性态分析的理论,亏损产品的问题就有必要重新讨论。在此主要讨论生产能力无法转移时是否停产的决策分析。

所谓生产能力无法转移,是指当亏损产品停产以后,闲置下来的生产能力无法被用于其他方面,既不能转产,也不能将有关设备对外出租。

在这种情况下,只要亏损产品的贡献边际大于零就不应该停产,而应该继续生产。因为在生产能力无法转移的情况下,停产亏损产品,只能减少其变动成本,并不能减少其固定成本。如果继续生产亏损产品,亏损产品提供的贡献边际就可以补偿一部分固定成本;而停产亏损产品不但不会减少亏损,反而会扩大亏损。

【例 5 - 8】　华海公司产销甲、乙、丙三种产品,其中甲、乙两种产品盈利,丙产品亏损,有关资料见表 5 - 9。要求:分析评价丙产品应否停产(假定丙产品停产后生产能力无法转移)。

表 5 - 9   损益计算表　　　　　　　　　　　　　　　单位:万元

项 目 \ 品 种	甲 产 品	乙 产 品	丙 产 品	合 计
销售收入	6 600	8 400	4 000	19 000
生产成本				
直接材料	800	1 400	900	3 100
直接人工	700	800	800	2 300
变动制造费用	600	600	700	1 900

项 目 \ 品 种	甲产品	乙产品	丙产品	合 计
固定制造费用	1 000	1 600	1 100	3 700
非生产成本				
变动销售管理费用	900	1 200	600	2 700
固定销售管理费用	600	800	400	1 800
总成本	4 600	6 400	4 500	15 500
利润	2 000	2 000	−500	3 500

根据资料可以知道,丙产品亏损 500 万元。为正确决策,必须首先计算丙产品的贡献边际。

$$丙产品贡献边际 = 4\,000 - (900 + 800 + 700 + 600) = 1\,000(万元)$$

丙产品创造的贡献边际是 1 000 万元,而其分摊的固定成本是 1 500 万元,所以亏损 500 万元。但如果丙产品停产后,就不能提供 1 000 万元的贡献边际了,而它原来分摊的 1 500 万元固定成本就只能由甲、乙两种产品负担,这将使该企业利润减少 1 000 万元。换句话说,不管丙产品是否生产,该企业 5 500 万元的固定成本都要发生,只不过是由三种产品分摊还是由两种产品分摊。所以,在生产能力不能转移的条件下,丙产品不应停产,而应该继续生产。

5.2.4 亏损产品是否转产决策

如果亏损产品停产以后,闲置下来的生产能力可以转移,如转产其他产品,或将设备对外出租,就必须考虑继续生产亏损产品的机会成本因素,对可供备选的方案进行对比分析后再做决定。

【例 5-9】 依例 5-8 资料,假设生产丙产品的设备可以转产丁产品,也可以将此设备出租。如出租每年可获租金 900 万元;如转产丁产品具体资料见表 5-10。要求对三个方案进行决策分析。

表 5-10 预测丁产品资料　　　　　　　　　　　　　　单位:万元

项 目	金 额
销售收入	5 200
变动生产成本	2 800
变动销售管理费用	900

计算丁产品贡献边际如下：

$$丁产品贡献边际 = 5\,200 - (2\,800 + 900) = 1\,500(万元)$$

继续生产丙产品的贡献边际是 1 000 万元，转产丁产品的贡献边际是 1 500 万元，设备出租的租金是 900 万元。通过比较，转产丁产品的效益较好，所以应停产丙产品。

亏损产品停产、转产决策案例分析

正泰机床厂历年来生产三类产品：刨床、铣床和专用机床，其实有生产能力的产品生产结构分别为 50%、40% 和 10%。

2009 年该厂销售部门根据市场需求进行预测，计划部门初步平衡了生产能力，编制了 2009 年产品生产计划，财会部门打算据此进行产品生产的决策。

该厂多年生产的老产品刨床，由于造价高，定价低，长期亏损。尽管是亏损产品，但是市场上仍有其一定的需求量，为满足市场需要，仍继续生产。财会部门根据产品生产计划预测了成本和利润如下：

2009 年成本-利润预测表　　　　　　　　　　　　　　单位：万元

产　品	刨　床	铣　床	专用机床	合　计
销售收入	654.6	630.7	138.3	1 423.6
销售成本	681.9	564.5	106.8	1 353.2
利　润	−27.3	66.2	31.5	70.4

厂长阅读了该表以后，对财会部门提出了这样几个问题：

(1) 2009 年本厂目标利润能否达到 100 万元？

(2) 刨床产品亏损 27.3 万元，影响企业利润，可否考虑停产？

(3) 若能增置设备，扩大生产能力，能否增产增利？

带着这些问题，财会部门与销售、生产等部门一起，共同研究，寻找对策。若干天后，他们提出了以下 4 个方案，希望有关专家经过分析比较，确定其中的最优方案。

A 方案：停止生产刨床，按原计划生产铣床和专用机床。

B 方案：停止生产刨床后，根据生产能力的平衡条件，铣床最多增产 40%，专用机床最多增产 10%。

C 方案：在 2009 年产品生产计划不变的情况下，根据更新改造基金情况可投资 10 万元，增加 2 台设备，使铣床增产 10%。估计新设备使用期限为 10 年。

D 方案：在 C 方案基础上挖潜力，进一步平衡生产能力，调整产品生产计划。该厂铣床系列是最近几年开发的新产品，由于技术性能好，质量高，颇受用户欢迎，目前已是市场供不应求的产品。故根据市场预测，调整产品生产结构，压缩刨床产品生产计划 30%，铣床在原方案基础上可增产 36%。

另外,财会人员运用回归分析法,在计算出单位产品变动成本的基础上,计算出了变动成本率。在 2008 年的成本资料基础上,考虑到原材料调价因素,其结果如下:

产品:	刨床	铣床	专用机床
变动成本率%:	70%	60%	55%

解答 计算各产品的变动成本和边际贡献(万元):

	刨　床	铣　床	专用机床	合　　计
销售收入	654.6	630.7	138.3	1 423.6
销售成本	681.9	564.5	106.8	1 353.2
变动成本	458.2	378.4	76.1	912.7
边际贡献	196.4	252.3	62.2	510.9
固定成本	223.7	186.1	30.7	440.5
息税前利润	—27.3	66.2	31.5	70.4

(2) 由于刨床存在很大的边际贡献,A 方案单纯停产刨床,是不可取的。停产后企业会出现亏损 126 元。

(3) B 方案的经济效益(万元)如下:

	铣　床	专用机床	合　　计
销售收入	883.0	152.1	1 035.1
变动成本	529.8	83.7	613.5
固定成本			440.5
息税前利润			—18.9

B 方案仍属亏损,不可取。

(4) C 方案经济效益(万元)如下:

铣床增产 10% 的利润(万元)=销售收入 63.1—变动成本 37.8—增加的折旧 1

$$=24.3(万元)$$

企业总利润:

$$70.4+24.3=94.7(万元)$$

即使考虑到投资的本金和利息,企业投资 10 万元也是有利的,但企业总利润未能达到 100 万元目标。

(5) D 方案的经济效益(万元)如下:

	刨　床	铣　床	专用机床	合　计
销售收入	458.2	857.8	138.3	1 454.3
变动成本	320.7	514.7	76.1	911.5
边际贡献	137.5	343.1	62.2	542.8
固定成本				441.5
息税前利润				101.3

D 方案可达到目标利润 100 万元。

5.2.5　半成品是否深加工决策

某些制造企业生产的半成品、联产品既可以直接销售,也可以经深加工后再销售。因此,这类企业就面临着把半成品、联产品直接出售还是深加工后再出售的决策问题。在是否深加工的决策分析中,深加工前的半成品、联产品的成本(无论是固定成本还是变动成本)都属于共同成本,是与决策无关的非相关成本,相关成本只包括与深加工直接有关的成本。

【例 5-10】 华海公司每年生产 A 半成品 6 000 件,A 半成品单位变动成本 4 元,固定成本 11 000 元,销售单价 9 元。如果把 A 半成品进一步深加工为 A 产成品,销售单价可提高到 14 元,但需追加单位变动成本 2 元,追加固定成本 16 000 元;若不进一步加工,可将追加固定成本的资金购买债券,每年可获债券利息 2 400 元。

要求:做出 A 半成品直接出售或深加工的决策分析。

解　采用差别分析法进行决策分析,见表 5-11。

表 5-11　差别损益分析表　　　　　　　　　　　　　　　　　单位:元

项　目　　　方　案	深加工为 A 产成品	直接出售 A 半成品	差 异 额
相关收入	6 000×14＝84 000	6 000×9＝54 000	30 000
相关成本合计	30 400	0	30 400
其中:增量成本	6 000×2＝12 000	0	
专属成本	16 000	0	
机会成本	2 400	0	
差　别　损　益			−400

通过计算分析可知,深加工为 A 产成品与直接出售 A 半成品的差别损益为 −400元,即深加工比直接出售要减少利润 400 元,所以应直接出售 A 半成品。

5.2.6 特殊价格追加订货的决策

特殊价格,是指低于正常价格甚至低于单位产品成本的价格。在企业尚有一定剩余生产能力可以利用的情况下,如果其他企业要求以较低的价格追加订货的话,企业是否可以考虑接受这种追加订货呢?这分两种不同情况:

当追加订货量大于剩余生产能力时,接受追加订货必然会妨碍正常订货的完成。在决策分析时,应将因接受追加订货而减少的正常收入作为追加订货方案的机会成本。当企业剩余生产能力能够转移时,转产所能产生的收益也应作为追加订货方案的机会成本。若追加订货需要增加专门的固定成本,则应将其作为追加订货方案的专属成本。

当追加订货量小于或等于剩余生产能力时,企业可利用剩余生产能力完成追加订货的生产,不妨碍正常订货的完成,而且在接受追加订货不追加专属成本、剩余生产能力又无法转移时,只要特殊订货的单价大于该产品的单位变动成本,就可以接受该追加订货。

【例 5 - 11】 华海公司原来生产甲产品,年生产能力 10 000 件,每年尚有 35% 的剩余生产能力。产品正常销售单价 68 元,有关成本数据见表 5 - 12。

要求:就以下各不相关情况做出是否接受特殊价格追加订货的决策分析。

表 5 - 12　甲产品成本资料　　　　　　　　　　　　单位:元

项　　目	金　　额
直接材料费	20
直接人工费	15
制造费用	27
其中:变动制造费用	10
固定制造费用	12
单位产品成本	57

(1) 若有一用户提出订货 3 000 件,每件定价 46 元,剩余生产能力无法转移,追加订货不需要追加专属成本。

(2) 若有一用户提出订货 3 500 件,每件定价 46 元,但该订货还有些特殊要求,需购置一台专用设备,年增加固定成本 2 000 元。

(3) 若有一用户提出订货 5 000 件,每件定价 56 元,接受订货需追加专属成本 3 800 元;若不接受订货可将设备出租,可获租金 1 300 元。

解　分析如下:

(1) 该企业现有 35% 的剩余生产能力,即每年有 3 500 件的剩余生产能力,用户提出的特殊订货量只有 3 000 件,小于企业剩余生产能力,剩余生产能力无法转移,也不需要追加专属成本。在这种情况下,只要定价大于该产品的单位变动成本就可以接受订货。因为特殊定价 46 元大于该产品的单位变动成本 45 元(20+15+10),所以可以接受此追加订货。

(2)在此种情况下,可对接受订货和拒绝追加订货两个方案采用差别分析法,具体计算分析见表 5-13 所示。

表 5-13　差别分析表　　　　　　　　　　　　　单位:元

项　目 \ 品　种	接受追加订货	拒绝追加订货	差　异　额
相关收入	3 500×46=161 000	0	161 000
相关成本合计	159 500	0	159 500
其中:增量成本	3 500×45=157 500	0	
专属成本	2 000	0	
差　别　损　益			1 500

从计算分析中可以看出,接受订货比拒绝订货可多获利润 1 500 元,所以应接受订货。

(3)订货 5 000 件,超过了剩余生产能力(3 500 件),如果接受订货,将减少正常销售量 1 500 件,此 1 500 件的正常销售收入应作为接受订货方案的机会成本,设备出租的租金也应作为接受订货方案的机会成本。另外,在计算增量成本(新增加的变动成本)时,应按纯增加的产量 3 500 件计算,而不应按追加订货量 5 000 件计算,因为不接受追加订货时的产量是 6 500 件,接受追加订货后的产量是 10 000 件,两者之差即为纯增加的产量。通过计算可知接受订货将增加利润 15 400 元,所以应接受追加订货。具体计算见表 5-14 所示。

表 5-14　差别分析表　　　　　　　　　　　　　单位:元

项　目 \ 品　种	接受追加订货	拒绝追加订货	差　异　额
相关收入	5 000×56=280 000	0	280 000
相关成本合计	264 600	0	264 600
其中:增量成本	3 500×45=157 500	0	
专属成本	3 800	0	
机会成本	1 500×68+1 300=103 300	0	
差　别　损　益			15 400

特殊价格追加订货决策案例分析

白云制鞋厂生产一种室内拖鞋,年生产能力为 100 000 双,根据销售预测编制的计划年度利润表如下:

计划年度预计利润表

单位:元

	单位成本	总成本
销售收入(80 000)双(每双售价 10 元)		800 000
生产成本	8.125	650 000
其中:直接材料	4.025	322 000
直接人工	0.975	78 000
制造费用*	3.125	250 000
销售、管理费用	1.50	120 000
其中:门市部销售计件工资	0.50	40 000
其他销售管理费用*	1.00	80 000
息税前利润	0.375	30 000

* 制造费用、其他销售管理费用 80% 是固定成本。

年初王朝饭店直接来厂订货 30 000 双,但每双只愿出价 7.50 元,而且必须一次全部购置,否则不要。此项业务不会影响该厂在市场上的正常需要量。

对王朝饭店的订货,厂长认为对方出价 7.50 元,低于企业成本费用,而且还影响 10 000 双的正常销售,可能造成亏损,不应接受。生产科长算了一笔账,认为即使减少正常销售 10 000 双,按 7.50 元接受 30 000 双订货对企业还是有利的,应该接受。销售科长认为正常销售量应该保证,不能减少。接受 30 000 双订货,缺少的 10 000 双可采取加班的办法来完成,但加班费每双要支付 1.80 元,其他费用不变。生产科长对销售科长的建议竭力反对,认为这 10 000 双肯定亏本。销售科长坚持认为这样对企业更有利。他们带着这个问题要求会计科长答复:

(1) 厂长的意见对吗?

(2) 生产科长的账是怎样算的? 企业的利润是多少?

(3) 按销售科长的建议,企业的利润是多少?

(4) 应该采用哪一个方案?

解 (1) 厂长的意见是不对的,因为产量增加,固定成本并不增加。只要售价高于单位变动成本,是可以出售的。

(2) 按照生产科长计算增加产量的单位成本:

生产成本

    直接材料   4.025

    直接工资   0.975

    制造费用(3.125×0.2)   0.625

      生产成本小计   5.625

销售、管理费用

    门市部销售计件工资

    其他销售管理费用(1.00 * 0.20)   0.20

      销售、管理费用小计   0.20

全部变动成本   5.825

企业的利润

    原来利润   30 000

    10 000 双降阶出售损失(10−7.5−0.5)×10 000   20 000

                                10 000

    20 000 双增加的销售收益(7.5−5.825)×20 000   33 500

利润合计   43 500

接受订货可增加利润   13 500 元(43 500−30 000)。

(3) 按销售科长的建议增加 10 000 双生产量的成本是：

    增加生产成本   58 250

    加班费   18 000

    合计   76 250

付加班费后这 10 000 双是亏本的。

企业获得的总利润是：

    原来利润   30 000

    增加生产 30 000 双的利润(7.5−5.825)×30 000   50 250

      小计   80 250

    减：增加的加班费   1.8×10 000−0.975×10 000   8 250

利润合计   72 000

(4) 应该采用销售科长的意见,此时企业的利润最大。

5.2.7 零部件自制或外购的决策

    企业所需要的一些零部件,在既可以从市场上购买,又可以由本企业自行生产的情况下,就面临着自制或外购的选择问题。对这类问题的决策,首先要分清自制时是否新增加固定成本,如果自制需要追加专属固定成本,则追加的专属固定成本是与决策相关的成本,而原有的固定成本则是与决策无关的成本,自制的另一个相关成本是变动生产成本。其次,要弄清外购方案的相关成本,一般包括:买价、运输费用和采购费用等。

零部件不管自制还是外购,一般不会对产品销售收入产生影响。也就是说自制方案和外购方案的产品售价或销售收入是相同的。在收入相同的前提下,就可以用成本指标来评价各方案的优劣。如果零部件需要量确定时,可以采用相关成本分析法进行决策分析;如果零部件需要量不确定时,就要采用成本平衡点法分析。

【例5-12】 华海公司年需要甲零件1000件,可以自制也可以外购。外购单价20元,每件运费1元,外购一次的差旅费2000元,每年采购两次。自制的单位产品成本25元,自制每月需要增加专属固定成本300元。如果外购,生产甲零件的设备可以出租,每年可获租金2500元。自制甲零件的单位产品成本构成资料见表5-15。

要求:做出甲零件自制或外购的决策分析。

表5-15　甲零件单位成本　　　　　　　　　　　　　　　　单位:元

项　　目	金　　额
直接材料费	8
直接人工费	6
变动制造费用	3
固定制造费用	8
合　　计	25

解 自制甲零件的单位产品成本是25元,其中直接材料费、直接人工费和变动制造费三项之和为17元,属于相关成本。而甲零件分摊的8元固定制造费用则属于无关成本,在决策时不应考虑。自制方案每月增加的专属固定成本300元则是相关成本,而出租设备可获得的租金2500元则是自制方案的机会成本。外购方案的购价、运输费属于变动成本,外购的差旅费属于固定成本,此三项费用均是与决策相关的成本。

由于甲零件的需要量是确定的,所以可采用相关成本分析法,见表5-16。

表5-16　相关分析表　　　　　　　　　　　　　　　　　单位:元

项目 ＼ 方案	自　　制	外　　购
变动成本	1 000×17=17 000	1 000×(20+1)=21 000
专属成本	300×12=3 600	2 000×2=4 000
机会成本	2 500	0
相关成本合计	23 100	25 000

自制方案的成本比外购方案成本低1 900(25 000－23 100)元,所以应选择自制方案。

零部件自制还是外购决策案例分析

中声玩具厂2010年准备生产一种组合玩具,其每月客户订货量为800套。这种玩具可以自己生产,也可以向外转包,委托其他企业生产。有关售价、成本和人工生产时间的资料如下:

售　价	50元
每月人工	1 000小时
每小时直接人工成本	3元
每小时变动制造费用	2元
每月固定费用	2 000元

该组合玩具由1座花园模型、2辆汽车模型和5个塑料娃娃构成,具体资料如下:

	花　园　模　型	汽　车　模　型	塑　料　娃　娃
数　量	1座	2辆	5个
单位材料成本(元)	8	4	2
单位直接人工时间(小时)	1	0.25	0.2
向外转包每套玩具合同价格(元)		48	
其中每种部件的合同价格(元)	17	13	18

装配成本极小,可略而不计。

该厂会计人员通过分析、计算,向厂长递送了一份关于该组合玩具生产和外购的经济分析报告,以供决策。分析报告如下:

单位产品售价	50.00元
单位产品自制的变动成本:	
直接材料	26.00元
其中:花园模型　8元	
汽车模型　4×2＝8元	
塑料娃娃　2×5＝10元	
直接人工	7.50元
其中:花园模型　1×1×3＝3元	
汽车模型　2×0.25×3＝1.5元	
塑料娃娃　5×0.2×3＝3元	
变动制造费用　(1＋2×0.25＋5×0.2)×2＝5.00元	
单位变动成本合计	38.50元
单位产品边际贡献	11.50元

每月自制玩具 400 套的利润 $= \dfrac{1\,000}{2.5} \times 11.5 - 2\,000 = 2\,600$ 元

每月向外转包 400 套获得的利润 $= 400 \times (50 - 48) = 800$ 元

月利润总额 $3\,400$ 元

厂长看了报告以后表示满意,当即作出决策:每月自制 400 套,外购 400 套。

试问:厂长作出的这样决策是否明智?为什么?

解 厂长的决策是不够正确的。由于该产品由花园模型、汽车模型和塑料娃娃三种部件构成,每种部件自制每一小时比外购能节约的费用不一样,如果将每小时节约费用大的部件自制,节约少的部件外购,则企业的经济效益将更佳。

该企业每小时加工费用为 7 元(直接人工成本 3 元,变动制费用 2 元,应负担固定费用 2 元)。每 1 小时加工不同部件的节约额可计算如下:

花园模型 $17 - 8 - 7 = 2$(元)

汽车模型 $(13 - 8) \times 2 - 7 = 3$(元)

塑料娃娃 $18 - 10 - 7 = 1$(元)

这样,自制汽车模型最合算,多余时间自制一部分花园模型,其余的都外购,效益最佳。800 套的总成本计算如下:

汽车模型自制 $(2 \times 4) \times 800 + 0.25 \times 2 \times 7 \times 800 = 6\,400 + 2\,800 = 9\,200$(元)

花园模型 600 台自制 $(8 \times 600) + (7 \times 600) = 9\,000$(元)

花园模型 200 台外购 $17 \times 200 = 3\,400$(元)

塑料娃娃 800 台外购 $18 \times 800 = 14\,400$(元)

总成本 36 000 元

利润 $= 50 \times 800 - 36\,000 = 4\,000$(元)

5.2.8 不同生产工艺技术方案决策

一般企业都可采用不同的工艺技术进行生产,既可以采用传统技术生产,又可以采用机械化生产或自动化生产。一般来说,生产设备越先进,固定成本就越高;但由于技术先进,生产效率高,生产产品的单位变动成本就越低。反之,则是固定成本低;但生产效率低,产品的单位变动成本就较高。

在不同生产工艺技术方案的决策分析时,要根据生产规模的大小来选择工艺技术方案。一般来说,当生产规模较小时,可选择生产效率相对较低、固定成本较低的工艺技术方案。当生产规模较大时,则应选择生产效率较高、固定成本较高的工艺技术方案。

在选择决策方法时,要以生产产品的数量是否确定为依据。如果生产产品的数量是确定的,可采用相关成本分析法;如果生产产品的数量不确定的话,则应采用成本平衡点法。

【例 5 - 13】 华海公司每年生产 B 产品 700 件,有甲、乙、丙三种设备可供选择使用,有关资料见表 5 - 17。要求:做出选择何种设备生产 B 产品的决策分析。

表 5-17　成本资料　　　　　　　　　　　　　　　　单位：元

设　备 项　目	甲　设　备	乙　设　备	丙　设　备
年专属固定成本	42 000	30 000	34 000
单位变动成本	120	190	165

解　生产 B 产品的年产量是确定的，所以可采用相关成本分析法进行决策分析。计算如下：

$$使用甲设备的年相关成本 = 42\,000 + 700 \times 120 = 126\,000（元）$$
$$使用乙设备的年相关成本 = 30\,000 + 700 \times 190 = 163\,000（元）$$
$$使用丙设备的年相关成本 = 34\,000 + 700 \times 165 = 149\,500（元）$$

使用甲设备生产的成本最低，所以应选择甲设备生产 B 产品。

【例 5-14】　华海公司有两套闲置设备，甲设备每年折旧费 20 000 元，乙设备每年折旧费 15 000 元。现在准备生产 C 产品。用甲设备生产，一次性改装费 30 000 元；用乙设备生产，一次性改装费 20 000 元。用甲设备生产 C 产品的单位变动成本 40 元，用乙设备生产 C 产品的单位变动成本 65 元。

要求：分析该企业在什么情况下应选择甲设备，在什么情况下应选择乙设备。

解　分析：甲、乙设备的折旧费均属于沉没成本，与决策无关，在决策时不应考虑。由于 C 产品的年生产量并没有确定，决策分析只能采用成本平衡点法。

$$甲、乙设备的成本平衡点业务量 \ x = \frac{30\,000 - 20\,000}{65 - 40} = 400（件）$$

当 C 产品的产量在 400 件时，甲、乙两种设备的使用成本是相等的；当 C 产品的产量在 400 件以下时，应选择乙设备生产（因乙设备固定成本较低）；当 C 产品的产量在 400 件以上时，应选择甲设备生产（因甲设备固定成本较高）。图解见图 5-2 所示。

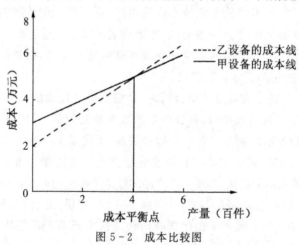

图 5-2　成本比较图

5.2.9　生产最优组合决策

在企业多品种产品的生产过程中，每个产品的生产都离不开一些必要的条件或因素，如机器设备、人工、原材料、工时等等，而其中的一些因素可以用于不同产品的生产。如果各个产品的生产共用一种或几种因素，而这些因素本身又是有限的，就应该认真研究如何通过各个产品的不同组合，促使这些因素有效而合理地得到利用。产品最优组合决策就是通过计算分析，作出各个产品应该生产多少才能使这些生产要素获得合理而充分的利用，并且能够获得最大的利润。

【**例 5 - 15**】　华海公司生产甲、乙两种产品，其相关资料如表 5 - 18 所示。

表 5 - 18　甲、乙产品的有关资料表　　　　　　　　　单位：元

项　　　目	甲产品	乙产品
单位产品售价	85	90
单位变动成本	55	65
单位边际贡献	30	25
单位材料消耗定额（千克）	3	4
单位电力消耗定额（千瓦）	6	4
最大销售量（件）	无限制	500 件

约束条件是：材料消耗最高用量为 2 400 千克；电力消耗最高用量为 3 600 千瓦。

要求：根据上述条件对该企业如何利用现有材料和电力消耗资源实现甲、乙两种产品的最优生产组合作出决策分析。

一般涉及两个变量的资源合理利用问题，多采用本量利分析法中的图解法。

1. 确定目标函数和约束条件，建立相应数学模型

若以 x_1 代表甲产品产量，x_2 代表乙产品产量，S 代表边际贡献总额；L 代表约束条件，则甲、乙两个产品组合生产约束条件表示如下：

目标函数：
$$S = 30x_1 + 25x_2$$

约束条件
$$\begin{cases} 3x_1 + 4x_2 \leqslant 2\,400 & (L_1) \\ 6x_1 + 4x_2 \leqslant 3\,600 & (L_2) \\ x_2 \leqslant 500 & (L_3) \\ x_1 \geqslant 0, \ x_2 \geqslant 0 \end{cases}$$

2. 在平面直角坐标系中作图

令横轴代表甲产品产量 x_1，纵轴代表乙产品产量 x_2，并按以下步骤画出三条代表

约束条件的直线,如图 5-3 所示。

(1) 直线 L_1 根据等式 $3x_1 + 4x_2$ = 2 400 在坐标系中画出;

(2) 直线 L_2 根据等式 $6x_1 + 4x_2$ = 3 600 在坐标系中画出;

(3) 直线 L_3 根据等式 $x_2 = 500$ 在坐标系中画出。

由上述三个约束条件的直线 L_1、L_2、L_3 所围成的一个共同区域,就是产品组合的可行性区域。在阴影区内每条界限表明企业进行产品生产必须受到的相应限制。在阴影区内的任何产品组合都是可行的。

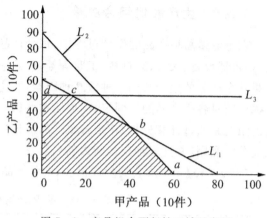

图 5-3 产品组合可行性区域示意图

3. 确定最优组合

确定产品最优生产组合,就是找出既能满足约束条件的要求,又能使目标利润函数达到最大值的那一点,实践中此种产品组合边际贡献总额最大。

在图 5-3 中所反映的可行性区域内,共有 4 个交点,将其坐标值分别代入目标函数 $S = 30x_1 + 25x_2$ 式中,计算出各个角点的边际贡献总额。计算结果如表 5-19 所示。

表 5-19

交 点	产品组合(件)		边际贡献总额($30x_1 + 25x_2$)
	x_1	x_2	
a	600	0	18 000(30×600+25×0)
b	400	300	19 500(30×400+25×300)
c	133	500	16 490(30×133+25×500)
d	0	500	12 500(30×0+25×500)

从表中数据可以看出,交点 b 的目标函数值 19 500 元大,即此种产品组合边际贡献总额最大,故甲产品生产 400 件,乙产品生产 300 件是最优产品生产组合。

5.3 定价决策分析

5.3.1 定价决策意义及应考虑的因素

随着社会主义市场经济的发展,产品的定价决策已成为企业经营决策中的一项重要内容。除了某些垄断产业和垄断商品外,产品价格总是受到供需双方及多种因素的制约和影响。企业管理者的任务就是在国家政策允许的范围内,通过对市场情况的调查和影响产品价格变动的有关因素的分析,为产品确定一个较合理的价格。这样,才能增强产品在市场上的竞争能力,提高企业的盈利水平。

产品的价格是产品价值的货币表现,是补偿生产成本和提供合理利润的先决条件。一般来说,若不能合理地制定产品价格,致使价格过高或过低,企业所获利润就有可能过多或过少。这样,不能反映企业的真实经营状况,对改善企业经营管理和提高经济效益都是十分不利的。同时,价格也是决定产品销路的重要因素之一。通过定价决策,就可以在能够获得满意的经济效益的前提下,为有关产品确定具有竞争能力、符合消费者现实需要的销售价格。从而,为提高产品市场占有率、扩大产品销售创造有利条件,以保证企业生产经营活动的正常进行。因此,定价决策对企业的生存和发展具有十分重要的意义。

影响产品价格的因素很多,决策分析时主要考虑以下几种:① 产品的价值;② 成本消耗;③ 产品质量;④ 供求关系;⑤ 价格弹性;⑥ 定价目标的导向;⑦ 竞争态势;⑧ 价格体系的完善程度;⑨ 国家的价格政策;⑩ 产品所处寿命的周期阶段。

5.3.2 定价决策分析的方法及类型

1. 完全成本加成定价法

这是一种传统的定价方法。它是在完全成本法计算的单位产品成本的基础上,加上一定的目标利润所确定的销售价格。销售价格的计算公式如下:

$$销售价格＝单位产品完全成本＋单位目标利润额$$

或
$$＝单位产品完全成本×(1＋成本利润率)$$

【例5-16】 华海公司拟采用完全成本加成法制定甲产品的销售价格。甲产品单位成本的有关资料见表5-20,该企业希望获得的甲产品成本利润率为20%。

要求:计算甲产品的销售价格。

表5-20 甲产品单位成本表　　　　　　　　　　　单位:元

项　　目	金　　额
直接材料费	600
直接人工费	200
变动制造费用	120
固定制造费用	340
变动销售及管理费用	90
固定销售及管理费用	130
单位产品成本合计	1 480

解　　　甲产品销售价格 ＝ 1 480 × (1＋20%) ＝ 1 776(元)

根据计算,应把甲产品的价格确定为 1 776 元。

2. 变动成本加成定价法

变动成本加成定价法是以单位变动成本为基础,加上一定数额的贡献边际来确定产品销售价格的方法。这种定价方法,实质上是把单位变动成本作为定价下限。根据此方法计算的销售价格可能获得利润,也可能无法获得利润,能否获得利润取决于所确定的单位贡献边际的多少。在销售量相对稳定的前提下,如果确定的单位贡献边际大于单位固定成本,则能获得利润;反之就不能获得利润。这种方法比较适用于在产品投放市场的初期,为占领市场,企业就可以采用此方法来确定产品销售价格,而不管其是否能够盈利。因为只要单价大于单位变动成本就能创造贡献边际,就可以为弥补企业的固定成本做出贡献。变动成本加成定价法的计算公式为:

$$销售价格 ＝ 单位变动成本 ＋ 单位贡献边际$$

或
$$＝ \frac{单位变动成本}{1 － 贡献边际率}$$

【例 5－17】　华海公司生产的乙产品在市场上严重饱和,乙产品原来的市场售价为 1 650 元,其他企业纷纷降价 35% 左右,该企业希望保住原有的市场份额,单位乙产品如能有 100 元的贡献边际就可以销售。设乙产品的单位成本数据与例 5－16 的甲产品相同(见表 5－20)。

要求:采用变动成本加成法计算乙产品的销售价格。

解　乙产品的单位变动成本 ＝ 600 ＋ 200 ＋ 120 ＋ 90 ＝ 1 010(元)

乙产品的销售价格 ＝ 1 010 ＋ 100 ＝ 1 110(元)

根据计算,为保住市场占有份额,把乙产品价格降低为 1 110 元,可保证每件产品 100 元的贡献边际。

3. 利润最大化定价法

利润最大化定价法是在预测各种价格可能的销售量的情况下,计算各种价格方案的利润,选择利润最大的定价方法。

【例 5－18】　华海公司生产的丙产品准备投放市场,该企业现时年最大生产能力为 6 000 件,年固定成本 60 000 元,丙产品单位变动成本 20 元,如果要把年最大生产能力扩大到 8 000 件,每年将新增加固定成本 20 000 元。丙产品在各种价格下的预测销售量资料及分析计算见表 5－21。

为获取最大利润,丙产品的销售价格应定为多少?

表 5-21　丙产品预测资料及利润计算表　　　　　　　　　　　　单位：元

销售价格	预测销售量	销售收入	变动成本	固定成本	总成本	利润
60	4 000	240 000	80 000	60 000	140 000	100 000
55	4 800	264 000	96 000	60 000	156 000	108 000
50	6 000	300 000	120 000	60 000	180 000	120 000
45	7 000	315 000	140 000	80 000	220 000	95 000
40	8 000	320 000	160 000	80 000	240 000	80 000

解　根据资料，当丙产品的价格在 50~60 元之间时，销售量在 4 000~6 000 件之间，不超过企业现时年最大生产能力 6 000 件，此时年固定成本为 60 000 元。当丙产品的价格在 40~45 元之间时，销售量在 7 000~8 000 件之间，已经超出了企业现时年最大生产能力，为达到这一生产能力，年固定成本将达到 80 000（60 000＋20 000）元。从表中计算可知，丙产品价格在 50 元时获取的利润最大，所以应把丙产品定价为 50 元进行销售。

一般地，当销售价格下降时，销售量会随之增加，销售利润也会跟着增加。当销售价格下降到某一水平继续下降，由于成本上升抵消了所增加的收入，销售利润就不再增加。我们把每增加单位销售量所增加的收入称为边际收入，相应增加的成本称为边际成本。当边际收入等于边际成本时，就意味着收入的增加不再使利润增加，此时利润最大。所以，我们把边际收入等于边际成本时的销售价格称为最优价格。

5.3.3　定价策略

产品定价既是一门科学，也是一门艺术。因为市场是复杂多变的，许多影响价格的因素是事先难以估计的，即使能预料到，其影响程度也无法确定。因此，企业在进行定价决策时，除了借助于计算分析，采用各种常规定价方法外，还需要随时根据市场状况、产品特点、消费心理等因素，利用各种不同的定价策略，确定吸引消费者的价格，以实现自己的销售目标。

1. 新产品定价策略

新产品定价常用两种策略，一种是撇油法，另一种是渗透法。

1）撇油法。这种策略是将新产品投放市场初期的价格定得较高，以保证初期的高额利润，随着市场销量逐渐扩大，再逐步降低价格。这种定价策略适用于那些与同类竞争产品差异性较大、能满足较大市场需要、弹性小、不易仿制的新产品。但由于价高利厚，会刺激大量竞争者较早、较快地进入市场，增加了市场的竞争程度。因此该策略不可能维持很久，是一种短期定价策略。

2）渗透法。这是一种将新产品投放市场初期的价格定得较低，以迅速打开市场销路,取得竞争优势后再逐步提价的定价策略。这种策略适用于那些与同类产品差别不大,但需求弹性大且市场前景光明的新产品。尽管用这种策略初期盈利不多,但能有效地排斥竞争,便于建立长期的市场领先地位,并为企业带来较长时期的经济效益,因此是一种长期定价策略。

2. 心理定价策略

心理定价策略主要包括以下几种形式:尾数法、整数法和对比定价法。

1) 尾数定价法。消费者购物时,对价格数字往往有这样一种心理倾向,即偏重于价格的整数而忽视价格的尾数。尾数定价法正是利用消费者的这种心理,采取非整数定价形式,以达到引起消费者的购买欲望,增加销售量的目的。但这种方法一般只适用于中低档的日用消费品定价,而对高档商品则不易采用,否则会影响商品的声誉。

2) 整数定价法。与尾数定价法相反,整数定价法是以整数为商品定价的一种方法。消费者购物时,特别是在选购耐用消费品或高档商品时,看重的往往是其质量。在他们看来,价格越高,说明质量越好。因此,对这类商品定价时,宜采用整数定价法,给消费者一种质量好、可靠性强的印象,提高商品的身价,刺激购买欲望。

3) 对比定价法。这是利用消费者求廉务实的心理特点而采取的降价促销措施。当一种商品的品牌、性能不为广大消费者所熟悉与了解、其市场的接受程度较低时,采用对比定价。即标明原价后再打折扣,从而促使消费者通过对比积极购买。

3. 折扣定价策略

折扣定价策略,是指在一定条件下,以降低商品的销售价格来刺激购买者的欲望,从而达到扩大商品销售的定价策略。具体有以下几种:

1) 数量折扣。这是一种按购买数量的多少所给予的价格折扣。购买者购买数量越多,则折扣越大;反之,则越小。数量折扣又分累进折扣和非累进折扣两种。累进折扣规定购买者在一定时期内,购买商品如果达到一定数量或金额时,就按总量的大小给予不同的折扣。非累进折扣规定一次购买某种商品达到一定数量时,给予折扣优惠。

2) 季节性折扣。季节性折扣是对购买者在淡季购买季节性强的商品所给予的折扣。

3) 现金折扣。这是一种对购买者用现金或提前付款所给予的价格折扣,促进及时销售,避免商品积压,加速资金周转。这种定价策略适用于价格偏高的耐用消费品,特别适用于分期付款的商品。

总之,企业在考虑定价策略时,必须综合考虑顾客、竞争对手和成本等三个因素。从表面上看,上述定价策略似乎与会计信息关系不大。但是,如果我们站在管理会计的角度看,这些定价策略与会计信息关系相当密切。企业在产品定价之前了解并熟悉市场经济环境下的各种定价策略是非常必要的。只有这样,才能真正做到"知彼知己,百战不殆"。

5.4　存货决策分析

5.4.1　ABC分类法

存货是指企业在生产经营过程中为销售或者耗用而储备的物资,包括材料、燃料、低值易耗品、在产品、半成品、产成品、协作件、商品等。存货的品种数量繁多,要实行全面管理与控制,确有一定的困难。存货按照 ABC 分类法进行分类管理,有助于掌握重点,区别不同情况,分别采取相应的控制措施,所以它又称为重点管理法,这是对存货实现有效控制的一个重要方法。

其基本点是:将企业的全部存货按照金额和品种数两个标志,区分为 A,B,C 三类。属于 A 类的是少数价值高的最重要的项目,品种少,而单位价值却很大。也就是说,从品种数看,A 类存货的品种数大约只占全部存货总品种数的 10% 左右,而从一定期间出库的金额看,A 类存货出库的金额大约要占全部存货出库总金额的 70% 左右。属于 C 类的是为数众多的低值项目,其特点是:从品种数看,这类存货的品种数大约要占全部存货总品种数的 70%,但从一定期间出库的金额看,这类存货出库的金额大约只占全部存货出库总金额的 10% 左右。而 B 类存货,则介乎这两者之间,从品种数和

出库金额看,大约都只占全部存货总数的 20% 左右。把这些情况在直角坐标系上作图,将形成所谓"非正态分布图"。

存货的 ABC 分类方法是:首先将全部存货按照一定时期内出货金额的大小顺序排队列表,然后计算累计金额,再从大到小计算逐项累计金额占总额的百分比。当累计金额占总额的百分比达到 10% 左右时,所对应的存货即为 A 类。继续计算下一段,当

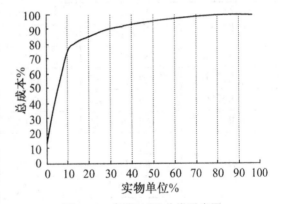

图 5-4　存货 ABC 分类示意图

累计金额达到总额的 20% 左右时,所对应的存货为 B 类。以下的全为 C 类。

图 5-4 中横坐标所示实物单位(%)0~10 为 A 类,10~30 为 B 类,30~100 为 C 类。

ABC 三类存货中,由于各类存货的重要程度不同,所采用的控制方法也不同:

对 A 类存货要进行重点控制,要计算每个项目的"经济订货批量"和"订货点"。同时,还可为 A 类存货分别设置"永续盘存卡片",以加强日常的控制。

对 B 类存货的控制,则要根据成本效益原则有选择地为其中的某些项目计算"经济订货批量"和"订货点"。同时也要分项设置"永续盘存卡"来反映库存动态,但不如 A

类要求那样严格,只要定期进行概括性的检查便可以了。

对 C 类存货的控制,由于它们为数众多,而且单价又很低,存货成本也很低。因此,可适当增加每次订货数量,减少全年的订货次数。对这类物资日常的控制方法,一般可以采用一些较为简化的方法进行管理。常用的有"双货箱法",就是将某项存货分装两个货箱,俟第一箱用完,开始取用第二箱时,就意味着必须马上提出订货申请。当然,根据存货的不同物理特点,也可以用"双堆法"或"红线法"来控制其"订货点"。

【例 5－19】 设华海公司生产中所用的材料,按年平均出库金额的大小区分为 A,B,C 三类:年平均出库金额在 40 000 元以上的,归入 A 类;15 000～40 000 元的,归入 B 类;15 000 元以下的归入 C 类。该厂 2003 年的材料耗用情况如表 5－22 所示,根据表 5－22 提供的资料重新进行组合,可分别按实物单位和按总金额计算 A,B,C 各类在总量中所占的百分比,如表 5－23 所示。

表 5－22

材 料 编 号	领用数(单位)	单位成本(元)	总成本(元)	类　　　别
1	3 000	20.00	60 000	A
2	2 000	22.00	44 000	A
3	15 000	1.00	15 000	C
4	11 000	2.00	22 000	B
5	10 000	3.00	30 000	B
8	30 000	0.50	15 000	C
7	2 000	8.00	16 000	B
8	8 000	12.00	96 000	A
9	5 000	9.00	45 000	A
10	45 000	0.30	13 500	C
11	60 000	0.10	6 000	C
12	18 000	2.00	36 000	B

表 5－23

类　　　别	实 物 单 位		总成本金额(元)	
	单 位 数	百 分 比	总 成 本	百 分 比
A	18 000	8.60	245 000	61.50
B	41 000	19.60	104 000	26.10
C	150 000	71.80	49 500	12.40
合　　计		100.0	398 500	100.0

5.4.2 "经济订货批量"与"订货点"决策

1. 存货相关成本

确定存货的最佳订货数量、订货时间和订货间隔,关键在于如何做到既能满足生产(销售)需要,又能使存货上所耗费的总成本达到最低水平。存货所耗费的总成本,主要包括采购成本、订货成本、储存成本和缺货成本四个部分。

1) 采购成本。采购成本是指存货本身的价值,通常用数量与单价的乘积来确定。设全期需要量用 D 表示,单价用 P 表示,于是购置成本为 DP。

2) 订货成本。订货成本是指取得订单的成本,如采购人员的差旅费、办公费、邮资、电报电话费等支出。订货成本中有一部分与订货次数无关,如常设采购机构的基本开支等,称为订货的固定成本,用 F 表示。另一部分与订货次数有关,如差旅费、邮资等,称为订货的变动成本。每次订货的变动成本用 K 表示。全期订货次数等于存货全期需要量 D 与每次订货批量 Q 之比。

于是
$$订货成本 = F + \frac{D}{Q} \cdot K$$

在实际分析决策时,订货的固定成本属于无关成本,不需要加以考虑。订货的相关成本公式可写为:
$$订货成本 = \frac{D}{Q} \cdot K$$

3) 储存成本。储存成本是指为保持存货而发生的成本,包括存货占用资金所应计的利息、仓库费用、保险费用、存货破损和变质损失等等。储存成本也分为固定成本和变动成本,固定成本与存货数量的多少无关,如仓库折旧、仓库职工的固定月工资等,常用 T 表示。变动成本与存货的数量有关,如存货占用资金的应计利息、存货的破损和变质损失、存货的保险费用等,用 C 表示。

$$储存成本 = 储存固定成本 + 储存变动成本 = T + \frac{Q}{2}C$$

储存成本中的固定成本部分与订货成本中的固定成本一样属于与决策无关的成本,因此也可把公式简写为:
$$储存成本 = \frac{Q}{2}C$$

4) 缺货成本。缺货成本是指由于存货供应中断而造成的损失,包括材料供应中断造成的停工损失、产成品库存缺货造成的拖欠发货损失和丧失销售机会的损失。如果生产企业紧急采购代用材料解决库存材料的中断之急,那么缺货成本表现为紧急额外购入成本(紧急额外购入的开支会大于正常采购的开支)。

假设以 TC 来表示存货的相关总成本,它的计算公式则为:

$$存货总成本\ TC = 采购成本 + 订货成本 + 储存成本 + 缺货成本$$

企业存货的最优化即是使上式 TC 值最小。

2."经济订货批量"与"订货点"决策

按照存货管理的目的,需要确定合理的进货批量和进货间隔时间,使存货的总成本最低。这个批量叫做"经济订货批量"。有了"经济订货批量",可以很容易地找出最适宜的进货时间或订货点。

1)"经济订货批量"的基本模型。"经济订货批量"基本模型需要设立的假定条件:

(1)企业能够及时补充存货,即需要订货时便可以立即取得存货;

(2)不允许缺货,即缺货成本为零;

(3)需要量确定,即 D 为已知常量;

(4)采购单价是常数,不因批量不同而变动;

(5)企业现金充足,不会因现金短缺而影响进货。

设立了这些假设后,存货相关总成本的公式可以简化为:

$$TC = D\frac{K}{Q} + \frac{Q}{2}C$$

式中,只有 Q 是变量。TC 的大小取决于 Q。TC 最小时的 Q 值,就是"经济订货批量"。

根据微分原理,当 TC 的一阶导数等于 0 时,TC 有最小值。对 TC 求导,并整理,就可得出公式:

$$Q = \sqrt{\frac{2KD}{C}}$$

这一公式称为"经济订货批量"的基本模型。

【例 5-20】华海公司每年耗用某种材料 8 000 千克。该材料单价 10 元,每千克全年存储成本为 2 元,每次订货成本 20 元。则"经济订货批量":

$$Q = \sqrt{\frac{2KD}{C}} = \sqrt{\frac{2 \times 8\,000 \times 20}{2}} = 400(千克)$$

全年订货次数:$8\,000 \div 400 = 20(次)$

每次订货间隔天数:$360 \div 20 = 18(天)$

此时,存货相关成本最低,$TC = QC = 400 \times 2 = 800(元)$

2)订货点决策。"经济订货批量"的基本模型是在严格的假设条件下建立的,但现实生活中能够满足这些假设条件的情况十分罕见。一般情况下,企业的存货难以做到随时补充,因此不能等存货用完再去订货,而需要在没有用完前提前订货。提前订货的情况下,企业再次发出订货单时,尚有存货的库存数量称为"订货点",用 R 表示。影响"订货点"的主要因素除"经济订货批量"外,还有"订货提前期"、"保险储备"等。

(1)订货提前期。只考虑订货提前期时,"订货点"的数量等于交货时间(L)和每日平均需用量(d)的乘积。

$$R = L \cdot d$$

【例 5-21】 续前例,企业订货日至到货期的时间为 10 天,平均每日存货需要量 22.22 千克。那么

$$R = L \cdot d = 10 \times 22.22 = 222.2(千克)$$

即企业在尚存 222.2 千克存货时,就应当再次订货。等到下批订货到达时(发出再次订货单 10 天后),原有库存刚好用完。此时,有关存货的每次订货批量、订货次数、订货间隔时间等并无变化,与瞬间补充时相同。这就是说,订货提前期对"经济订货批量"并无影响,可以按原来瞬时补充情况下的 400 千克为订货批量,只不过在达到再"订货点"时,立即发出订货单罢了。

(2)保险储备。以上讨论,假定存货的供需稳定且确知,即每日需求量不变、交货时间也固定不变。实际上,每日需求量可能变化,交货时间也可能变化。按照某一订货批量(如"经济订货批量")和再"订货点"发出订单后,如果需求增大或送货延迟,就会发生缺货或供货中断。为了防止由此造成的损失,就需要多储备一些存货,以备应急之需,这称为保险储备(安全存量)。这些存货在正常情况下不动用,只有当存货过量使用或送货延迟时才动用。下面是存货动态及保险储备的图示(见图 5-5,基本数据见例 5-22)。

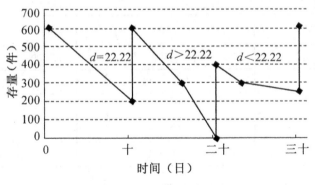

图 5-5 存货动态示意图

【例 5-22】 续前例,年需用量(D)为 8 000 千克,已知求出的"经济订货批量"为

400千克,每年订货 20 次。又知全年平均日需求量(d)为 22.22 千克,平均每次交货时间(L)为 10 天。为防止需求变化引起缺货损失,设保险储备量(B)为 100 千克,"订货点"R 由此而相应提高为:

$$R = 交货时间 \times 平均日需要量 + 保险储备$$

$$= L \cdot d + B = 10 \times 22.22 + 100 = 322.2(千克)$$

在第一个订货周期里,$d = 22.22$,不需要动用保险储备。在第二个订货周期内,$d > 22.22$,需求量大于供应量,需要动用保险储备。第三个订货周期内,$d < 22.22$,不仅不需动用保险储备,正常储备亦未用完,下次存货即已送到。

需要说明的是,建立保险储备,固然可以使企业避免缺货或供应中断造成的损失,但存货平均储备量加大却会使储备成本升高。是否需要建立保险储备及保险储备量的多少,需要通过权衡因缺货造成的损失和因增加存货而增加的成本来确定。

经济订货批量决策案例分析

民生化工厂 2010 年需要从南京购进化工原料 750 吨,每次订购费 50 元(不包括铁路运输费),每吨原料单位进价 6 250 元,年储存费用占进价的 12%。

该厂距南京 700 公里,通过铁路整车发货每吨运输费为 31.40 元,而作为零担发货则每吨为 124.50 元。按铁路运输规定,不足 30 吨的货物均作零担处理。

该厂制定出不同的订购批量如下:

全年订购次数	150	75	50	25	15	10
每次订购批量(吨)	5	10	15	30	50	75

管理人员甲运用基本经济批量模式,通过计算,认为每次订购批量应为 10 吨,而管理人员乙却持不同意见。你认为如何?

解答

订购批量(吨)	5	10	15	30	50	75
年订购与储存费用(元)	9 375	7 500	8 125	12 500	19 500	28 625
铁路运输方式	零 担			整 车		
每吨运费(元)	124.50			31.40		
全年运费(元)	93 375			23 550		
总费用(元)	102 750	100 875	101 500	36 050	43 050	52 175

从上面分析,应采用 30 吨为订购批量。

本案例说明,经济批量模式在实践运用中,应结合实际工作中的具体情况,综合地考虑多种因素,才会显得更有意义,便于作出正确的决策。

5.4.3 最优生产批量

"经济订货批量"的计算公式,虽然来源于物资采购活动,但是其计算方法也是可以应用到成批生产中确定经济生产批量方面。因为在成批生产的企业中,与采购库存活动类似,也有最优生产批量和最优生产批次的决策问题。

对这类问题进行决策分析时,应当考虑生产准备成本和储存成本这两个成本因素。生产准备成本是指一批产品投产前需花费的准备成本。如调整机器设备,准备工卡模具、工艺规程、生产作业记录等项工作而发生的成本。这类成本是固定的,不以每批产量的多少为转移。储存成本是指单位产品存储一个单位期间的储存成本。例如,仓储及其设备维修费、折旧费、保险费、保管人员工资等。这类成本是变动的,以每批数量的多少为转移。

在成批生产的企业,各期产品投产的总量一般是不变的,每批产量越大,全期投产的批次就越少;反之,批量越小,全期投产的批次就越多。生产准备成本与批量无关,但与批次成正比;如果投产的批次越少,生产准备成本就会减少。但减少批次,必然要增大批量,从而会使全期储存成本增加。可见,生产准备成本与储存成本是相互消长的。

所谓最优生产批量,就是要确定一个适当的生产批量,从而使其生产准备成本与储存成本之和达到最小。

最优生产批量的确定,可利用公式进行计算。

设以 Q 代表某产品成批生产一次投产的最优批量(件);D 代表该产品全期的总产量(件);P 代表生产周期内产品的每天生产量;d 代表产品每天的领用量;K 代表一批产品投产需花费的生产准备成本(元);C 代表单位产品全年的储存成本(元)。

产品的最高储存量和平均储存量可分别按下列公式进行计算:

$$最高储存量 = \frac{Q}{P}(P-d) = Q \times \left(1 - \frac{d}{P}\right)$$

$$平均储存量 = \frac{Q}{2} \times \left(1 - \frac{d}{P}\right)$$

$$全期生产准备成本 = K \cdot \frac{D}{Q}$$

$$全期储存成本 = C \cdot \frac{Q}{2}\left(1 - \frac{d}{P}\right)$$

$$全期总成本\ TC(Q) = \frac{KD}{Q} + C \cdot \frac{Q}{2}\left(1 - \frac{d}{P}\right)$$

进行求导演算可以推导出(按类似于"经济订货批量"模型的方法,即当准备成本=

储存成本时,总成本为最小):

最优生产批量: $$Q = \sqrt{\frac{2KD}{C} \cdot \frac{P}{P-d}}$$

最低相关成本: $$TC = \sqrt{2KDC \cdot \left(1 - \frac{d}{P}\right)}$$

【例 5 - 23】 设甲产品全年的总产量(D)为 7 200 件,每天领用量(d)20 件,每天生产量(P)为 100 件完工入库,每批产品投产花费的生产准备成本(K)20 元,每件完工产品全年储存成本(C)1.60 元。

解 根据以上有关资料,可利用上述公式确定甲产品每批投产的最优批量。

$$Q = \sqrt{\frac{2 \times 20 \times 7\,200}{1.6} \times \frac{100}{(100-20)}} = \sqrt{\frac{288\,000}{1.6} \times \frac{100}{80}} = \sqrt{225\,000} = 474(件)$$

$$TC = \sqrt{2 \times 20 \times 7\,200 \times 1.60 \times \left(1 - \frac{20}{100}\right)} = \sqrt{460\,800 \times 0.8} = 607.16(元)$$

上述计算表明,该厂甲产品的最优批量为 474 件,按照这一批量投产,可使得全年的生产总成本(TC)达到最低水平。

【思考题】

1. 决策的程序包括哪些基本步骤?

2. 何谓机会成本?在进行决策分析时为什么要考虑机会成本?

3. 差别成本、边际成本、变动成本之间有何联系与区别?

4. 何谓相关成本分析法?试举例说明?

5. 何谓贡献边际分析法?试举例说明?

6. 为了扭亏为盈,凡亏损产品都应该停止生产吗?为什么?

7. 定价应考虑的因素有哪些?

8. 什么是 ABC 分类法,采用 ABC 分类法有什么现实意义?

【练习题】

1. 判断题

1) 在经营决策中,凡是亏损的产品就应该停产。　　　　　　　　　　　　　(　)

2) 只要是亏损的产品能够提供边际贡献就必须要继续生产而不管其边际贡献总额大小。

　　　　　　　　　　　　　　　　　　　　　　　　　　　　　　　　(　)

3) 产品最优组合决策就是确定各种产品应该生产多少的决策。　　　　　　　(　)

4) 边际成本是每增加一个单位产量所增加的总成本,在某种意义上讲就是差别成本。　(　)

5) 产品最优售价是指企业能够获得最大利润的售价,并非是指企业产品最高售价。　(　)

2. 单选题

1) 经营决策一般是指不涉及固定资产投资,且只涉及一年以内的有关经济活动。在下列经济活

动中不属于经营决策范围的是 （　　）

    A. 在生产多种产品情况下,如何实现产品最优组合

    B. 在需要支付专属固定成本情况下,对零部件自制还是外购进行选择

    C. 选择产品最优售价

    D. 由于投产新产品,需要增加固定资产和流动资产投资

2) 在经营决策中若使用差别分析法进行甲、乙两个备选方案选择,其差别收入大于差别成本则

    说明 （　　）

    A. 甲方案较优　　　　　　　　　　B. 乙方案较优

    C. 甲、乙两个方案都较优　　　　　　D. 根本无法判断

3) 当企业利润实现最大化时,边际收入和边际成本的关系是 （　　）

    A. 边际收入大于边际成本　　　　　　B. 边际收入小于边际成本

    C. 边际收入等于边际成本　　　　　　D. 边际收入和边际成本无关

4) 在存在专属固定成本的情况下,经营决策主要是通过比较不同备选方案（　　）来进行方案

    优选。

    A. 边际贡献总额　　　　　　　　　　B. 剩余边际贡献总额

    C. 单位边际贡献　　　　　　　　　　D. 单位剩余边际贡献

5) 亏损产品是否应该继续生产关键在于该产品是否存在 （　　）

    A. 边际贡献　　　　　　　　　　　　B. 销售收入

    C. 销售利润　　　　　　　　　　　　D. 边际收入

3. 多项选择题

1) 决策按规划时期长短分为 （　　）

    A. 经营决策　　　　　　　　　　　　B. 战略决策

    C. 投资决策　　　　　　　　　　　　D. 战术决策

2) 经营决策采用的方法主要有 （　　）

    A. 差别分析法　　　　　　　　　　　B. 贡献边际法

    C. 成本平衡点分析法　　　　　　　　D. 相关成本分析法

3) 采用边际贡献法在评价各备选方案优劣时所使用的边际贡献其含义是指 （　　）

    A. 贡献边际总额　　　　　　　　　　B. 单位工时贡献边际

    C. 边际贡献增减　　　　　　　　　　D. 单位产品贡献边际

4) 亏损产品决策由于并不涉及现有生产能力和固定成本总额变动,因此在分析其变动成本之

    后,就能决定亏损产品是否应该 （　　）

    A. 停产　　　　　　　　　　　　　　B. 继续生产

    C. 直接出售　　　　　　　　　　　　D. 直接报废

5) 产品最优售价应该是指 （　　）

    A. 产品最高售价

    B. 能够促进企业获得最大利润的售价

    C. 边际收入等于或接近于边际成本时候的产品售价

    D. 能够获得最大销售收入的售价

4. 计算分析题

1) 资料：华海公司正常生产经营情况下每年需用 W 零件 18 000 件，如从市场购进，其市场平均售价每个 60 元。企业有能力安排辅助生产车间自选生产。经会计部门和生产技术部门初步估算后，预计每个零部件生产成本构成如下：

直接材料	40 元
直接人工	10 元
制造费用	
其中：变动制造费用	8 元
固定制造费用	6 元
单位零件成本	64 元

该企业辅助生产车间若不生产零部件，生产设备并无其他用途。同时，该企业自制零部件需增加一台专用设备并为此每年增加专属固定成本 40 000 元。

要求：采用相关成本分析法做出该企业零部件自制或外购的选择。

2) 资料：华海公司生产所需用 F 零件既可以自制，又可以从企业外部购买。若从市场直接采购，每个市场售价 500 元；若安排企业生产车间剩余生产能力自行生产，其单位零件生产成本构成情况经初步分析如下：

直接材料	190 元
直接人工	110 元
制造费用	
其中：变动制造费用	100 元
固定制造费用	90 元
单位零件成本	490 元

同时，该企业采用自制零件的话，还需增加专属固定成本 16 000 元。

要求：通过成本平衡点分析法确定该企业在什么情况下零件采用自制方案为优，在什么情况下采用外购方案为优。

3) 华海公司现有设备生产能力是 20 000 机器工时，尚有 30% 的剩余生产能力。企业准备利用这些剩余生产能力开发甲、乙两种新产品。两种新产品市场销售均不受限制，有关产品售价和成本资料，如表习 5-1 所示。

表习 5-1　甲、乙产品售价和成本表

项　　目	甲　产　品	乙　产　品
单位产品定额工时（小时）	3	1
单位产品售价	55	35
单位变动成本	15	20

要求：根据以上资料采用贡献边际法作出开发哪种新产品更为有利的决策。

4）华海公司生产甲、乙、丙三种产品，上年度年终决算后三种产品盈利情况如表习 5 - 2 所示。

表习 5 - 2　甲、乙、丙产品税前利润表

项　　目	甲产品	乙产品	丙产品	合　　计
销售收入	90 000	84 000	90 000	264 000
变动成本	70 000	69 600	81 000	220 600
固定成本	12 500	12 500	15 000	40 000
税前利润	7 500	1 900	−6 000	3 400

要求：根据上述资料，对下列三种情况分别分析该企业亏损丙产品是否应该停产作出选择。

(1) 生产能力不能转移；

(2) 生产丙产品的设备若出租可实现每年 12 000 元的租金；

(3) 可转产甲产品。

5）华海公司准备加工一种轴承，有两种加工工艺可供选择：一种是采用普通的加工工艺，即主要使用普通车床加工，其年固定成本 2 000 元，产品单位变动成本 180 元；另一种是采用先进的加工工艺，即主要使用数控车床，年固定成本 10 000 元，产品单位变动成本将比普通工艺降低 80 元，这种轴承的单位售价 240 元。

要求：采用成本平衡点分析法作出如下决策：企业在什么情况下采用普通工艺加工为宜？在什么情况下采用先进加工工艺较优。

6）某企业生产一种产品，原单位产品售价 140 元，单位变动成本 60 元，固定成本总额 6 000 元，销售量 100 件。若单位产品售价继续下降，销售量将随即增加，预计其单位产品售价和销售量相关变化资料，如表习 5 - 3 所示。

表习 5 - 3　单位产品售价和销售量表

单位售价(元)	140	130	120	110	100	90	80
销售量(件)	100	200	300	400	500	600	700

要求：通过收入和成本的计算分析，对该企业最优单位产品售价作出选择。

7）某公司生产一种零件，全年生产能力为 7 200 件，而企业每天需耗用该零件 10 件，生产该零件每批准备成本为 400 元，每一零件的年储存成本为 8 元。

要求：确定该零件的最优生产批量。

6

投资决策分析

导　读

云江轮渡公司拥有渡轮多艘,其中一艘已相当陈旧,财务经理提出淘汰旧船,购置新船的建议。

新船的买价为 400 000 元,可望运行 10 年,每年的运行成本为 120 000 元。估计 5年后需大修一次,修理成本为 25 000 元,10 年结束时,估计残值为 50 000 元。

业务经理认为,凭他多年的工作经验,该船通过全面翻新,尚能继续发挥其运行效益。他提出了翻修旧船的方案。经测算分析,翻修的成本为 200 000 元,估计 5 年后还需大修一次,修理成本为 80 000 元。如修理计划得到实施,旧船也可望运行 10 年。10年内每年的运行成本为 160 000 元。10 年后,其残值也是 50 000 元。

财务经理已经联系好了一家航运公司,愿意出价 70 000 元购买淘汰的旧船。

公司要求投资报酬率不低于 18%。

请你替公司盘算盘算,这两个方案,哪个更好些?学了本章后,请给公司决策层写份分析报告。

【学习目标】

了解投资决策的含义、分类及特点;熟练掌握货币时间价值和现金流量的概念及其计算;了解投资决策分析方法的种类;掌握投资利润率法和静态投资回收期法;重点掌握净现值法、现值指数法、内含报酬率法的计算,并能熟练加以运用。

【重点与难点】

现金流量的含义及其计算,货币时间价值的含义及其计算,净现值法、现值指数法、内含报酬率法及等年值法的计算及其应用。

6.1 投资决策概述

6.1.1 投资决策的含义、分类及特点

1. 投资决策的含义

投资决策是指通过对一个投资项目的各种方案进行对比分析,从中选择最优方案的过程。广义的投资决策包括长期投资决策和短期投资决策,狭义的投资决策仅指长期投资决策。长期投资决策牵涉面大、影响时间长、投资数额多、回收期长,对企业的生存和发展有极大的影响。

2. 投资决策的分类

1) 按投资影响程度的不同,分为战略性投资决策和战术性投资决策。战略性投资决策,指影响企业全局的长期性投资决策。例如,改变企业发展方向和目标、产品更新换代、技术更新改造、开发对企业未来有重大影响的新产品等方面的决策。这类投资决策的影响面广,关系到企业的前途和命运,所以称其为战略性投资决策。

战术性投资决策,指在战略执行过程中的具体战术决策。例如,增加花色品种、提高产品质量、降低产品成本、一种或几种产品的更新换代、更新设备的购买方案等方面的决策。这类决策影响的只是企业的局部范围,是企业战略实施的重要环节或构成内容。

2) 按投资对象的不同,分为固定资产投资决策和有价证券投资决策。固定资产投资决策,指为了增加固定资产数量或提高固定资产效率,扩大生产能力的投资决策。例如,新建、改建和扩建固定资产,购置或融资租赁固定资产等不同情况的投资决策。

有价证券投资决策,指企业以有价证券替代大量非盈利现金,并在一定时期获得变现收益的投资决策。例如,购买股票、债券、期权等证券的投资决策。

3) 按投资次数不同,分为一次投资决策和多次投资决策。一次投资决策,指项目投资一次即可完成的投资决策。多次投资决策,指项目投资要通过几次或几期才能完成的投资决策。

3. 长期投资决策的特点

长期投资决策与短期投资决策相比,具有以下显著特点:

1) 长期投资决策一般均涉及企业生产能力或规模的变化,而短期投资决策涉及的大多是在现有生产能力下如何提高企业经营效益的问题。

2) 长期投资决策要比短期投资决策的风险大。一个投资项目从立项到论证和决策实施,常常需较长时间。在此期间,实施决策的诸多因素包括市场供应、技术发展、国家政策、法令以及国内外同行业竞争对手的状况等,都可能发生新的变化。如

果在这较长的时期内不能充分估计有关因素的影响,就会严重影响企业的财务状况和现金流量,长期制约企业经济效益的提高,影响决策预期目标的实现,甚至可导致企业破产。

3）长期投资决策过程要比短期投资决策复杂得多。由于一次长期投资从立项、分析论证、评价择优到项目的决策实施,不仅经历的时间长、环节多,而且涉及面广。譬如:技术上是否先进实用;生产是否安全、可靠;经济上是否具有效益;政治上是否符合国家有关政策法令;宏观效果上是否有助于国家资源的优化配置等等。

6.1.2 项目投资的含义、主体及项目计算期的构成

1. 项目投资的含义

企业投资按照其内容不同可分为项目投资、证券投资和其他投资等类型。项目投资是一种以特定项目为对象,直接与新建项目或更新改造项目有关的长期投资行为。

新建项目是以新增生产能力为目的的外延式扩大再生产。新建项目又可细分为单纯固定资产投资项目和完整工业投资项目。单纯固定资产投资仅包括为取得固定资产而发生的垫支资本投入而不涉及周转资本的投入。完整工业投资项目不仅包括固定资产投资,而且涉及流动资金投资,甚至包括无形资产、递延资产等其他长期资产项目。

更新改造项目是以恢复或改善生产能力为目的的简单再生产或内涵式扩大再生产。

2. 项目投资的主体

项目投资主体是各种投资人的统称,是具体投资行为的主体。从企业项目投资的角度看,其直接投资主体就是企业本身。企业在进行项目投资决策时,首先关心的是全部投资资金的投放和回收的情况,而不论这些资金究竟来源于何处。因此,本章主要从企业这一投资主体的角度去研究投资决策问题。

3. 项目计算期的构成

项目计算期是指投资项目从投资建设开始到最终清理结束止整个过程的全部时间,即该项目的有效持续期间。完整的项目计算期包括建设期和生产经营期。其中建设期（记作 s）的第 1 年年初称为建设起点,建设期的最后一年年末称为投产日,项目计算期的最后一年末（记作 n）称为终结点,从投产日到终结点之间的时间间隔称为生产经营期（记作 p）。项目计算期、建设期和

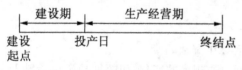

图 6-1 项目计算期示意图

生产经营期之间的关系如图 6-1 所示。

即 项目计算期(n) = 建设期(s) + 生产经营期(p)

6.2 现 金 流 量

6.2.1 现金流量的含义、内容

1. 现金流量的含义

现金流量是指由一项长期投资方案所引起的企业未来一定期间内所发生的现金收支。其中这里的"现金",是指广义的现金,它不仅包括现金、银行存款等各种货币资金,而且还包括项目需要投入的、企业拥有的非货币性资产的变现价值。如某项目需要使用原有的厂房、设备和材料等,则相关的现金流量还应包括这些非货币性资产的变现价值。现金流量是企业长期投资决策中需要考虑的重要因素。

2. 现金流量的内容

现金流量的内容包括现金流入量、现金流出量和现金净流量。具体分述如下:

1) 现金流出量。现金流出量是指能够使投资方案的现实货币资金减少或需要动用现金的项目,简称为现金流出。现金流出量一般包括以下内容:

(1) 建设投资。包括在建设期内按一定生产经营规模和建设内容进行的固定资产、无形资产以及开办费等的投资,是建设期的主要现金流出量。

(2) 流动资金投资。就是指有关项目所发生的用于生产经营期间周转使用的营运资金投资,又称为垫支流动资金。

建设投资和流动资金投资合称为初始现金流量。

(3) 经营成本。就是在经营期内,为满足正常生产经营而动用的现实货币资金所发生的成本费用。经营成本也称为付现成本,它不包括如折旧、无形资产摊销等非付现成本。它是生产经营阶段中最主要的现金流出量项目。

(4) 各项税款。无论是流转税还是所得税,都需用货币资金来支付,因而必然减少企业的货币资金量,从而形成现金流出。

2) 现金流入量。现金流入量是指能够使投资方案的现实货币资金增加的项目,简称为现金流入。现金流入量一般包括以下内容:

(1) 营业收入。指项目投产后每年实现的全部销售收入或业务收入,它是经营期主要的现金流入量项目。营业收入、经营成本和各项税款,并称为营业现金流量。

(2) 回收固定资产余值。指投资项目的固定资产在终结点报废清理或中途变价转让处理时所回收的价值。

(3) 回收流动资金。主要指新建项目在项目计算期完全终止时(即终结点),因不再发生新的替代投资而回收的原垫付的全部流动资金投资额。回收固定资产余值和回收流动资金,并称为终结现金流量。

3) 净现金流量。净现金流量又称现金净流量(记作 NCF),是指在项目计算期内由每年现金流入量与同年现金流出量之间的差额所形成的序列指标,它是计算项目投资决策评价指标的重要依据。

6.2.2 净现金流量的确定

1. 计算净现金流量的假设

1) 时点假设。现金流出和现金流入,应该是在各个会计期间内逐渐发生的。为了计算方便,我们假定投资额在建设期各年初一次性发生,而营业收入、经营成本和终结现金流量在经营期各自的年末一次性发生。

2) 全投资假设。假定全部投资额均为投资主体的自有资金,不存在利息支出。如果实际发生了利息支出而减少了净利润,应该把利息支出加回到净现金流量中。这是因为编制现金流量表的目的是为计算投资决策指标,如净现值等做准备。利息费用之类的支出,在计算投资决策指标时一起扣除,全投资假设就是为了避免发生重复扣除利息费用的现象。

2. 净现金流量的计算

根据净现金流量的定义,可将其理论计算公式归纳为:

净现金流量＝现金流入量－现金流出量　　　(通用算式)

　　　　　＝营业收入－付现成本－所得税　　(适用于经营期)

　　　　　＝净利润＋折旧＋摊销额＋利息费用＋回收流动资金
　　　　　＋回收固定资产余值　　　　　(适用于经营期和终结期)

1) 完整工业项目的现金净流量计算。

【例6-1】 已知某工业项目需要固定资产投资400万元,资本化利息60万元,开办费投资10万元,流动资金投资20万元。建设期1年,固定资产和开办费于建设起点一次投入,流动资金于完工时投入,该项目经营期10年,固定资产直线法提折旧,期满有40万元净残值,开办费于投产当年一次摊销完毕。预计投产后第1年获利25万元,以后每年递增20万元;流动资金于终结点一次收回。

解 根据所给资料计算相关指标如下:

(1) 项目计算期＝建设期＋经营期＝1＋10＝11(年)

(2) 固定资产原值＝400＋60＝460(万元)

(3) 固定资产年折旧额＝$\dfrac{460-40}{10}$＝42(万元)

(4) 投产后各年利润为:25、45、65、85、105、125、145、165、185、205万元

(5) 终结点回收额＝20＋40＝60(万元)

(6) 建设期净现金流量:

$$NCF_0 = -(400 + 10) = -410（万元）$$

$$NCF_1 = -20（万元）$$

（7）经营期净现金流量：

$$NCF_2 = 25 + 42 + 10 = 77（万元）$$

$$NCF_3 = 45 + 42 = 87（万元）$$

$$NCF_4 = 65 + 42 = 107（万元）$$

$$NCF_5 = 85 + 42 = 127（万元）$$

$$NCF_6 = 105 + 42 = 147（万元）$$

$$NCF_7 = 125 + 42 = 167（万元）$$

$$NCF_8 = 145 + 42 = 187（万元）$$

$$NCF_9 = 165 + 42 = 207（万元）$$

$$NCF_{10} = 185 + 42 = 227（万元）$$

$$NCF_{11} = 205 + 42 + 20 + 40 = 307（万元）$$

2）单纯固定资产投资项目净现金流量计算。

建设期某年净现金流量＝－该年发生的固定资产投资额

经营期某年净现金流量＝因使用固定资产新增净利＋该固定资产新增折旧

＋回收固定资产净残值

【例6-2】 已知某公司拟购建一项固定资产，需投资360万元，使用期10年，期末有10万元净残值，直线法提折旧。在建设起点一次投入资金360万元，当月可建成投产。预计投产后每年可获利45万元。

根据所给资料计算相关指标如下：

（1）固定资产原值＝360（万元）

（2）固定资产年折旧额＝$\dfrac{360 - 10}{10}$＝35（万元）

（3）建设期某年净现金流量＝－该年发生的固定资产原始投资额

$$NCF_0 = -360 万元$$

（4）经营期某年净现金流量＝该年（利润＋折旧＋摊销额＋利息费用＋回收额）

则经营期各年净现金流量为：

$$NCF_{2-9} = 45 + 35 + 0 = 80(万元)$$
$$NCF_{10} = 45 + 35 + 10 = 90(万元)$$

3）更新改造项目净现金流量计算。

（1）建设期为零的更改项目。

建设期净现金流量＝－（该年发生的新固定资产投资－旧固定资产变价净收入）

经营期第一年净现金流量＝该年因更改而增加的净利＋该年因更改而增加的折旧

　　　　　　　　　　　＋因旧资产提前报废发生净损失而抵减的所得税额

经营期其他各
年净现金流量＝该年因更改而增加的净利＋该年因更改而增加的折旧

　　　　　　　　＋回收新资产净残值超过继续使用旧资产净残值的差额

（2）建设期不为零的更改项目。

建设期某年的净现金流量＝－（该年发生的新固定资产投资

　　　　　　　　　　　－旧固定资产变价净收入）

建设期末的净现金流量＝因旧资产提前报废发生净损失而抵减的所得税额

经营期某年的
净现金流量＝该年因更改而增加的净利＋该年因更改而增加的折旧

　　　　　　　＋回收新资产净残值超过继续使用旧资产净残值的差额

【例 6-3】 某公司计划变卖一套 5 年前购置的、尚可使用 5 年的旧设备，另购置一套新设备进行更新。旧设备的原值为 103 万元，原计划使用 10 年，直线法折旧，净残值 3 万元。新设备投资额 83 万元，可用 5 年，直线法折旧，净残值 3 万元。旧设备变现收入 20 万元。使用新设备每年增加营业收入 20 万元，并增加经营成本 4 万元。新设备建设期为 0 年，企业所得税率 33%。

解　根据所给资料，分析计算如下：

旧设备原值为 103 万元，属于历史成本；每年应提取的折旧额为（103－3）÷10＝10万元，已使用 5 年，账面净值尚余 103－5×10＝53 万元，这属于沉没成本；而目前的变现价值只有 20 万元，这是重置成本。前两者是无关成本，决策时不需要予以考虑；重置成本是相关成本，决策时必须予以考虑。

新设备每年应提取的折旧额为（83－3）÷5＝16 万元。

（1）更新设备比继续使用旧设备增加的投资额＝83－20＝63（万元）

（2）经营期每年增加折旧额＝16－10＝6（万元）

（3）经营期每年增加总成本＝6＋4＝10（万元）

（4）经营期每年增加营业利润＝20－10＝10（万元）

（5）经营期2～5年，每年增加净利润＝10×（1－33％）＝6.7（万元）

经营期第一年因为变卖旧设备而损失53－20＝33万元，作营业外支出处理，可使当年的所得税少交33×33％＝10.89万元，从而相应增加净现金流量10.89万元。

于是，得到各年的差量净现金流量如下：

建设期差量净现金流量：

$$\Delta NCF_0 = -63（万元）$$

经营期第一年差量净现金流量：

$$\Delta NCF_1 = 增加的折旧＋增加的净利润 = 6＋6.7＋10.89 = 23.59（万元）$$

经营期第二到第五年的各年差量现金流量：

$$\Delta NCF_{2～5} = 6＋6.7 = 12.7（万元）$$

6.3　货币时间价值

6.3.1　货币时间价值的概念

货币时间价值，是指一定量的货币在不同时点上价值量的差额。如果现在存入银行100元钱，假设存款利率为10％，则1年后将变成110元。因为时间的原因，产生了10元钱的增值，这10元钱就是100元钱在1年时间里产生的时间价值。

货币在不同时点上具有不同的价值，随着时间的推移，货币将会发生增值，这说明了货币时间价值的客观存在。但是，并非任何货币都存在着时间价值，如将钱藏在保险箱里，不管放多长时间都不会有分毫的增加。只有将货币作为资本投入到生产经营活动中才能产生时间价值，即货币的时间价值产生于货币的周转过程。

为什么货币在周转过程中会产生时间价值呢？这是因为货币使用者把货币作为资本投入生产经营以后，劳动者借以生产新的产品，创造新的价值，从而带来利润，实现增值。周转使用的时间越长，所获得的利润越多，实现的增值越大。所以，货币时间价值的实质是货币周转使用后的增值额。如果货币是货币使用者从货币所有者那里借来的，则货币所有者要分享一部分货币的增值额。

货币时间价值可以有两种表示方式：① 用绝对数表示，即货币时间价值额，是指货币在生产经营过程中产生的增值额；② 用相对数表示，即货币时间价值率，是指不包括风险价值和通货膨胀因素的平均投资利润率或平均投资报酬率。货币时间价值的两种表示方式在实际工作中不作严格区分，通常用相对数——货币时间价值率表示。

货币时间价值所代表的是没有投资风险和通货膨胀因素的投资报酬率。银行存款利率、贷款利率、各种债券利率、股票的股利率都可以看作是投资报酬率,但它们与货币的时间价值是有区别的。因为,这些报酬率除了包含货币时间价值因素外,还包含了通货膨胀因素和投资风险价值。只有在购买国库券等政府债券时几乎没有风险,如果通货膨胀率很低的情况下,可以用政府债券利率来表示时间价值。

6.3.2 货币时间价值的计算

在计算资金时间价值之前,我们先引入终值和现值两个基本概念。终值又称将来值,是现在一定量现金在未来某一时点上的价值,俗称本利和。现值又称本金,是指未来某一时点上的一定量现金折合为现在的价值。终值与现值的计算涉及到利息计算方式的选择,目前有两种利息计算方式,即单利和复利。所谓单利就是指按本金计算利息,前期利息不与本金合并计算利息,即"本生利";所谓复利是指不仅要按本金计算利息,前期利息也要与本金合并计算利息,即"利滚利"。分期计息也是复利,投资决策一般是以复利为基础计算货币时间价值的。

1. 单利终值和现值的计算

单利终值的一般计算公式为:

$$F = P + P \cdot i \cdot n = P \cdot (1 + i \cdot n)$$

式中:F 为终值,即 n 期后的价值;P 为现值(或本金);i 为利率(一般指年利率);n 为计息期数。

单利现值的一般计算公式为:

$$P = \frac{F}{1 + i \cdot n}$$

2. 复利终值和现值的计算

复利终值是指一定量的本金按复利计算若干期后的本利和,即在复利的情况下包括本金和利息在内的未来价值。其计算公式为:

$$F = P(1 + i)^n$$

式中:F 表示复利终值;P 表示复利现值;i 表示复利利率;n 表示期数。

在复利终值的计算公式中,$(1+i)^n$ 称为复利终值系数,也叫做一元的复利终值,也可记作 $(F/P, i, n)$。因此,复利终值的计算公式又可以表示为:

$$F = P \cdot (F/P, i, n)$$

为了简化计算,可通过查复利终值系数表(见附表 1)的方法得到相应的复利终值系数值。

【例 6-4】 某人将 100 000 元投资于一项事业,若年投资报酬率为 10%,则经过 3 年时间的本利和为:

$$F = P(1+i)^n = P \cdot (F/P, i, n)$$

$$= 100\,000 \times (1+10\%)^3 = 100\,000 \times (F/P, 10\%, 3)$$

$$= 100\,000 \times 1.331 = 133\,100(元)$$

复利现值是复利终值的逆运算,它是指今后某一特定时间收到或付出的一笔款项,按折现率 i 所计算的现在时点价值。其计算公式为:

$$P = F(1+i)^{-n}$$

式中$(1+i)^{-n}$称为复利现值系数,也叫做一元复利现值,可记作$(P/F, i, n)$。因此,复利现值的计算公式又可以表示为:

$$P = F \cdot (P/F, i, n)$$

为了简化计算,可通过查复利现值系数表(见附表 2)的方法得到相应的复利现值系数值。

【例 6 - 5】 假设某项目投资报酬率为 12%,某人想在 5 年后获得本利和 100 000 元,此人现在应投入多少元?

$$P = F \cdot (1+i)^{-n} = F \cdot (P/F, i, n)$$

$$= 100\,000 \times (1+12\%)^{-5} = 100\,000 \times (P/F, 12\%, 5)$$

$$= 100\,000 \times 0.567\,4$$

$$= 56\,740(元)$$

3. 年金终值和现值的计算

年金是指一定时期内每次等额收付的系列款项,通常记作 A。年金的形式多种多样,如折旧、租金、利息、保险金、养老金、等额分期收款、等额分期付款、零存整取或整存零取储蓄等通常都采取年金的形式。

年金按照每次收付发生的时点不同,又可分为普通年金、即付年金、延期年金和永续年金四类。以下分别介绍各种年金终值和现值的计算方法。

1) 普通年金终值和现值的计算。普通年金是指一定时期每期期末等额的系列收付款项,又称后付年金。普通年金终值犹如零存整取的本利和,它是一定时期内每期期末收付款项的复利终值之和。其计算方法如图 6 - 2 所示。

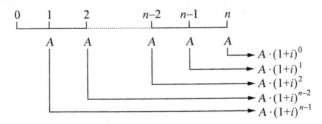

图 6 - 2 普通年金终值计算示意图

由图 6-2 可知,年金终值的计算公式为:

$$F = A \cdot (1+i)^0 + A \cdot (1+i)^1 + A \cdot (1+i)^2 + \cdots$$
$$+ A \cdot (1+i)^{n-2} + A \cdot (1+i)^{n-1} \tag{6-1}$$

将(6-1)式两边同时乘上(1+i)得:

$$F \cdot (1+i) = A \cdot (1+i)^1 + A \cdot (1+i)^2 + A \cdot (1+i)^3 + \cdots$$
$$+ A \cdot (1+i)^{n-1} + A \cdot (1+i)^n \tag{6-2}$$

将(6-2)式减去(6-1)式得:

$$F \cdot i - A \cdot (1+i)^n \cdot A = A \cdot [(1+i)^n - 1]$$

$$F = A \cdot \left[\frac{(1+i)^n - 1}{i} \right] = A \cdot (F/A, i, n)$$

上式中,F 为普通年金终值,A 为年金,i 为利率,n 为期数,方括号中的数值 $\frac{(1+i)^n - 1}{i}$,通常称为"普通年金终值系数",可记作 $(F/A, i, n)$,该系数值可直接查阅"普通年金终值系数表"(见附录 3)。

从算式的推导过程不难发现,年金终值系数就是连续的复利终值系数求和的结果。

【例 6-6】 某人计划在未来的 5 年中每年年底存入银行 1 000 元,若存款利率为复利 3%。问五年后的本利和为多少?

解 $$F = A \frac{(1+i)^n - 1}{i} = 1\,000 \times (F/A, 3\%, 5)$$
$$= 1\,000 \times 5.309\,1 = 5\,309.1(元)$$

普通年金现值是一定时期内每期期末收付款项的复利现值之和。其计算方法如图 6-3 所示。由图 6-3 可知,普通年金现值的计算公式为:

$$P = A \cdot (1+i)^{-1} + A \cdot (1+i)^{-2} + \cdots$$
$$+ A \cdot (1+i)^{-(n-1)} + A \cdot (1+i)^{-n} \tag{6-3}$$

将(6-3)式两边同乘(1+i)得:

$$P \cdot (1+i) = A + A(1+i)^{-1} + \cdots$$
$$+ A \cdot (1+i)^{-(n-2)} + A \cdot (1+i)^{-(n-1)} \tag{6-4}$$

将(6-4)式减去(6-3)式得:

$$P \cdot i = A - A \cdot (1+i)^{-n} = A \cdot [1 - (1+i)^{-n}]$$

$$P = A \cdot \left[\frac{1-(1+i)^{-n}}{i} \right] = A \cdot (P/A, i, n)$$

上式中,P 为普通年金现值;A 为年金;i 为折现率;n 为期数;方括号中的数值 $\frac{1-(1+i)^{-n}}{i}$ 通常称为普通年金现值系数,可记作 $(P/A, i, n)$,该系数值可直接查阅"普通年金现值系数表"(见附录4)。

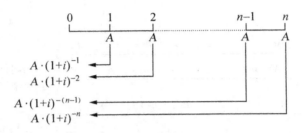

图 6-3　普通年金现值计算示意图

【例 6-7】 某人每年年末收到租金 1 000 元,为期 5 年,若按年利率 10％计算,某人在连续 5 年中所收租金的现值为多少钱?

解　　　　$P = A \cdot \frac{1-(1+i)^{-n}}{i} = 1\,000 \cdot (P/A, 10\%, 5)$

　　　　　　$= 1\,000 \times 3.791 = 3\,791(元)$

2) 预付年金终值和现值的计算。预付年金是指在一定时期内,每期期初有等额的收付款项的年金。预付年金与普通年金的区别仅仅在于收付款项的时间不同。因此,可以在普通年金的终值和现值计算公式的基础上,通过适当的调整,利用普通年金系数表来计算预付年金的终值和现值。

(1) 预付年金终值,是指一定期间内每期期初等额的系列收付款项的复利终值之和。n 期预付年金终值和 n 期普通年金终值之间的关系如图 6-4 所示。

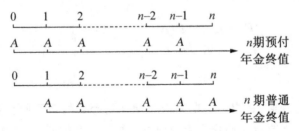

图 6-4　n 期预付年金终值与 n 期普通年金终值的关系

从图 6-4 中可以看出,n 期预付年金终值和 n 期普通年金终值的收付款项的期数相同,但因收付款项的时间不同,从而造成 n 期预付年金的每期款项均比 n 期普通年金的每期款项多计算一次利息。因此,只要将 n 期普通年金终值乘上 $(1+i)$,便可求得 n 期预付年金的终值。预付年金的终值用 F 表示,则其计算公式为:

$$F = A \cdot (F/A, i, n) \cdot (1+i)$$

此外,还可以根据 n 期预付年金终值和 $n+1$ 期普通年金终值之间的关系推导出另一计算公式。n 期预付年金终值和 $n+1$ 期普通年金终值之间的关系如图 6-5 所示。

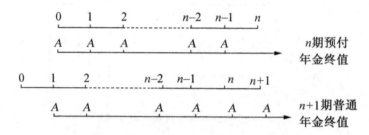

图 6-5 n 期预付年金终值与 $n+1$ 期普通年金终值的关系

从图 6-5 中可以看出,n 期预付年金终值和 $n+1$ 期普通年金终值的计息期数相同,但收付款项的期数不同,$n+1$ 期普通年金比 n 期预付年金多了一期不用计息的款项。因此,只要将 $n+1$ 期普通年金的终值减去这一期不用计息的款项 A,便可求得 n 期预付年金的终值。其计算公式为:

$$F = A \cdot (F/A, i, n+1) - A = A \cdot [(F/A, i, n+1) - 1]$$

如果把公式中的 $[(F/A, i, n+1) - 1]$ 称为预付年金终值系数,则它同普通年金终值系数相比,是"期数加1、系数减1",可利用普通年金终值系数表查得 $(n+1)$ 期的值,再减去 1 而得到。

【例 6-8】 若每年年初存入银行 200 元,年存款利率 5%,问 6 年后一共可取出多少本息?

解 $\quad F = A \cdot [(F/A, i, n+1) - 1]$
$\qquad\quad = 200 \times [(F/A, 5\%, 6+1) - 1]$
$\qquad\quad = 200 \times (8.142\,0 - 1) = 1\,428.40(元)$

(2)预付年金现值,是指一定期间内每期期初等额的系列收付款项的复利现值之和。n 期预付年金现值与 n 期普通年金现值之间的关系如图 6-6 所示。

从图 6-6 中可以看出,n 期预付年金现值和 n 期普通年金现值的收付款项的期数相同,但收付款项的时间不同,结果是 n 期预付年金的每期款项均比 n 期普通年金的每期款项少贴现一期。因此,只要将 n 期普通年金现值乘上 $(1+i)^{-1}$,便可得到 n 期预付

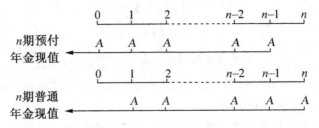

图 6-6　n 期预付年金现值与 n 期普通年金现值的关系

年金的现值。预付年金现值用 P 表示,则其计算公式为:

$$P = A \cdot (P/A, i, n) \cdot (1+i)$$

此外,还可以根据 n 期预付年金现值和 $n-1$ 期普通年金现值之间的关系推导出另一计算公式。n 期预付年金现值和 $n-1$ 期普通年金现值之间的关系如图 6-7 所示。

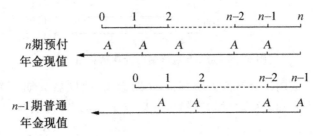

图 6-7　n 期预付年金现值与 $n-1$ 期普通年金现值的关系

从图 6-7 中可以看出,n 期预付年金现值和 $n-1$ 期普通年金现值的贴现期数相同,但收付款项的期数不同,结果是 n 期预付年金比 $n-1$ 期普通年金多出一期不用贴现的款项。因此,只要将 $n-1$ 期普通年金的现值加这一期不用贴现的款项 A,便可求得 n 期预付年金的现值。其计算公式为:

$$P = A \cdot (P/A, i, n-1) + A$$
$$= A \cdot [(P/A, i, n-1) + 1]$$

如果把公式中的 $[(P/A, i, n-1)+1]$ 称为预付年金现值系数,则它同普通年金现值系数相比,是"期数减 1、系数加 1",可利用普通年金现值系数表查得 $(n-1)$ 期的值,再加上 1 而得到。

【例 6-9】　6 年分期付款购物,每年初付 20 万元。设利率为 6%,该项分期付款相当于一次性现金支付的购价是多少?

解　　　　　　　　$P = A \cdot [(P/A, i, n-1) + 1]$

$$= 20 \times [(P/A, 6\%, 6-1)+1]$$

$$= 20 \times (4.2124+1)$$

$$= 104.25 (万元)$$

3）延期年金终值和现值的计算。延期年金是指在开始若干期没有收付款项，以后每期期末有等额收付款项的年金。

（1）延期年金终值，是指若干期后每期期末等额的系列收付款项的复利终值之和。

假设，前 m 期没有收付款项，后 n 期有等额的收付款项，则延期年金终值的计算可用图 $6-8$ 说明。

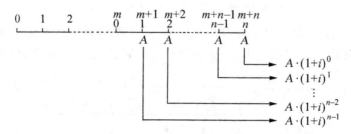

图 $6-8$　延期年金终值的计算示意图

由图 $6-8$ 可知，延期年金终值大小与前 m 期无关，只同后 n 期有关。因此，求延期年金终值只要考虑实际发生收付款项的后 n 期年金，其计算方法与普通年金终值的计算方法相同。

（2）延期年金现值，是指若干期后每期期末等额的系列收付款项的复利现值之和。

延期年金的现值用 P 表示，延期 m 期的延期年金现值的计算如图 $6-9$ 所示。

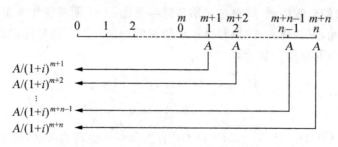

图 $6-9$　延期年金现值的计算示意图

由图 $6-9$ 可知，延期年金现值等于 $m+n$ 期普通年金现值减去实际没有发生收付款项的前 m 期普通年金现值后的差值。其计算公式为：

$$P = A \cdot (P/A, i, m+n) - A \cdot (P/A, i, m)$$

$$= A \cdot [(P/A, i, m+n)-(P/A, i, m)]$$

延期年金现值还可以用另一种方法计算。先求出延期年金在后 n 期的期初(即前 m 期的期末)的普通年金现值,因为前 m 期没有收付款项,该值就可看作前 m 期的复利终值,再将它贴现至前 m 期的第一期期初,求得的复利现值即为延期年金的现值。其计算公式为:

$$P = A \cdot (P/A, i, n) \cdot (P/F, i, m)$$

【例 6-10】 某公司向银行借入一笔资金,银行贷款的年利息率为 10%,合同规定前 5 年不用还本付息,但从第 6 年至第 15 年每年年末偿还本息 10 000 元,求这笔款项的现值。

解 第一种方法:

$$P = A \cdot [(P/A, i, m+n) - (P/A, i, m)]$$
$$= 10\ 000 \times [(P/A, 10\%, 5+10) - (P/A, 10\%, 5)]$$
$$= 10\ 000 \times (7.606\ 1 - 3.790\ 8) \approx 38\ 150(元)$$

第二种方法:

$$P = A \cdot (P/A, i, n) \cdot (P/F, i, m)$$
$$= 10\ 000 \times (P/A, 10\%, 10) \times (P/F, 10\%, 5)$$
$$= 10\ 000 \times 6.144\ 6 \times 0.620\ 9 \approx 38\ 150(元)$$

4) 永续年金现值的计算。永续年金是指无限期地连续收付款项的年金。如优先股的股利,若无限期地按时等额发放,这就是一种永续年金。

永续年金由于没有终止的时间,因此没有必要计算其终值。永续年金的现值就是期数为无限的普通年金现值,其计算公式可以从普通年金现值的计算公式推导得出。

普通年金现值的计算公式为:

$$P = A \cdot \frac{1 - (1+i)^{-n}}{i}$$

当 $n \to \infty$ 时,$(1+i)^{-n} \to 0$,则永续年金现值的计算公式为:

$$P = \frac{A}{i}$$

【例 6-11】 某企业拟计划建立一项永久性的奖励基金,每年计划颁发 20 000 元奖金。若年利率为 10%,则该企业现在应存入多少钱?

解 $$P = \frac{A}{i} = \frac{20\ 000}{10\%} = 200\ 000(元)$$

4. 名义利率与实际利率

上面讨论的有关计算均假定计息期为一年,利率为年利率,每年复利一次。当实际计息期不是一年时,所公布的年利率为名义利率,记为 r,实际计算时要将名义利率调整为实际利率 i。当一年内多次计息时,实际利率与名义利率之间的关系为:

$$1 + i = \left(1 + \frac{r}{m}\right)^m$$

即

$$i = \left(1 + \frac{r}{m}\right)^m - 1$$

式中,r 为名义利率,即计息期不为一年但仍然用年表示的利率;i 为实际利率;M 表示每年计算复利的次数。

【例 6-12】 某公司发行面值为 1 000 元的 5 年期债券,其年利率为 8%。如果每年付息一次,则利率 8% 为实际利率;如果每年付息 4 次,每次付息 2%,此时利率 8% 为名义利率,其实际利率为:

$$i = (1 + 8\%/4)^4 - 1 = 8.243\%$$

6.4 投资决策方法

企业在进行投资决策时,必须对各备选方案的经济效益进行评价,择其有利者而行之,这就需要采用一定的评价方法。在这些方法中,按其是否考虑货币时间价值可以分为静态决策方法与动态决策方法两大类。

静态决策方法不考虑货币时间价值,也可称为非贴现的现金流量法。这类方法的特点是在分析、评价投资方案时,对各个不同时期的现金流量,不按货币时间价值进行统一换算,而是直接按投资项目所形成的现金流量进行计算,主要包括投资利润率法和静态投资回收期法。

动态决策方法是结合货币时间价值来决定方案的取舍,也可称为贴现的现金流量法。这类方法的特点是把现金流出量、现金流入量和时间这三个基本因素联系起来进行分析和评价,主要包括净现值法、现值指数法、内含报酬率法等。

6.4.1 静态决策方法

1. 投资利润率法

投资利润率法又称为投资报酬率法,是根据投资方案预期的投资利润率(记作 ROI)的高低来评价投资方案优劣的一种方法,它反映了利润与投资额之间的关系。

投资利润率的计算公式为:

投资利润率＝年平均净利润÷投资总额

在运用投资利润率法进行投资决策时,企业应首先确定要求达到的投资利润率或称必要的平均利润率,然后根据这一平均利润率对投资项目进行可行性分析。在进行具体决策时,只有投资利润率高于必要平均利润率的方案才能入选。在多个方案互相排斥的情况下,应选择投资利润率最高的方案,投资利润率越高,表明经济效益越好。

【例6-13】 某企业有A、B两种方案可供选择,A方案的投资额为80 000元,可以使用5年,每年可以获得净利润8 000元。B方案的投资额为60 000元,可以使用4年,每年可以获得的净利润为:第一年9 500元,第二年10 000元,第三年12 000元,第四年8 000元。

则A、B方案的投资报酬率计算如下:

A方案的投资报酬率＝8 000÷80 000×100%＝10%

B方案的投资报酬率＝[(9 500＋10 000＋12 000＋8 000)÷4]÷60 000×100%

＝16.46%

以上计算结果表明,B方案的投资报酬率高于A方案。

投资利润率法的优点是简便、易懂,且该指标不受建设期的长短、投资方式、回收额的有无以及净现金流量的大小等条件的影响,能够说明各投资方案的收益水平。该指标的主要缺点在于:① 没有考虑货币的时间价值;② 投资收益中不含折旧,没有完整地反映现金流入量。因此,该方法不能准确地反映投资方案的真实效益,只能作为投资决策的辅助方法加以运用。

2. 静态投资回收期法

静态投资回收期法(记作PP),是根据回收全部原始投资总额的时间长短来评价方案优劣的一种方法。

在采用这种方法时,根据每年的现金净流量情况,又有两种具体计算办法:

1) 当每年的现金净流量相等时,只需将原始投资总额除以每年的现金净流量,即:

$$静态投资回收期＝原始投资总额÷每年相等的现金净流量$$

2) 当每年的现金净流量不等时,需要逐年测试。累计每年的现金净流量,直到年末累计现金净流量达到原始投资额的那一年为止。

在应用静态投资回收期法进行投资决策时,企业通常将投资方案的静态投资回收期与投资者既定的期望静态投资回收期进行比较。若投资方案的静态投资回收期小于或等于投资者既定的期望静态投资回收期,则投资方案可行;反之,则不可行。在对两个或两个以上的可行性方案进行比较时,以回收期短的为优。

【例6-14】 现有甲、乙、丙三种投资方案,有关资料如下表6-1所示。试计算各方案的静态投资回收期。

表 6 - 1　各投资方案的现金流量分布表　　　　单位：元

期　限（年）	现金净流量	投　资　方　案		
		甲	乙	丙
0	投资额	120 000	120 000	120 000
1	净流量	40 000	20 000	80 000
2	净流量	40 000	30 000	80 000
3	净流量	40 000	40 000	40 000
4	净流量	40 000	60 000	
5	净流量	40 000	50 000	
		200 000	200 000	200 000

解　甲方案的静态投资回收期：120 000÷40 000＝3(年)

乙方案每年的现金流量不等，需逐年测试。其前三年的累计净现金流量为 90 000 元，小于投资额；第四年的净现金流量为 60 000 元，前四年累计净现金流量为 150 000 元，大于投资额。可见其静态投资回收期在第三年和第四年之间。

乙方案的静态投资回收期＝3＋(120 000－90 000)÷60 000＝3.5(年)

同理可得丙方案的静态投资回收期为：

丙方案的静态投资回收期＝1＋(120 000－80 000)÷80 000＝1.5(年)

结果表明：丙方案的静态投资回收期最短，甲、乙方案的次之，因此应选择丙方案。

静态投资回收期的优点在于该方法计算简便，所需数据容易取得，同时能够直观地反映原始总投资的返本期限，便于理解。

静态投资回收期的缺点在于该方法没有考虑货币时间价值的因素，也没有考虑回收期满后继续发生的现金流量的变化情况，也就是说，它只反映了投资回收的速度，而没有反映投资的经济效益。因此，这种方法只能作为投资决策的辅助方法。

6.4.2　动态决策方法

1. 净现值法

一个方案的净现值是指该方案的未来现金净流量的现值减去其净投资额现值后的余额。换言之，净现值就是从投资项目开始直到项目终结这一期间所有现金流量的现值的代数和，记作 NPV。未来现金净流量的现值和净投资额的现值是由未来现金净流量和净投资额按行业基准收益率或其他设定折现率折算后得到的。

净现值法就是通过比较各个方案净现值的大小来评判其可行性并选择最优方案的一种方法。

净现值的基本公式如下：

$$NPV = \sum_{t=0}^{n} NCF_t (1+i)^{-t}$$

在进行投资项目的可行性分析时，凡是净现值 NPV 大于零的方案均可以被视为可行性方案，净现值小于零的方案为不可行方案；在若干投资额相等，且计算期相同的可行性方案中，净现值最大者为最优方案。

【例 6 - 15】 现有三个投资方案，其有关数据如表 6 - 2 所示：

表 6 - 2 各方案的现金净流量分布表 单位：元

项 目 年 度	方案 A	方案 B	方案 C
	现金净流量	现金净流量	现金净流量
0	−80 000	−80 000	−80 000
1	46 000	28 000	30 000
2	46 000	28 000	28 000
3	—	28 000	26 000
4	—	28 000	26 000

解 假定折现率 $i = 10\%$，则方案 A、B、C 的净现值为：

$$NPV(A) = 46\,000 \times (P/A, 10\%, 2) - 80\,000$$
$$= 46\,000 \times 1.735\,5 - 80\,000$$
$$= -167(元)$$

$$NPV(B) = 28\,000 \times (P/A, 10\%, 4) - 80\,000$$
$$= 28\,000 \times 3.169\,9 - 80\,000$$
$$= 8\,757.2(元)$$

$$NPV(C) = 30\,000 \times (P/F, 10\%, 1) + 28\,000 \times (P/F, 10\%, 2) + 26\,000$$
$$\times (P/F, 10\%, 3) + 26\,000 \times (P/F, 10\%, 4) - 80\,000$$
$$= 30\,000 \times 0.909\,1 + 28\,000 \times 0.826\,4 + 26\,000 \times 0.751\,3$$
$$+ 26\,000 \times 0.683\,0 - 80\,000$$
$$= 7\,704(元)$$

从以上计算可以看出，A 方案的净现值小于零，说明该方案无法给企业带来收益，在进行投资项目决策时,可以放弃该方案。B 方案和 C 方案的净现值均大于零,表明两个方案都是可行的。如果 B 方案和 C 方案为互斥方案,即企业决策者只能在两者中选择一个,由于 B 方案净现值大于 C 方案净现值,则应选择 B 方案。

净现值法的优点主要有:① 考虑了资金时间价值,增强了投资经济性的评价;② 考虑了项目计算期的全部净现金流量,体现了流动性与收益性的统一;③ 考虑了投资风险性,因为折现率的大小与风险大小有关,风险越大,折现率越高。

净现值法的缺点主要有:① 不能从动态的角度直接反映投资项目的实际收益率水平,当各项目投资额不等时,仅用净现值无法确定投资方案的优劣;② 净现金流量的测量和折现率的确定比较困难,而它们的正确性对计算净利现值有着重要影响。

2. 现值指数法

现值指数(记作 PI),是指投产后按行业基准收益率或设定折现率折算的各年净现金流量的现值合计与原始投资额的现值合计之比。其公式为:

$$PI = \frac{\sum\limits_{t=s+1}^{n} NCF_t \cdot (P/F, i_c, t)}{\left| \sum\limits_{t=0}^{s} NCF \cdot (P/F, i_c, t) \right|}$$

式中:分子为投产后各年净现金流量的现值合计,分母为原始投资现值合计的绝对值。

现值指数法,就是用现值指数的大小来评判投资方案的可行性及其优劣的一种投资决策方法。

采用现值指数这一指标进行投资项目决策的标准是:如果投资方案的现值指数大于 1,该方案为可行方案;如果投资方案的现值指数小于 1,该方案为不可行方案;如果几个方案的现值指数均大于 1,那么现值指数越大,投资方案越好。

【例 6-16】 以例 6-15 中的有关资料为例,求方案 A、B、C 的现值指数。

解 　　现值指数 $PI(A) = 46\,000 \times (P/A, 10\%, 2) \div 80\,000$

$$= 46\,000 \times 1.735\,5 \div 80\,000$$

$$= 0.998$$

现值指数 $PI(B) = 28\,000 \times (P/A, 10\%, 4) \div 80\,000$

$$= 28\,000 \times 3.169\,9 \div 80\,000$$

$$= 1.109$$

现值指数 $PI(C) = [30\,000 \times (P/F, 10\%, 1) + 28\,000 \times (P/F, 10\%, 2)$

$$+ 26\,000 \times (P/F, 10\%, 3) + 26\,000 \times (P/F, 10\%, 4)] \div 80\,000$$

$$= (30\,000 \times 0.909\,1 + 28\,000 \times 0.826\,4 + 26\,000 \times 0.751\,3$$

$$+ 26\,000 \times 0.683\,0) \div 80\,000$$

$$= 1.096$$

从上述计算结果可以看出,A 方案的现值指数小于 1,该方案不可行,B 方案和 C 方案的现值指数大于 1,因此 B 方案和 C 方案均为可行方案。如果方案 B 和方案 C 为互斥方案,由于 B 方案的现值指数大于 C 方案,所以应该选择 B 方案。可见,这一结论与净现值法所得出的结论是一致的。

现值指数法的主要优点是,可以进行独立投资项目获利能力的比较。这是因为现值指数是一个相对数,反映投资的效率;而净现值是绝对数,反映投资的效益。现值指数法的主要缺点是仍然存在着要预先确定一个最低报酬率或资金成本率作为折现率,而不能明确得出各投资方案的实际投资报酬率。因此,我们还需要运用另一种方法来弥补这一缺陷,这就是内含报酬率法。

3. 内含报酬率法

内含报酬率(记作 IRR),是指项目投资实际可望达到的报酬率,可将其定义为能使投资项目的净现值等于零时的折现率。即能满足下列等式的折现率 i,就是内含报酬率 IRR:

$$NPV = \sum_{t=0}^{n} (1+i)^{-t} = 0$$

内含报酬率法则是指根据投资方案的内含报酬率的高低来评价投资方案的可行性及其优劣的一种投资决策方法。

内含报酬率的具体计算如下:

(1) 当每年的现金净流量相等时,采用一次计算法。

① 根据货币时间价值中的年金现值计算公式可得年金现值系数,即:

年金现值＝年金×年金现值系数

年金现值系数＝原始投资总额现值÷投产后每年相等的净现金流量

② 查年金现值系数表,找出与上述年金现值系数相邻近的较小和较大的年金现值系数及其相对应的两个折现率。

③ 利用内插值法求得内含报酬率的近似值。

【例 6-17】 甲方案的投资总额为 5 万元,有效经营期为 10 年,采用直线法计提折旧,期满无残值。项目投产后每年可获得净利润 0.5 万元。

试求该方案的内含报酬率。

解 该项目年折旧额＝50 000÷10＝5 000(元)

$$营业现金净流量＝净利润＋折旧额$$
$$＝5 000＋5 000$$
$$＝10 000(元)$$

$$年金现值系数＝50 000÷10 000＝5.000 0$$

查"年金现值系数表",在第 10 年中,找到与年金现值系数 5.000 0 相邻的两个年金现值系数 5.018 8 和 4.833 2,其相对应的折现率为 15％和 16％。

利用内插值法:

折现率	年金现值系数
15％	5.018 8
IRR	5.000 0
16％	4.833 2

列出比例算式:

$$\frac{15\%－IRR}{15\%－16\%}＝\frac{5.018 8－5.000 0}{5.018 8－4.833 2}$$

解方程得: $IRR＝15.10\%$,这就是该方案的内含报酬率。

(2)各期的现金净流量不等时,须采用逐次测试法。

① 先估计一个折现率,代入有关计算净现值的公式,如果净现值为正,说明投资方案的内含报酬率比估计的折现率要高,应当重新估计一个较大的折现率来测算;如果净现值为负,则说明投资方案的内含报酬率比估计的折现率要低,应当重新估计一个较小的折现率来测算。这样反复测试,直到找出两个相邻近的折现率,使净现值一个为正数、一个为负数。

② 根据上述测试出的两个与净现值正负相邻的折现率,用内插值法求得近似的内含报酬率。

【例6-18】 乙投资方案(购买一台设备)的投资总额为 80 000 元,一次投入。该设备估计可使用 5 年,采用直线法计提折旧,期末残值为 5 000 元。预计该设备投产后第一年可获得净利润 5 000 元,以后每年递增 2 000 元。

试测算该方案的内含报酬率。

解 根据题意可知每年的折旧额为:

$$年折旧额＝(80 000－5 000)÷5＝15 000(元)$$

由于每年的现金流量不等,应逐步测试其内含报酬率,如表 6-3 所示。

表 6 - 3　现值试算表

年　次	年现金流入量	折现率 10%		折现率 15%		折现率 16%	
		现值系数	现　值	现值系数	现　值	现值系数	现　值
1	20 000	0.909 1	18 182	0.869 6	17 392	0.862 1	17 242
2	22 000	0.826 4	18 180.8	0.756 1	16 634.2	0.743 2	16 350.4
3	24 000	0.751 3	18 031.2	0.657 5	15 780	0.640 7	15 376.8
4	26 000	0.683 0	17 758	0.571 8	14 866.8	0.552 3	14 359.8
5	33 000	0.620 9	20 489.7	0.497 2	16 407.6	0.476 2	15 714.6
合　　计			92 641.7		81 080.6		79 044.6
原投资额		80 000		80 000		80 000	
净 现 值		12 641.7		1 080.6		−955.4	

由上表计算结果可知,内含报酬率在 15% 和 16% 之间,运用内插值法,求内含报酬率:

$$\begin{array}{cc} \text{折现率} & \text{净现值} \\ \left\{\begin{array}{l} 15\% \\ IRR \\ 16\% \end{array}\right. & \left\{\begin{array}{l} 1\,080.6 \\ 0 \\ -955.4 \end{array}\right. \end{array}$$

$$IRR = 15\% + [(1\,080.6 - 0)$$
$$\div (1\,080.6 + 955.4)] \times (16\% - 15\%)$$
$$= 15.53\%$$

　　采用内含报酬率这一指标的决策标准是将所测算的各方案的内含报酬率与其资金成本对比,如果方案的内含报酬率大于其资金成本,该方案为可行方案;如果投资方案的内含报酬率小于其资金成本,为不可行方案。如果几个投资方案的内含报酬率都大于其资金成本,且各方案的投资额都相同,那么内含报酬率与资金成本之间差异最大的方案为最好。

　　内含报酬率法的优点在于该方法非常注重货币的时间价值,能以动态的角度直接反映投资项目的实际收益水平,且不受行业基准收益率高低的影响,比较客观。该方法的缺点在于计算内含报酬率指标的过程比较复杂,特别是对每年的现金流量不相等的投资项目,一般要经过多次测算才能求得。

6.4.3　投资决策评价指标的应用

1. 独立项目的财务可行性评价

　　在只有一个投资项目可供选择的条件下,需要利用评价指标考查该独立项目是否

具有财务可行性,从而做出接受或拒绝该项目的决策。评价时具体应注意以下几点:

(1) 如果某一投资项目的评价指标同时满足以下条件,则可以断定该投资项目无论从哪个方面看都具备财务可行性,应当接受此投资方案。这些条件是:

净现值 $NPV \geqslant 0$

现值指数 $PI \geqslant 1$

内含报酬率 $IRR \geqslant i_c$

静态投资回收期 $PP \leqslant n/2$(即项目计算期的一半)

投资利润率 $ROI \geqslant$ 基准投资利润率 i(事先给定)

(2) 如果某一投资项目的评价指标同时不满足上述条件,即同时发生以下情况(如 $NPV < 0$, $PI < 1$, $IRR < i$, $PP > \dfrac{n}{2}$, $ROI < i$,就可以断定该投资项目无论从哪个方面看都不具备财务可行性,应当放弃该投资方案。

(3) 当静态投资回收期(次要指标)或投资利润率(辅助指标)的评价结论与净现值等主要指标的评价结论发生矛盾时,应当以主要指标的结论为准。

如果在评价过程中发现某项目的主要指标 $NPV \geqslant 0$, $PI \geqslant 1$, $IRR \geqslant n$,但次要或辅助指标 $PP > \dfrac{n}{2}$, $ROI < i$,可断定该项目基本上具有财务可行性;相反,如果出现 $NPV < 0$, $PI < 1$, $IRR < i_c$ 的情况,即使 $PP \leqslant \dfrac{n}{2}$,或 $ROI \geqslant i$,也可基本断定该项目不具有财务可行性。

(4) 利用净现值、现值指数和内含报酬率对同一个独立项目进行评价,会得出完全相同的结论。

【例 6-19】 已知某固定资产投资项目方案的原始投资为 200 万元。项目计算期为 20 年,投资者要求投资利润率不低于 9%,行业基准折现率为 10%。有关投资决策评价指标分别为:

$ROI = 15\%$, $PP = 8$ 年, $NPV = +50.88$ 万元, $PI = 1.67$, $IRR = 13.25\%$。

依题意

$$ROI = 15\% > 9\%, \quad PP = 11 \text{ 年} > \frac{n}{2} = 10 \text{ 年}$$

$$NPV = +50.88 \text{ 万元} > 0$$

$$PI = 1.170\,4 > 1$$

$$IRR = 13.25\% > i = 10\%$$

计算表明该方案各项主要评价指标均达到或超过相应标准,所以它具有财务可行性,只是静态投资回收期较长,有一定风险。

2. 多个互斥方案的比较与优选

项目投资决策中的互斥方案是指在决策时涉及到的多个相互排斥、不能同时并存的投资方案。互斥方案决策过程就是在每一个入选方案已具备财务可行性的前提下，利用具体决策方法比较各个方案的优劣，利用评价指标从各个备选方案中最终选出一个最优方案的过程。

(1) 净现值法用于原始投资相同且项目计算期相等的多方案比较决策，即可以选择净现值大的方案作为最优方案。举例说明如下：

【例 6-20】 某个固定资产投资项目需要原始投资 100 万元，有 A、B、C、D 四个互相排斥的备选方案可供选择，各方案的净现值指标分别为 52.89 万元，31.27 万元，20.60 万元和 45.48 万元，按净现值法进行比较决策如下：

因为 A、B、C、D 每个备选方案的 NPV 均大于零，所以这些方案均具有财务可行性。

又因为 52.89＞45.48＞31.27＞20.60，所以 A 方案最优，其次为 D 方案，再次为 B 方案，最差为 C 方案。

(2) 差额投资内含报酬率法和等年值法适用于原始投资不相同的多方案比较。等年值法尤其适用于项目计算期不同的多方案的比较决策。下面简要介绍这两种方法。

所谓差额投资内含报酬率法，是指在两个原始投资额不同方案的差量净现金流量 ΔNCF 的基础上，计算出差额内含报酬率 ΔIRR，并据以判断方案孰优孰劣的方法。在此方法下，当差额内含报酬率指标大于或等于基准收益率或设定折现率时，原始投资额大的方案为优；反之，则投资额少的方案为优。ΔIRR 的计算过程和 IRR 一样，只是所依据的是 ΔNCF。该法还经常被用于更新改造项目的投资决策中，当项目的差额内含报酬率指标大于或等于基准收益率或设定的折现率时，应当进行更新改选；反之，就不应当进行此项更新改造。

【例 6-21】 某更新改造项目的差量净现金流量如本章例 6-3 的结果所示，即：

$\Delta NCF_0 = -63$ 万元，$\Delta NCF_1 = 23.59$ 万元，$\Delta NCF_{2\sim5} = 12.70$ 万元，设行业基准折现率为 10%。

要求：做出是否更新改造的决策。

解 试算一：

设 $i = 12\%$，$\Delta NPV = -63 + 23.59 \times (1+12\%)^{-1} + 12.70$

$$\times \frac{1 - (1+12\%)^{-4}}{12\%} \times (1+12\%)^{-1}$$

$$= -63 + 55.50 = -7.50(万元) \quad （小于 0，说明 12\% 过大）$$

试算二：

设 $i = 8\%$，$\Delta NPV = -63 + 23.59 \times (1+8\%)^{-1} + 12.70$

$$\times \frac{1-(1+8\%)^{-4}}{8\%} \times (1+8\%)^{-1}$$

$$=-63+60.79=-2.21(\text{万元})(\text{还小于0,说明8\%依然过大})$$

试算三：

设 $i=6\%$，$\Delta NPV = -63 + 23.59 \times (1+6\%)^{-1} + 12.70$

$$\times \frac{1-(1+6\%)^{-4}}{6\%} \times (1+6\%)^{-1}$$

$$=-63+63.77=0.77(\text{万元}) \quad (\text{说明6\%太小了点})$$

不再继续试算下去了,取试算二和试算三的结果,按比例推算法,可求得差额内含报酬率。

$$\begin{cases} \begin{cases} i=8\%, & \Delta NPV=-2.21 \\ IRR, & \Delta NPV=0 \\ i=6\%, & \Delta NPV=0.77 \end{cases} \end{cases}$$

有 $$\frac{8\%-IRR}{8\%-6\%} = \frac{-2.21-0}{-2.21-0.77}$$

解得： $IRR=6.52\%$，远小于设定的行业基准折现率10%。

结论：不应该更新设备！

等年值法是指根据所有投资方案的等年值指标的大小来选择最优方案的决策方法。某一方案等年值等于该方案净现值与相关的资本回收系数(即年金现值系数的倒数)的乘积。若某方案净现值为 NPV,设定折现率或基准收益率为 i,项目计算期为 n,则等年值可按下式计算：

$$A = NPV \cdot [1/(P/A, i, n)]$$

式中：A 为方案的等年值；$(P/A, i, n)$ 为 n 年、折现率为 i 的年金现值系数。

从算式可知,所谓的等年值,就是以净现值为年金现值而求得的年金。

【例 6-22】 某企业拟投资新建一条生产线。现有三个方案可供选择：甲方案的原始投资为 225 万元,项目计算期为 12 年,净现值为 110 万元；乙方案的原始投资为 210 万元,项目计算期为 10 年,净现值为 105 万元；丙方案的原始投资为 120 万元,项目计算期为 9 年,净现值为 -1.25 万元。行业基准折现率为 10%。按等年值法进行决策分析如下(计算结果保留两位小数)：

因为甲方案和乙方案的净现值均大于零,所以这两个方案具有财务可行性。

因为丙方案的净现值小于零,所以该方案不具有财务可行性。

甲方案的等年值＝甲方案的净现值×[1/(P/A, 10%, 12)]

$$= 110 \times [1/6.813\,7] = 16.14(万元)$$

$$乙方案的等年值 = 乙方案的净现值 \times [1/(P/A, 10\%, 10)]$$

$$= 105 \times [1/6.144\,6] = 17.09(万元)$$

因为 $17.09 > 16.14$，所以乙方案优于甲方案。

其实，等年值法只是对平均每年的净现值进行比较，并没有考虑原始投资额多少的影响，即没有考虑投入与产出的关系。我们只要稍加改造，其适用范围就更大。于是有其相对数形式等年值率：

$$等年值率 = 等年值 \div 原始投资额$$

$$甲方案的等年值率 = 16.14 \div 225 = 7.17\%$$

$$乙方案的等年值率 = 17.09 \div 210 = 8.14\%$$

可以断定，乙方案优于甲方案。

在所有方案中，等年值率最大的方案为最优方案。

6.4.4 投资决策案例分析

生民公司现有闲置资金 4 000 000 元，如何有效地使用这笔资金，公司总经理要求各有关部门提供决策资料。

技术情报科从近期收集的资料中，经过初步筛选，提供以下供公司投资的信息：

(1) 目前国内销售市场上中档数码照相机紧缺，预计今后 15 年内总需求量为 6 000 000 架，目前国内的年生产能力为 2 000 000 架，而且品种单调，功能不全。本公司有生产该类照相机的技术能力，力量雄厚，不仅可以保证产品质量，而且对改进功能、增加花色品种有潜力，对顾客有吸引力。

(2) 生产照相机需新建生产车间一幢，新增生产流水线一条。新建车间厂房预计投资 1 550 000 元，可使用 15 年，15 年后报废残值约 50 000 元。购建生产流水线有以下两个方案可供选择：

① 从国内市场订购生产流水线，并请设备安装公司施工安装，投资额为 3 100 000 元，预计整个工程工期 2 年，2 年后可正式投产，年生产能力 60 000 架。该流水线可连续使用 10 年，预计 10 年后报废有残值 100 000 元。

② 国际市场现有一条该类照相机旧生产流水线装置待售，售价折合人民币为 1 500 000 元，如购买该流水线还需支付进口关税、运杂费和安装费计人民币 960 000 元，预计建房安装工程需施工一年，一年后可正式投产，年生产能力为 50 000 架，该流水线可连续使用 6 年，预计 6 年后报废残值60 000 元。

不论从国内市场购入，还是从国际市场购入生产流水线，一切投资费用支出均需预先支付。

（3）汉盛联营电器有限公司是生产电子元器件的生产经营企业，目前产品销路较好，该厂为了扩大生产规模，正准备发行五年期公司债券，债券利息率为12％。

公司销售科经过市场调查，证实公司技术情报科提供的信息基本正确，数码照相机市场需求量很大，公司如生产该种产品，在能保证产品质量的前提下，订价350元/架，年销售量可望达到150 000架。

财会科根据上述部门提供的资料进行了成本预测，为了更好的成本预测，为决策投资提供下列资料：

（1）如愿从国内市场购入流水线进行生产，年固定成本为1 200 000元（包括厂房、流水线折旧费等，该厂固定资产折旧费用计算采用使用年限法）。如从国际市场购入流水线进行生产，年固定成本增加40 000元。

（2）数码相机生产的变动成本为252元（两条流水线一样）。

（3）数码相机销售税率为8％（流转税及其附加），所得税率为30％，银行借款利率为10％。

（4）车间厂房使用6年后，如不使用，可转让他厂，预计收回价款950 000元。如使用10年后不再使用，可转让收得价款550 000元。

根据上述资料，你认为该公司应如何进行决策？

解　1. 采用国内生产的流水线：

$$投资额＝1 550 000＋3 100 000＝4 650 000（元）$$

每年现金净流量（第三年末至第十二年末）

$$＝\{[350(1-8\%)-252]\times60 000-1 200 000\}(1-30\%)+400 000$$

$$＝2 500 000（元）$$

$$净现值＝2 500 000\times\frac{1-(1+10\%)^{-10}}{10\%}\times(1+10\%)^{-2}-4 650 000$$

$$＝8 045 386（元）$$

$$等年值＝8 045 386\div\frac{1-(1+10\%)^{-12}}{10\%}＝1 180 767（元）$$

$$等年值率＝1 180 767\div4 650 000＝25.39\%$$

2. 采用国外生产的流水线：

$$投资额＝1 550 000＋2 460 000＝4 010 000（元）$$

每年现金净流量（第二年末至第七年末）

$$＝\{[350(1-8\%)-252]50 000-1 240 000\}\times(1-30\%)+500 000$$

$$＝2 082 000（元）$$

$$净现值 = 2\,082\,000 \times \frac{1-(1+10\%)^{-6}}{10\%} \times (1+10\%)^{-1} - 4\,010\,000 = 4\,233\,320(元)$$

$$等年值 = 4\,233\,321 \div \frac{1-(1+10\%)^{-7}}{10\%} = 869\,547(元)$$

$$等年值率 = 869\,547 \div 4\,010\,000 = 21.68\%$$

3. 投资债券：利率为 12%，假设投资 5 年，每年付息，其等年值率不会高于 12%。

4. 方案选择：

采用国内生产线的等年值率远高于采用国外生产线，而且收益期也更长。明显应该采用国内生产线。债券的收益率过低，不需要考虑。

【思考题】

1. 什么叫投资决策，如何分类？

2. 长期投资决策与短期投资决策相比有什么特点？

3. 什么是现金流量，包括哪些内容，如何估算？

4. 什么是货币时间价值，为什么货币在周转过程中会产生时间价值？

5. 什么是年金，按照每次收付发生的时点不同，可分为哪几类？

6. 净现值法、现值指数法和内含报酬率法的决策标准及优缺点各是什么？

【练习题】

1. 单选题

1）表示资金时间价值的利息率是 （ ）

    A. 银行同期贷款利率   B. 银行同期存款利率

    C. 社会平均资金利润率   D. 加权资本成本率

2）某人将 10 000 元存入银行，银行的年利率为 10%，按复利计算，则 5 年后此人可从银行取出

                                                                     （ ）

    A. 17 716 元   B. 15 386 元   C. 16 105 元   D. 14 641 元

3）某人拟在 5 年后用 20 000 元支付孩子的学费，银行年复利率为 12%，此人现在应存入银行

                                                                       （ ）

    A. 12 000 元   B. 13 432 元

    C. 15 000 元   D. 11 348 元

4）永续年金是（ ）的特殊形式

    A. 普通年金   B. 先付年金   C. 即付年金   D. 延期年金

5）即付年金现值系数与普通年金现值系数的不同之处在于 （ ）

    A. 期数要减 1   B. 系数要加 1

    C. 期数要加 1，系数要减 1   D. 期数要减 1，系数要加 1

6）某企业借入年利率为 10% 的贷款，贷款期限为 2 年，贷款的利息按季度计算，则贷款的实际年利率为 （ ）

    A. 5.06%   B. 10.5%   C. 10.38%   D. 10%

7) 某企业年初借得 50 000 元贷款,10 年期,年利率 12%,每年末等额偿还。已知年金现值系数 $(P/A, 12\%, 10) = 5.650\ 2$,则每年应付金额为　　　　　　　　　　　　　（　　）

  A. 8 849 元   B. 5 000 元   C. 6 000 元   D. 28 251 元

8) 投资项目的建设起点与终结点之间的时间间隔称为　　　　　　　　　　　　　（　　）

  A. 项目计算期 B. 生产经营期 C. 建设期   D. 建设投资期

9) 下列各项中,属于长期投资决策静态评价指标的是　　　　　　　　　　　　　（　　）

  A. 投资利润率 B. 净现值   C. 现值指数   D. 内含报酬率

10) 当贴现率与内含报酬率相等时　　　　　　　　　　　　　　　　　　　　　（　　）

  A. 净现值不一定   B. 净现值大于零

  C. 净现值等于零   D. 净现值小于零

11) 在对原始投资额不同的互斥投资方案进行决策时,可采用的方法之一是　　　　（　　）

  A. 静态投资回收期法   B. 年等额净回收额法

  C. 净现值法   D. 现值指数法

12) 如果某一投资方案的净现值大于零,则必然存在的结论是　　　　　　　　　（　　）

  A. 投资回收期在一年以内   B. 现值指数大于 1

  C. 投资报酬率高于 100%   D. 年均现金净流量大于原始投资额

13) 下列说法不正确的是　　　　　　　　　　　　　　　　　　　　　　　　　（　　）

  A. 净现值法能反映各种投资方案的实际收益率

  B. 净现值法不能反映投资方案的实际报酬

  C. 投资利润率法简明易懂,但没有考虑到资金的时间价值

  D. 现值指数法有利于在初始投资额不同的投资方案之间进行对比

14) 以下不属于单纯固定资产投资项目的现金流出量的是　　　　　　　　　　　（　　）

  A. 固定资产投资   B. 流动资金投资

  C. 新增的经营成本   D. 增加的各项税款

15) 某投资项目原始投资为 12 000 元,当年完工投产,预计使用年限为 3 年,每年可获得现金净流量 4 600 元,则该项目的内含报酬率为　　　　　　　　　　　　　（　　）

  A. 7.33%   B. 7.68%   C. 8.32%   D. 6.68%

16) 某投资方案,当贴现率为 16% 时,净现值为 338 元;当贴现率为 18% 时,其净现值为 -22 元,该方案的内含报酬率为　　　　　　　　　　　　　　　　　　　　　（　　）

  A. 15.88%   B. 16.12%   C. 17.88%   D. 18.14%

2. 多选题

1) 计算复利终值所必需的资料有　　　　　　　　　　　　　　　　　　　　　（　　）

  A. 利率   B. 现值   C. 期数   D. 利息总额

2) 每期期初收款或付款的年金,称之为　　　　　　　　　　　　　　　　　　（　　）

  A. 普通年金   B. 即付年金   C. 先付年金   D. 延期年金

3) 延期年金的特点有　　　　　　　　　　　　　　　　　　　　　　　　　　（　　）

  A. 最初若干期没有收付款项   B. 最后若干期没有收付款项

  C. 其终值计算与普通年金相同   D. 其现值计算与普通年金相同

4) 评价投资方案的静态投资回收期指标的主要缺点有 （　　）

    A. 计算复杂，所需数据不易取得   B. 没有考虑资金时间价值

    C. 没有考虑回收期后的现金流量   D. 不能直观地反映原始总投资的返本期限

5) 净现值法与现值指数法的主要区别是 （　　）

    A. 前面是绝对数，后者是相对数

    B. 前者考虑了资金的时间价值，后者没有考虑资金的时间价值

    C. 前者的结论与内含报酬率法一致，后者的结论有时与内含报酬率法不一致

    D. 前者不便于在投资额不同的方案间比较，后者便于在投资额不同的方案间比较

6) 下列表述中正确的是 （　　）

    A. 净现值是未来报酬的总现值与初始投资额现值之差

    B. 当净现值等于零时，说明此时的贴现率为内部报酬率

    C. 当净现值大于零时，现值指数小于1

    D. 当净现值大于零时，说明该投资方案可行

7) 采用现值指数进行投资项目经济分析的决策标准是 （　　）

    A. 现值指数大于或等于1，该方案可行

    B. 现值指数小于1，该方案可行

    C. 几个方案的现值指数均小于1，指数越小方案越好

    D. 几个方案的现值指数均大于1，指数越大方案越好

8) 评价投资方案经济效果的方法中，（　　）是属于贴现的现金流量法

    A. 净现值法   B. 静态投资回收期法

    C. 内部收益率法   D. 现值指数法

9) 下列项目中，属于现金流入项目的有 （　　）

    A. 营业收入   B. 建设投资

    C. 回收流动资金   D. 回收固定资产残值

10) 净现值法的优点有 （　　）

    A. 考虑了资金时间价值

    B. 考虑了项目计算期的全部净现金流量

    C. 考虑了投资风险

    D. 可从动态上反映项目的实际投资收益率

3. 判断题

1) 一定时期内各期期末等额的系列收付款项叫即付年金。 （　　）

2) 即付年金终值系数是在普通年金终值系数的基础上，期数减1，系数加1所得的结果。 （　　）

3) 延期年金终值的大小与递延期无关，故计算方法和普通年金终值是一样的。 （　　）

4) 永续年金可以视为期限趋于无穷的普通年金。 （　　）

5) 用来代表资金时间价值的利息率中包含着风险因素。 （　　）

6) 在利率同为10%的情况下，第10年年末1元的复利现值系数大于第8年年末1元的复利现值系数。 （　　）

7) 当利息在一年内要复利几次时，名义利率比实际利率要高。 （　　）

8) 投资决策中使用的现金流量,实际上就是指各种货币资金。 （ ）

9) A 公司的净收益低于 B 公司的净收益,则 A 公司的现金净流量也低于 B 公司。 （ ）

10) 静态投资回收期指标不受建设期长短、投资回收时间先后及现金流量大小的影响。 （ ）

11) 在投资项目决策中,只要投资方案的投资利润率大于零,该方案就是可行方案。 （ ）

12) 当评价两个相互排斥的投资方案时,应该着重比较其各自的投资报酬率,而把其净现值放在次要地位。 （ ）

13) 净现值与现值指数之间存在一定的对应关系,当净现值大于零时,现值指数大于 1。 （ ）

14) 内含报酬率是能使投资方案净现值为零的贴现率。 （ ）

15) 在更新改造投资项目决策中,如果差额投资内部收益率小于设定折现率,就应当进行更新改造。 （ ）

4. 计算题

1) 货币时间价值的计算:

(1) 某人将 100 000 元投资于一项事业,年报酬率为 6%,求经过 3 年时间的期终金额。

(2) 某人拟在 5 年后获得本利和 100 000 元,假设投资报酬率为 10%,此人现在应投入多少元?

2) 货币时间价值的计算:

(1) 在 5 年当中每年年底存入银行 1 000 元,存款利率为 8%,求第五年末的本息之和。

(2) 某人出国 3 年,请甲代付房租,每年租金 10 000 元,设银行存款利率为 10%,某人应当现在给甲在银行中存入多少钱?

(3) 每年年初存入银行 200 元,年存款利率为 8%,问 6 年后一共可取出多少本息?

(4) 6 年分期付款购物,每年初付 200 元。设银行利率为 10%,该项分期付款相当于一次现金支付的购价是多少?

(5) 某公司向银行借入一笔资金,银行贷款的年利息率为 8%,银行规定前 3 年不用还本付息,但从第 4 年至第 10 年每年年末偿还本息 10 000 元。问:借款金额是多少?

(6) 拟建立一项永久性的奖励基金,每年计划颁发 10 000 元奖金。若利率为 10%,基金规模是多少?

(7) 三年总利率为 20%,问:年利率是多少?

(8) 月利率为千分之五,年利率为多少?

3) 某公司分期付款购买设备,付款期为 4 年,每年年初支付 30 000 元。设市场利率为 6%,则该设备一次支付现金的购买价是多少?

4) 某公司拟购置一处房产,房产公司提出两种付款方案:

(1) 从现在起,每年年初支付 20 万元,连续支付 10 次;

(2) 从第 5 年开始,每年年初支付 25 万元,连续支付 10 次。假设该公司的资金成本率(即最低报酬率)为 10%,你认为该公司应选择哪个方案?

5) 某公司有一投资项目,需要投资 6 000 万元(5 400 万元用于购买设备,600 万元用于追加流动资金)。预期该项目可使企业销售收入增加:第一年为 2 500 万元,第二年为 4 000 万元,第三年为 6 200 万元;经营成本增加:第一年为 500 万元,第二年为 1 000 万元,第三年为 1 200 万元;第 3 年末项目结束,收回流动资金 600 万元。假设公司适用的所得税率 40%,固定资产按 3 年用直线法折旧并不计残值。公司要求的最低投资报酬率为 10%。要求:

（1）计算确定该项目的净现金流量；

（2）计算该项目的净现值；

（3）计算该项目的回收期；

（4）计算该项目的投资利润率；

（5）如果不考虑其他因素，你认为该项目应否被接受？

6）假定甲公司目前拟购置一台设备，需款 100 000 元，该设备可用 6 年，使用期满有残值 4 000 元。使用该项设备可为企业每年增加净利 12 000 元，公司采用直线法计提折旧，公司的资金成本为 14%。

要求：试用下列两种方法来评价此购置方案是否可行。

（1）净现值法；（2）内含报酬率法。

7）甲企业有一台旧设备，现在考虑更新设备，资料如下：

（1）旧设备账面净值为 45 000 元，还可使用 4 年，4 年后报废残值为 5 000 元；

（2）购买新设备需投资 80 000 元，也可使用 4 年，4 年后有残值为 18 000 元；

（3）使用新设备可增加销售收入 8 000 元，降低经营成本 3 000 元；

（4）若现在出售旧设备可得价款 43 000 元，另外由于出售设备损失可抵减所得税 660 元；

（5）所得税率为 33%，资金成本为 10%。

要求：试作出是否更新设备的决策。

全面预算

160%增效从何而来

2004年中石化西北分公司新一届领导班子上任后,确立了"以企业战略为基础,全面实施预算管理"的新理念,积极推进财务系统改革,成立会计核算中心,实行分公司一级核算管理。与此同时,完善了以成本管理、资金管理、价税管理、资产管理为主要内容的财务管理框架,突出了预算管理在企业管理中的核心地位,财务工作迈出了由核算型向管理型转变的步伐。公司通过制定"1211"经营管理法则,明确持续推进全面预算管理"一条主线",完善投资成本管理和生产成本管理"两项体系",落实一本内控手册,强化生产经营过程管理,运用ERP系统将企业人、财、物、产、供、销等资源充分调配和平衡。这一系列措施和制度确保了公司预算指标的客观公正,易于全员、全方位、全过程推进全面预算管理,解决了过去主要以价值量预算为主线,主要由经营管理人员参与,预算编制与生产运行联系不够紧密,制定出的预算目标的价值量与工作量、实物消耗量不匹配,造成经营预算和生产实际不相符,约束力不强,无法在生产过程中全面体现以效益为中心的原则等问题,从而实现了产量和效益的统一。

公司从2004年9月推行全面预算管理的两年来,充分领略了全面预算管理的魅力,体会了全面预算管理对于追求产量最大、控制成本、降低费用、提高效益带来的巨大作用。2005年,与上年相比,利润猛增了160%。2006年上半年,各项财务指标再创新高! 厂长胡广杰深有感触地说:实行全面预算管理给采油厂带来的最大变化是,过去在生产过程中是先干后算,常常被资金紧张困扰,但是如果让自己具体地说哪里缺钱,为什么缺钱,又说不出来。现在通过先算后干,干中要算、干后也算,业务预算与财务预算相结合,生产的哪个环节缺钱,哪个环节有余,自上到下,自下到上,干部职工心里都有一本清楚的账本,做到了"干明白活,算效益账"。

讨论:什么是预算? 实施企业预算管理对企业有什么意义?

了解全面预算体系的构成和内容,弄清编制全面预算的基本原理和方法,掌握全面预算的编制,为学习标准成本会计和责任会计奠定基础。

全面预算体系和编制预算的具体方法,业务预算、专门决策预算和财务预算的编制,财务预算的具体编制。

7.1 全面预算概述

7.1.1 全面预算的意义

通过预测和决策分析,企业明确了未来经济活动各方面的主要目标和任务,为确保目标和任务的实现与完成,企业必须制定一个能够协调内部各个职能部门工作的全面预算,以此作为控制未来经济活动的依据,作为评价各责任单位业绩的标准。

全面预算就是企业为了实现一定时期内的既定目标,主要通过货币量度的形式把企业的总体规划数据化、格式化地反映出来,即用货币的形式来反映企业未来某一特定时期全部经济活动过程的详细计划。它以预测和决策为基础,使各个职能部门的管理人员知道在计划期间应该做什么,做多少,从而确保整个企业计划期间的工作顺利地进行。同时,它也是企业实施预算控制的基础。

全面预算作为企业总体规划的货币化反映,其作用主要表现在以下几个方面:

1. 明确计划期的工作目标和任务

企业总体目标的实现,需要各个职能部门的共同努力,编制全面预算不仅将企业计划期间的总体工作目标和总任务用货币的形式反映出来,而且将企业的总体目标分解、落实到各个职能部门,使各个职能部门了解企业的总目标,明确本部门的具体工作目标和任务。

2. 协调各个职能部门的工作

企业各个职能部门的经济活动与总体目标之间存在局部与整体的关系,局部的最优不一定带来全局的最优化,只有各部门从整体利益出发,相互配合、相互协调地开展工作,才能争取实现最佳经济效益。全面预算的编制,使各个职能部门清楚地看到本部门与企业整体的关系、本部门与其他部门的关系,促使各个部门自觉调整好自己的工作,齐心协力,向着共同的总体目标前进。

3. 控制企业的经济活动

全面预算作为控制企业各部门经济活动的主要依据,通过对各个职能部门的预算执行情况进行计量、对比,及时提供实际偏离预算的差异数额并分析其原因,肯定取得的成绩,指出存在的问题,提出改进措施,通过巩固成绩、挖掘内部潜力、改进存在问题,尽量使本部门的工作符合实现企业总体目标的需要。

4. 考核、评价实际工作业绩

全面预算不仅是控制企业各部门经济活动的主要依据,同时也是考核和评价各部门实际工作业绩的主要依据与重要标准。企业按照全面预算要求,定期对各个职能部门的工作进行考评,促使各部门努力按预算要求完成自己的任务,确保企业总体目标的实现。

7.1.2 全面预算体系的构成

为更好地理解和掌握全面预算的基本知识,正确编制科学的全面预算,发挥全面预算的现实作用,从而实现企业计划期间的奋斗目标,应当首先弄清全面预算体系的构成情况。

企业性质和规模的不同,全面预算体系和编制方法也会有所不同。通常情况下,完整的全面预算往往包括经营预算、专门决策预算和财务预算三个部分。经营预算是以企业计划期间日常发生的具有实质性的基本生产经营活动为对象而编制的预算,主要包括销售预算、生产预算、直接材料预算、直接人工预算、制造费用预算、产品成本预算、销售及管理费用预算等。专门决策预算是以企业计划期间不经常发生的长期投资决策项目或一次性专门业务活动为对象而编制的预算,主要包括资本支出预算和一次性专门业务预算。财务预算是以企业计划期间的现金收支、经营成果和财务状况为对象而编制的预算,主要包括现金预算、预计利润表和预计资产负债表等。

全面预算是在预测和决策的基础上,以销售预算为起点,根据企业的未来总体规划编制的。在三类预算中,经营预算是全面预算的基础,财务预算的综合性最强,经营预算和专门决策预算最终都可以折合成金额反映在财务预算内,所以人们有时称财务预算为总预算,称经营预算和专门决策预算为分预算,它们共同构成一个完整的、以销售预算为起点、以经营预算和专门决策预算为主体、以财务预算为最终的有机结合的全面预算体系,其相互关系如图 7-1 所示。

7.1.3 全面预算的编制程序

全面预算的编制涉及到企业的方方面面,它是一项系统性、整体性很强的工作,需要企业各级管理人员同广大员工的共同参与和密切配合才能完成。编制的基本程序,一般由企业最高部门在预测和决策分析的基础上,确定本企业计划期的工作目标,然后由最基层的职能部门自行编制本身的预算,自下而上逐级审核、修订和平衡后,再汇总上报,直至最高管理部门审核批准。具体如下:

1) 确定企业计划期间生产经营的总目标。根据预测和决策分析,明确计划期间的

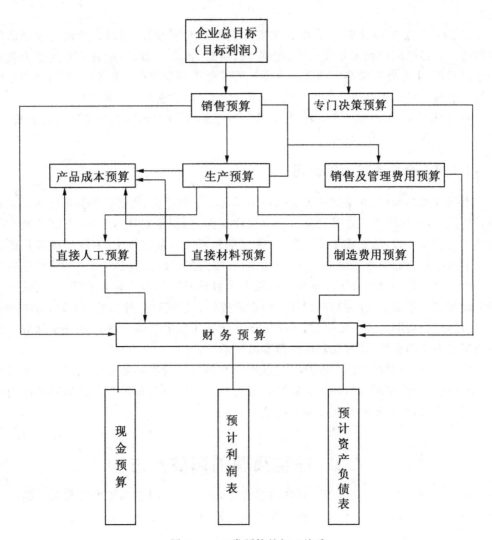

图 7-1 三类预算的相互关系

奋斗目标和实现这一目标的具体措施。

2）分解目标,确定各个职能部门的具体工作。对总目标进行层层分解,落实到各个职能部门,使各个职能部门和员工明确计划期间各自的工作目标和应采取的措施。

3）各部门编制预算草案。各部门根据本部门的分目标,结合计划期的具体情况,在充分收集有关资料进行加工、整理、分析的基础上,拟订切实可行的初步预算草案,提交上级部门审核。

4）审核并协调各部门的初步预算草案。由上级部门对下级部门提交的预算草案进行审核、修订,帮助解决下属部门在预算编制过程中出现的各种问题,并逐级汇编上报。

5）通过反复协调平衡，集合汇总成整个企业的全面预算，报请企业最高管理部门审核批准。各部门的预算方案经过逐级审核、修订、汇总上报后，最后汇总为整个企业的全面预算，由企业的最高管理部门或预算委员会进行全面审议和评价，对可能存在的问题提出解决和修正办法并作出修改，直至审定通过，形成正式预算文件。

6）定期检查预算执行情况，及时反馈给执行部门，并对预算执行结果进行分析，为下一期预算的编制提供改进意见。

7.1.4　全面预算的编制期

不同种类的预算，其编制期也往往各不相同。一般来说，因经营预算和财务预算是经常性预算，一次性专门业务预算又是一次性预算，为便于对比考核，其编制期通常与会计年度保持一致，编制成年度预算，又称短期预算。在此基础上，有些年度预算还在年度下面根据企业实际需要按季、按月或按旬、按周甚至按天编制。而专门决策预算中的资本支出预算由于具有不经常性并且投资项目涉及时间跨度较长的特点，其编制期通常确定在一年以上，称为长期预算。通常先按每一投资项目分别编制预算，并在各投资项目的寿命周期内分年度安排，再把属于本计划年度的这部分预算进一步细分成按季或按月编制的预算，使其与其他预算紧密联系。

此外，各类预算的具体编制时间可以由企业根据自身实际需要来确定。一般情况下，全面预算的编制时间为预算编制期的前1～2个月，季度预算为预算编制期的前半个月至一个月，月份预算为预算编制期的前3～5天。

7.2　编制预算的具体方法

不同的预算内容可以采用不同的编制方法，企业应该根据预算内容和实际需要选择合理、科学的编制方法，以提高预算的编制质量，更好地发挥预算的作用。

7.2.1　固定预算与弹性预算

固定预算是全面预算编制方法中最基本、最传统的一种方法。它是根据未来既定业务量水平，不考虑计划期内生产经营活动可能发生的变动而编制的预算。其主要特点是：计划期所涉及的各项预定指标均为固定数据，预算编制后，具有相对固定性，在计划期内一般不予修改或更正。这种预算方法也称静态预算。固定预算作为一种传统方法，它包含了预算编制的基本原理，是学习和掌握其他编制方法的基础。但这种方法的最大弊端是：当计划期实际发生的业务量与编制预算所依据的业务量发生差异时，各项指标的实际数与预算数缺乏可比性。为弥补这一弊端，增强预算的适应能力，产生了一种相对较先进的多水平表现的预算编制方法——弹性预算。

弹性预算是在事先估计未来业务量可能发生变动的基础上，编制出一套能适应各种业务量水平的预算，以便分别反映在各该业务量情况下的各项预定指标值。其主要特点是：计划期所涉及的各项预定指标随着业务量的变化而变化，具有一定的伸缩性。这种预算方法也称动态预算。

采用弹性预算编制的预算内容，一般应与业务量存在内在依存关系。如：制造费用预算、预计利润表、直接材料预算、直接人工预算等。弹性预算的具体编制步骤如下：

1）确定计划期间业务量的变动范围。在编制弹性预算前，首先要估计到计划期间业务量可能发生的变动，通常把业务量的变动范围确定在正常业务量的70％～110％左右，并将业务量按每间隔5％或10％或某一固定数值的差距分成若干个区间段。

2）分析并明确各个预算内容与业务量的依存关系。预算内容与业务量之间的依存关系大体可以分为两类：一类是对业务量变动反应迟钝甚至毫无反应，它们在不同业务量水平下基本保持固定不变；另一类则与业务量变动关系密切，预算指标随着业务量的变化基本上成正比例变化关系。

3）确定各种业务量水平下的预定指标值。由于对业务量变动反应迟钝的预算指标部分不会随着业务量的增减而变动，所以编制弹性预算时，只需将与业务量关系密切的预算指标按业务量的变动加以调整即可。

【例7-1】 某公司计划年度只产销甲产品，其销售单价预计为280元，单位变动成本为100元，固定成本总额为128 000元，销售量范围为1 000～1 400件，以每100件销售量作为间隔的弹性利润预算如表7-1所示。

表7-1 弹性利润预算

××年度 单位：元

项 目	业 务 量 范 围				
	1 000件	1 100件	1 200件	1 300件	1 400件
销售收入（单价280元）	280 000	308 000	336 000	364 000	392 000
减：变动成本	100 000	110 000	120 000	130 000	140 000
（单变100元）					
贡献边际总额	180 000	198 000	216 000	234 000	252 000
减：固定成本	128 000	128 000	128 000	128 000	128 000
息税前利润	52 000	70 000	88 000	106 000	124 000

7.2.2　增量预算与零基预算

上述固定预算和弹性预算,一般都是在过去实际数值的基础上,结合计划期间的有关影响因素,来确定计划期的各种预算值。即:通过在基期实际数的基础上增加或减少一定的数额来确定预算值,称为增量预算。增量预算的最大缺陷是:受基期实际值的约束,预算人员的思维很难超脱过去的框框,从而影响预算编制的创造性和开拓性,往往造成极大的浪费。为克服这些缺陷,20世纪60年代美国德州仪器公司的彼得·派尔(Peter Pyhrr)在该公司首次创造并运用零基预算,随后在美国相继推广并在世界各国广为流传。

零基预算的全称是"以零为基础编制的计划和预算",其基本思路是:在编制预算时,对过去的内容全然不予考虑,视同为一切从零开始。即:根本不考虑基期各项指标的实际数,而是一切以零为起点对预算项目根据计划期的实际需要进行逐个分析和计量,进而确定预算值,它是一种编制费用预算时常用的先进方法。这种方法的具体做法如下:

1) 由企业提出总体目标,然后各职能部门根据企业的总目标和本部门的责任目标,对每一项业务进行具体分析,说明费用开支的性质、目的、作用及所需的数额,据此编写各项费用的开支方案;

2) 对计划期各项费用的支出方案进行"成本-效益分析",并作出综合评价,然后根据各项费用开支方案的轻重缓急,分层次排出开支的先后顺序;

3) 根据费用开支的层次和顺序,结合企业计划期可动用的资金数额,分配资金,落实预算。

【例7-2】　某企业采用零基预算法编制下年度的销售及管理费用预算,企业销售及管理部门根据下年度的目标利润及本部门的具体工作任务,经职工充分讨论,认为将发生以下各项费用:

(1) 保险费 20 000 元;

(2) 房屋租金 50 000 元;

(3) 办公费 8 000 元;

(4) 差旅费 2 000 元;

(5) 广告费 10 000 元;

(6) 职工培训费 20 000 元。

此外,该公司下年度可用于销售及管理费用的资金预计 100 000 元。

上述费用中,(1)(2)(3)(4)项费用属于约束性固定成本,是下年度必不可少的开支,必须全额予以保证。广告费和职工培训费属于酌量性固定成本,可以根据下年度企业资金供应情况酌情增减,如果广告费和职工培训费的成本收益率分别为20%和30%,则广告费可分配的资金为:

$$\frac{[100\,000-(20\,000+50\,000+8\,000+2\,000)]}{20\%+30\%}\times20\%=8\,000(元)$$

而职工培训费的可分配资金为：

$$\frac{[100\,000-(20\,000+50\,000+8\,000+2\,000)]}{20\%+30\%}\times30\%=12\,000(元)$$

根据上述资料,分配资金落实预算如表 7-2 所示。

表 7-2　销售及管理费用预算　　　　　　　　　　　单位:元

项　　目	预　算　额	项　　目	预　算　额
保险费	20 000	广告费	8 000
房屋租金	50 000	职工培训费	12 000
办公费	8 000	合　　计	100 000
差旅费	2 000		

与传统预算相比,零基预算不受基期实际数值的约束,有助于发挥全体职工的积极性和创造性;有助于各职能部门精打细算,合理使用资金,减少资金的浪费。针对我国目前许多企业经济效益不佳,费用开支浪费大的现状,可以借鉴该方法来编制预算。但是,零基预算的编制工作量大,确定费用开支方案的轻重缓急以及资金分配带有一定的主观性,在实际使用过程中,应合理安排工作量,尽量避免引发部门间的矛盾。

7.2.3　定期预算与滚动预算

为便于会计年度的实际数与预算数进行对比,上面介绍的预算编制方法往往以年度作为固定的预算期间,这种以固定的预算期作为编制期间的预算编制方法,称之为定期预算。这种方法的突出特点是预算工作一次性完成,但不足之处在于:① 预算通常在计划年度开始前二三个月进行编制,由于对计划年度特别是后半年的经济业务不够明确,降低了预算的准确性;② 预算执行过程中遇到实际情况发生变化时,使原预算数无法适应新的变动情况;③ 当预算执行到后期时,预算执行者往往只考虑剩余期间的预算控制,缺乏长远打算。为弥补这些缺陷,西方一些国家开始推出新的预算编制方法——滚动预算。

滚动预算也称永续预算或连续预算,是一种使预算期始终保持在某一特定期限(通常为 12 个月)的连续性预算。也即预算期随着时间的推移而向后延伸,预算每执行一个月,就立即在期末增列一个月的预算,逐期向后滚动,使任何时期的预算都保持 12 个月的时间跨度。滚动预算的主要特点是预算期具有连续性。其编制一般采用长计划、短安排的办法,即在具体编制时,先按年度分季,并将第一季度按月划分,编制各月的明细预算,其他三季的预算则可以笼统一些,只需列示各季总数。当第一季度即将结束时,将实际执行数与预算数进行对比分析并修正预算;再将第二季度的预算按月细分,编制各月的明细预算,同时补上下一年度第一季度的预算总数;如此逐期滚动,如表7-3所示。

表7-3 编制滚动预算示意图

第一期预算

2010 年度			第二季度总数	第三季度总数	第四季度总数
第 一 季 度					
1月份明细数	2月份明细数	3月份明细数			

第二期预算

2010 年度					2011 年度
第 二 季 度			第三季度总数	第四季度总数	第一季度总数
4月份明细数	5月份明细数	6月份明细数			

滚动预算与定期预算相比,其优越之处主要表现在:① 滚动预算不断地对预算进行调整,避免了由于预算期过长而导致的预算脱离实际,使预算贴近实际;② 预算期逐期滚动,便于对预算资料作经常性分析,根据差异分析及时修订预算;③ 预算期始终固定在一定的期限,使管理人员始终保持整体观念,确立长远打算,有助于生产经营活动的稳定持续发展。

7.2.4 概率预算

上述各种预算编制方法都是在未来预算期内影响预算内容的各种因素已确定或基本确定的假设下编制的,测出的预算值均以定数反应,都属于定值预算。但预算期内许多因素都是难以确定的变量,充满了不肯定性,对这些变量可借助于概率论的知识来进行预算的编制。所谓概率预算,就是将预算期内各项预算内容中的各种数值出现的可能性进行概率估计,估计它们可能变动的范围及发生的概率,计算期望值并编制预算。其操作步骤如下:首先,预测各种预算内容可能出现的具体数值;其次,测算每一具体数值出现的概率;第三,计算联合概率,确定相应的预算值。

【例7-3】 某企业2010年预计可能实现的销售数量为800件、900件和1000件,这三种情况下的概率分别为0.3,0.4和0.3;各种销售量情况下的销售单价及相应概率分别为:800件情况下,100元的概率为0.3,110元的概率为0.5,120元的概率为0.2;900件情况下,100元的概率为0.4,110元的概率为0.4,120元的概率为0.2;

1 000件情况下,100 元的概率为 0.5,110 元的概率为 0.4,120 元的概率为 0.1。据此编制 2010 年度的销售预算如表 7-4 所示。

表 7-4　2010 年度销售预算

销售量	概　率	销售单价	概　率	联合概率	预　算　值
(1)	(2)	(3)	(4)	(5)=(2)×(4)	(6)=(1)×(3)×(5)
800 件	0.3	100 元	0.3	0.09	7 200 元
		110 元	0.5	0.15	13 200 元
		120 元	0.2	0.06	5 760 元
900 件	0.4	100 元	0.4	0.16	14 400 元
		110 元	0.4	0.16	15 840 元
		120 元	0.2	0.08	8 640 元
1 000 件	0.3	100 元	0.5	0.15	15 000 元
		110 元	0.4	0.12	13 200 元
		120 元	0.1	0.03	3 600 元
销　售　预　算　总　值					96 840 元

概率预算的可取之处在于:可预计各种预算值出现的可能性,使预算更接近实际情况,有助于企业管理当局对未来各种经营情况及其结果出现的可能性做到心中有数,是一种科学的预算编制方法。但这种方法对预算编制人员的数学水平要求较高,编制工作量大,在电算化未普及的情况下全面应用还存在一定的困难。

7.3　全面预算的编制

固定预算蕴涵了预算编制的基本原理,是其他编制方法的基础,下面以固定预算为例,详细介绍全面预算的具体编制。

7.3.1　销售预算的编制

销售预算是指在销售预测的基础上,根据计划期目标利润的要求,对预算期内各种产品的销售数量、单价和销售收入进行规划和测算而编制的预算。它是编制全面预算的起点,也是编制其他各种预算的基础,销售预算的准确程度直接影响到其他预算的科学合理性,所以销售预算是全面预算的关键。在实际工作中,为便于现金预算的编制,往往还包括对销售收入的回收情况的预测。

销售预算通常根据计划期的销售预测、各种产品的预计销售单价和产品销售的收款条件，分别按产品的类别（或品种）、数量、单价、金额等项目来编制；一般包括正表和附表两部分，附表在正表下方，包括前期应收销货款的收回数额和本期销货款的收回数额，称为预计现金收入计算表，也可单独编制成应收账款预算。

销售预算主要由销售部门负责编制，通常按年分季或分月编制。

【例7-4】 正江公司基年末的应收账款余额为 121 000 元，计划年度产销甲、乙两种产品，预计销售情况如下：

项　　目	甲产成品（件）	乙产成品（件）
预计一季度销售量	1 500	800
预计二季度销售量	1 200	1 000
预计三季度销售量	1 000	1 200
预计四季度销售量	1 300	1 000

甲产品每件预计售价 230 元，乙产品每件预计售价 260 元，每季的商品销售在当季收到货款的占 60%，其余部分在下季收讫。则该公司的销售预算如表 7-5 所示。

表 7-5　正江公司计划年度销售预算　　　　单位：元

摘　要		第一季度 甲	第一季度 乙	第二季度 甲	第二季度 乙	第三季度 甲	第三季度 乙	第四季度 甲	第四季度 乙	合计 甲	合计 乙
预计销售量（件）		1 500	800	1,200	1 000	1 000	1 200	1 300	1 000	5 000	4 000
销售单价（元/件）		230	260	230	260	230	260	230	260	230	260
预计销售金额（元）		345 000	208 000	276 000	260 000	230 000	312 000	299 000	260 000	1 150 000	1 040 000
预计现金收入计算表	期初应收款余额	121 000								121 000	
	一季度销售收入	331 800		221 200						553 000	
	二季度销售收入			321 600		214 400				536 000	
	三季度销售收入					325 200		216 800		542 000	
	四季度销售收入							335 400		335 400	
	合　计	452 800		542 800		539 600		552 200		2 087 400	
	期末应收款余额							223 600			

7.3.2 生产预算的编制

生产预算以销售预算为基础,是对企业预算期内各种产品的生产数量进行规划与测算而编制的预算。其编制的主要依据是销售预算中每季或每月的预计销售量,以及每季或每月的期初、期末存货量。编制办法:一般先按产品类别分别计算每季或每月的预计生产量,然后填入生产预算表内。

$$预计生产量=预计销售量+计划期末预计存货量-计划期初存货量$$

生产预算主要由生产部门负责编制。与销售预算相对应,生产预算的编制期间一般也为一年,年内按产品类别(或品种)进行分季或分月安排。

【**例 7-5**】 续前例,根据存货管理要求,正江公司计划年度甲、乙两种产品的库存情况如下:

项　　目	甲产成品(件)	乙产成品(件)
计划期初存量	180	100
预计一季度末存量	800	180
预计二季度末存量	1 000	200
预计三季度末存量	1 000	150
预计四季度末存量	1 100	100

则该公司的生产预算如表 7-6(1)和 7-6(2)所示。

表 7-6(1)　正江公司计划年度甲产品生产预算　　　　单位:件

项　　目	一季度	二季度	三季度	四季度	小　　计
预计销售量	1 500	1 200	1 000	1 300	5 000
加:期末存货	800	1 000	1 000	1 100	1 100
合　　计	2 300	2 200	2 000	2 400	6 100
减:期初存货	180	800	1 000	1 000	180
预计生产量	2 120	1 400	1 000	1 400	5 920

表 7-6(2)　正江公司计划年度乙产品生产预算　　　　单位:件

项　　目	一季度	二季度	三季度	四季度	小　　计
预计销售量	800	1 000	1 200	1 000	4 000
加:期末存货	180	200	150	100	100
合　　计	980	1 200	1 350	1 100	4 100
减:期初存货	100	180	200	150	100
预计生产量	880	1 020	1 150	950	4 000

7.3.3　直接材料预算的编制

直接材料预算是在生产预算的基础上,对预算期内的材料耗用量以及所需的材料采购量和采购成本进行规划与测算而编制的预算。在实际工作中,为便于现金预算的编制,往往还包括对前期应付购料款和本期购料款支付情况的测算,作为直接材料预算的附表。

编制直接材料预算的主要依据有:生产预算中各期的预计生产量;单位产品的材料消耗定额;预算期内各期的期初、期末存料量;材料的计划采购单价;采购材料的付款条件等。直接材料预算主要由物资供应部门负责,编制时一般先按材料品种或类别分别计算预计购料量,再乘以计划采购单价,确定预计购料金额。

预计生产需用量＝预计生产量×单位产品的材料消耗定额

预计购料量＝预计生产需用量＋计划期末预计存料量－计划期初预计存料量

预计购料金额＝预计购料量×计划采购单价

此外,反映预算期内采购款项支付情况的附表,称为预计现金支出计算表,其主要包括前期应付购料款的偿还和本期购料款的支付等内容,附表也可单独编制成应付账款预算。

【例7－6】　续前例,正江公司计划年度甲、乙产品的材料消耗定额如下:

项　　目	甲产品单耗(千克)	乙产品单耗(千克)
甲材料	20	18
乙材料	12	10

根据存货管理要求,计划年度各种材料的结余情况预计如下:

项　　目	甲材料(千克)	乙材料(千克)
计划期初存量	12 000	8 000
一季度末存量	11 000	1 500
二季度末存量	9 000	2 500
三季度末存量	8 000	2 200
四季度末存量	10 000	2 000

甲材料每千克采购价2.5元,乙材料每千克采购价5.2元,每季的购料款当季支付50%,其余在下季度支付。

根据上述资料,编制正江公司计划年度的直接材料预算如表 7-7(1)、7-7(2)和7-7(3)所示。

表 7-7(1)　正江公司计划年度甲材料采购预算

项　　目	一季度	二季度	三季度	四季度	小　　计
甲产品生产量(件)	2 120	1 400	1 000	1 400	5 920
甲产品单耗(千克/件)	20	20	20	20	20
甲产品材料耗用量(千克)	42 400	28 000	20 000	28 000	118 400
乙产品生产量(件)	800	1 020	1 150	950	4 000
乙产品单耗(千克/件)	18	18	18	18	18
乙产品材料耗用量(千克)	15 840	18 360	20 700	17 100	72 000
合计材料耗用量(千克)	58 240	46 360	40 700	45 100	190 400
加:期末存量(千克)	11 000	9 000	8 000	10 000	10 000
减:期初存量(千克)	12 000	11 000	9 000	8 000	12 000
预计购料量(千克)	57 240	44 360	39 700	47 100	188 400
计划单价(元/千克)	2.5	2.5	2.5	2.5	2.5
预计采购金额(元)	143 100	110 900	99 250	117 750	471 000

表 7-7(2)　正江公司计划年度乙材料采购预算

项　　目	一季度	二季度	三季度	四季度	小　　计
甲产品生产量(件)	2 120	1 400	1 000	1 400	5 920
甲产品单耗(千克/件)	12	12	12	12	12
甲产品材料耗用量(千克)	25 440	16 800	12 000	16 800	71 040
乙产品生产量(件)	880	1 020	1 150	950	4 000
乙产品单耗(千克/件)	10	10	10	10	10
乙产品材料耗用量(千克)	8 800	10 200	11 500	9 500	40 000
合计材料耗用量(千克)	34 240	27 000	23 500	26 300	111 040
加:期末存量(千克)	1 500	2 500	2 200	2 000	2 000
减:期初存量(千克)	8 000	1 500	2 500	2 200	8 000
预计购料量(千克)	27 740	28 000	23 200	26 100	105 040
计划单价(元/千克)	5.2	5.2	5.2	5.2	5.2
预计采购金额(元)	144 248	145 600	120 640	135 720	546 208

表 7-7(3)　正江公司计划年度应付账款预算
（预计现金支出计算表）　　　　　　　　单位：元

项　目	金额及发生额	每季度实付数			
		1	2	3	4
应付账款期初余额	98 000	98 000			
第一季度采购额	287 348	143 674	143 674		
第二季度采购额	256 500		128 250	128 250	
第三季度采购额	219 890			109 945	109 945
第四季度采购额	253 470				126 735
应付账款期末余额	126 735				
合　计	—	241 674	271 924	238 195	236 680

7.3.4　直接人工预算的编制

直接人工预算是在生产预算的基础上，对预算期内完成预计生产任务所需的直接人工工时、单位工时工资率及直接人工成本进行规划和测算而编制的预算。

编制直接人工预算的主要依据是：生产预算中各期的预计生产量；单位产品的工时定额；单位工时的工资率等。

直接人工预算主要由生产部门或劳动人事部门负责，编制时，可按不同工种分别计算直接人工成本，然后予以汇总。计算公式如下：

单一工种的产品：

预计直接人工成本总额＝预计生产量×单位产品工时定额×单位工时工资率

使用混合工种的产品：

预计直接人工成本总额＝预计生产量×∑（单位工时工资率×单位产品工时定额）

【例 7-7】　续前例，正江公司生产的甲、乙产品计划期内所需直接人工都只有一个工种，预计单位工时定额分别为 10 小时/件和 15 小时/件，每小时工资率 5 元。则正江公司的直接人工预算表 7-8(1)、7-8(2)和 7-8(3)所示。

表 7-8(1)　正江公司计划年度甲产品直接人工预算

摘　要	一季度	二季度	三季度	四季度	全　年
预计生产量(件)	2 120	1 400	1 000	1 400	5 920
标准工时(小时/件)	10	10	10	10	10

摘　要	一季度	二季度	三季度	四季度	全　年
预计工时(小时)	21 200	14 000	10 000	14 000	59 200
标准工资率(元/小时)	5	5	5	5	5
直接人工成本总额(元)	106 000	70 000	50 000	70 000	296 000

表7-8(2)　正江公司计划年度乙产品直接人工预算

摘　要	一季度	二季度	三季度	四季度	全　年
预计生产量(件)	880	1 020	1 150	950	4 000
标准工时(小时/件)	15	15	15	15	15
预计工时(小时)	13 200	15 300	17 250	14 250	60 000
标准工资率(元/小时)	5	5	5	5	5
直接人工成本总额(元)	66 000	76 500	86 250	71 250	300 000

表7-8(3)　正江公司计划年度直接人工总预算

摘　要	甲产品	乙产品	合　计
预计生产量(件)	5 920	4 000	
标准工时(小时/件)	10	15	
预计工时(小时)	59 200	60 000	119 200
标准工资率(元/小时)	5	5	5
直接人工成本总额(元)	296 000	300 000	596 000

7.3.5　制造费用预算的编制

制造费用预算是在生产预算或直接人工预算的基础上,对预算期内完成预计生产任务发生的除直接材料和直接人工以外的其他一切生产费用(即制造费用)进行规划和测算而编制的预算。

制造费用是企业产品制造过程中发生的各项间接费用,内容较为复杂。为配合成本计算和控制,在编制制造费用预算时,通常按成本习性将制造费用分为变动费用和固定费用两大类,并分别列示。各项变动制造费用预算额为预计业务量与变动费用分配率的乘积,固定费用预算则按基期资料结合预算期的变化情况作适当调整后确定,或根据零基预算确定。

编制制造费用预算的主要依据是:计划期的一定业务量(如直接人工小时总数

等);计划期成本费用降低率指标;计划期各项费用明细项目的具体构成等等。

制造费用预算的编制主要由生产部门负责。同时,固定资产折旧作为一项固定制造费用,它不涉及现金的支出,为便于现金预算的编制,往往需在制造费用预算下方设置附表——预计现金支出计算表,编制附表时将折旧予以扣除。

【例7-8】 续前例,正江公司计划年度预计制造费用总额 160 000 元,具体构成如下:甲、乙产品分别承担折旧费 15 000 元和 10 000 元,管理、保险、维护等其他固定制造费用分别为甲产品 14 200 元、乙产品 16 560 元,变动制造费用分配率分别为甲产品 0.95 元/小时、乙产品 0.8 元/小时。则正江公司制造费用预算如表 7-9 所示。

表 7-9　正江公司计划年度制造费用预算　　　　　　　　　单位:元

项　　目		甲产品	乙产品	合计
变动费用	预计工时(小时)	59 200	60 000	
	标准分配率(元/小时)	0.95	0.8	
	小　　计	56 240	48 000	104 240
固定费用		29 200	26 560	55 760
合　　计		85 440	74 560	160 000
减:沉没成本		15 000	10 000	25 000
付现费用		70 440	64 560	135 000

制造费用预计每季现金支出总额:135 000÷4=33 750

7.3.6　产品成本预算的编制

产品成本预算是在生产预算、直接材料预算、直接人工预算和制造费用预算的基础上,对预算期内的单位产品成本和生产总成本进行规划与测算而编制的预算。实际工作中,为便于编制预计利润表和预计资产负债表,在正表下面附有期末存货预算,以反映期末存货数量和存货金额。

编制产品成本预算的主要依据是:直接材料的价格标准与用量标准;直接人工的价格标准与用量标准;制造费用的价格标准与用量标准;计划期的期末存货量等等。

产品成本预算一般由生产部门负责,也可汇总到财会部门编制。编制时,将料、工、费三大项目的价格标准与用量标准分别相乘,然后加以汇总即可。

【例7-9】 续前例,若正江公司采用变动成本计算法,即单位产品成本只包括直接材料、直接人工和变动制造费用,而固定制造费用则全部直接列入利润表内,作为贡献边际总额的减项。根据上述有关预算资料编制的产品成本预算如表 7-10 所示。

表7-10　正江公司计划年度产品成本及期末存货预算

成本项目		甲　产　品				乙　产　品			
		单耗	单价（元）	单位成本（元）	生产成本（元）（5 920 件）	单耗	单价（元）	单位成本（元）	生产成本（元）（4 000 件）
直接材料	甲材料	20 千克	2.5	50	296 000	18 千克	2.5	45	180 000
	乙材料	12 千克	5.2	62.4	369 408	10 千克	5.2	52	208 000
直接人工		10 小时	5	50	296 000	15 小时	5	75	300 000
变动制造费用		10 小时	0.95	9.5	56 240	15 小时	0.8	12	48 000
合　计		—	—	171.9	1 017 648	—	—	184	736 000

期末存货预算	摘　要	甲产品	乙产品	合　计
	期末存货数量（件）	1 100	100	—
	标准成本（元/件）	171.9	184	—
	期末存货金额（元）	189 090	18 400	207 490

7.3.7　销售及管理费用预算的编制

销售及管理费用预算是对预算期内企业在产品销售过程中发生的各种费用，以及为组织和管理整个企业的生产经营活动而发生的管理费用进行规划与测算而编制的预算。销售及管理费用预算一般由企业行政管理部门和销售部门负责编制，其编制依据和编制方法与制造费用预算相似。同时，为便于编制现金预算，正表下面附设预计现金支出计算表。

【例7-10】　续前例，正江公司计划年度的销售及管理费用总额预计120 000元，具体构成为：甲、乙产品的固定费用分别为10 000元和80 000元，单位变动费用分别为1元和6.25元。则正江公司的销售及管理费用预算如表7-11所示。

表7-11　正江公司计划年度销售及管理费用预算

摘　要	甲产品	乙产品	合　计
预计销售量（件） 单位变动费用（元）	5 000 1	4 000 6.25	合　计
预计变动费用（元）	5 000	25 000	30 000
预计固定费用（元）	10 000	80 000	90 000
合　计（元）	15 000	105 000	120 000

预计每季现金支出总额：120 000÷4＝30 000（元）

7.3.8 专门决策预算的编制

专门决策预算以企业计划期间不经常发生的长期投资决策项目或一次性专门业务活动作为预算编制对象,通常包括资本支出预算和一次性专门业务预算,企业可根据实际情况和管理需要自行设计表式进行编制。编制依据主要有已经过审批的各个长期投资决策项目、资金的筹措和投放、股利的发放以及税费的缴纳情况等。

专门决策预算一般由财会部门会同生产技术部门、企业决策部门共同协商编制。

【例 7-11】 续前例,正江公司的其他现金收支情况如下:

① 一季度末支付上年度应付所得税 51 942 元,计划年度各季度末均预付当季所得税 20 000 元;

② 第三季度购置固定设备一台,价值 50 000 元,预计可使用 5 年。

③ 基年末资产负债表上的银行借款 20 000 元,期限为 6 个月,于计划年度的第一季度末到期,利率 5%,本息一次性偿付。

④ 正江公司要求的现金最低存量为 20 000 元,不足可向银行借款,借款利率按 5% 计算,在还款时付息(假定所有借款都发生在每季初,而所有还款均发生在每季末)。

⑤ 根据计划期间的现金收支情况(参见表 7-13"现金预算"),预计一季度需向银行借款 110 000 元,二、三、四季度分别可归还借款 40 000 元、30 000 元和 40 000 元,四季度尚有剩余资金 50 000 元用于对外进行短期投放。

根据上述资料,编制正江公司的专门决策预算如表 7-12 所示。

表 7-12　正江公司计划年度专门决策预算　　　　　　　　　单位:元

项　　目	一季度	二季度	三季度	四季度	合　　计
购入固定资产	/	/	50 000	/	50 000
偿还借款	20 000	40 000	30 000	40 000	130 000
支付利息	500	1 000	1 125	2 000	4 625
短期投放	/	/	/	50 000	50 000
支付所得税	71 942	20 000	20 000	20 000	131 942
银行借款	110 000	/	/	/	110 000

7.3.9 现金预算的编制

现金预算是在经营预算和专门决策预算的基础上,对企业预算期内的现金收支、余绌及资金融通等情况进行规划与测算而编制的预算。现金预算通常包括现金收入、现金支出、现金余绌和资金融通等内容。

现金预算一般由财会部门负责编制,编制的主要依据是:经营预算中的销售预算、直接材料预算、直接人工预算、制造费用预算、销售及管理费用预算和专门决策预算中的资本支出预算与一次性专门业务预算所涉及的现金收支情况;最低库存现金余额;筹资方式等。

现金预算通常按年分季或季度分月进行编制,编制过程中涉及资金借入的时间通常算作季初或月初,归还借款本息的时间算作季末或月末。此外,为满足企业生产经营活动对资金的临时性需要,企业往往还需保持一定数量的库存现金余额。

【例 7 - 12】 续前例,根据前述资料,正江公司按年分季编制的现金预算如表 7 - 13 所示。

表 7 - 13 正江公司计划年度现金预算   单位:元

项　　目	一季度	二季度	三季度	四季度	全　　年
期初现金余额	30 000	22 934	22 560	22 840	30 000
加:现金收入					
应收账款收回					
及销货收入	452 800	542 800	539 600	552 200	2 087 400
可动用现金合计	482 800	565 734	562 160	575 040	2 117 400
减:现金支出					
采购材料	241 674	271 924	238 195	236 680	988 473
支付工资	172 000	146 500	136 250	141 250	596 000
制造费用	33 750	33 750	33 750	33 750	135 000
销售及管理费用	30 000	30 000	30 000	30 000	120 000
购置固定设备	/	/	50 000	/	50 000
支付所得税	71 942	20 000	20 000	20 000	131 942
现金支出合计	549 366	502 174	508 195	461 680	2 021 415
收支轧抵后现金余绌	(66 566)	63 560	53 965	113 360	95 985
融通资金:					
向银行借款(期初)	110 000	/	/	/	110 000
归还借款(期末)	(20 000)	(40 000)	(30 000)	(40 000)	(130 000)
支付利息	(500)	(1 000)	(1 125)	(2 000)	(4 625)
短期投放	/	/	/	(50 000)	(50 000)
融通资金合计	89 500	(41 000)	(31 125)	(92 000)	(74 625)
期末现金余额	22 934	22 560	22 840	21 360	21 360

上述现金预算表中各项目数字来源说明:

1. 应收账款收回及销货收入:见表 7 - 5;

2. 采购材料:见表 7 - 7(1)、7 - 7(2)和 7 - 7(3);

3. 支付工资:见表 7-8(1)、7-8(2)和 7-8(3);
4. 制造费用:见表 7-9;
5. 销售及管理费用:见表 7-11;
6. 购置固定设备:见表 7-12;
7. 支付所得税:见表 7-12;
8. 融通资金:见表 7-12。

7.3.10 预计利润表的编制

预计利润表是在经营预算、专门决策预算和现金预算的基础上,对企业预算期内的生产经营活动及其成果按照贡献式利润表的格式和计算方法进行汇总测算而编制的预算。其编制依据主要是业务预算中的销售预算、制造费用预算、产品成本预算、销售及管理费用预算和专门决策预算中的一次性专门业务预算以及现金预算所涉及的企业生产经营活动及其成果的资料。

预计利润表一般由财会部门负责编制,除企业管理需要外,通常按年不分季度编制。

【例 7-13】 续前例,根据正江公司的上述资料,编制预计利润表如表 7-14 所示。

表 7-14 正江公司计划年度预计利润表　　　　　单位:元

项　　目	金　　额
销售收入	2 190 000
减:变动成本	
变动生产成本	1 595 500
变动销售及管理成本	30 000
贡献边际总额	564 500
减:固定成本	
固定制造费用	55 760
固定销售及管理费用	90 000
息税前利润	418 740
减:利息费用	4 625
税前利润	414 115
减:所得税	80 000
税后净利	334 115

上述预计利润表中各项目数字来源说明:
1. 销售收入:见表 7-5;
2. 变动生产成本:见表 7-10 和 7-5;
3. 变动销售及管理成本:见表 7-11;
4. 固定制造费用:见表 7-9;
5. 固定销售及管理费用:见表 7-11;

6. 利息费用:见表7－12和7－13;

7. 所得税:见表7－12和7－13。

7.3.11 预计资产负债表的编制

预计资产负债表是在基期末资产负债表的基础上,根据预算期内其他各项预算资料,对预算期末的财务状况进行规划和测算而编制的预算。其编制依据主要是:基期末的资产负债表;经营预算中的销售预算、直接材料预算、制造费用预算和产品成本预算;专门决策预算中的资本支出预算和一次性专门业务预算;财务预算中的现金预算和预计利润表。

预计资产负债表一般由财会部门负责编制,通常按照正常资产负债表的格式和各项内容的填列方法按年编制。

【例7－14】 续前例,正江公司本年末的简明资产负债表如下:

项　　目	金　　额	项　　目	金　　额
现　　金	30 000	短期借款	20 000
应收账款	121 000	应付账款	98 000
原 材 料	71 600	应付税金	51 942
产成品	49 342	实收资本	370 000
固定资产	509 000	未分配利润	66 000
累计折旧	(175 000)		
资 产 合 计	605 942	权 益 合 计	605 942

根据本年末的资产负债表和预算期各项预算的有关资料,编制正江公司计划期末的预计资产负债表如表7－15所示。

表7－15　正江公司计划年度预计资产负债表　　　　　单位:元

资　　　　产		权　　　　益	
项　　目	金　　额	项　　目	金　　额
1. 现金	21 360	8. 短期借款	0
2. 应收账款	223 600	9. 应付账款	126 735
3. 原材料	35 400	10. 应付税金	0
4. 产成品	207 490	11. 实收资本	370 000
5. 短期投资	50 000	12. 未分配利润	400 115
6. 固定资产	559 000		
7. 累计折旧	(200 000)		
合　　计	896 850	合　　计	896 850

上述预计资产负债表中各项目数字来源说明:

1. 见表 7 - 13;

2. 见表 7 - 5;

3. 见表 7 - 7(1)、7 - 7(2);

4. 见表 7 - 10;

5. 见表 7 - 12;

6. 见表 7 - 12,结合本年末的简明资产负债表;

7. 见表 7 - 9,结合本年末的简明资产负债表;

8. 见表 7 - 12 和 7 - 13,结合本年末的简明资产负债表;

9. 见表 7 - 7(3);

10. 见表 7 - 12 和 7 - 13;

11. 见本年末的简明资产负债表;

12. 见表 7 - 14,结合本年末的简明资产负债表。

【思考题】

1. 试述全面预算体系的构成情况和编制程序。

2. 选择一家有代表性的企业进行实地调查,根据其实际经营活动开展情况和预算控制情况,谈谈如何选择合理而科学的预算编制方法以发挥预算的作用,进一步改善企业经营管理,提高经济效益。

3. 试述编制预算的各种具体方法的含义、具体做法及优缺点。

4. 试述各种预算的编制依据和主要负责部门。

5. 编制全面预算为什么要以销售预算为起点?

6. 经营预算、专门决策预算和财务预算分别包含哪些内容?

【练习题】

1. 混合选择题

1) 预算编制方法中,与固定预算相对应的编制方法是 （　　）

   A. 弹性预算　　　　B. 增量预算　　　　C. 滚动预算　　　　D. 概率预算

2) 编制全面预算的起点是 （　　）

   A. 生产预算　　　　B. 销售预算　　　　C. 财务预算　　　　D. 资本支出预算

3) 滚动预算的特点是预算期连续不断,始终都是 （　　）

   A. 一个月　　　　　B. 一个季度　　　　C. 6 个月　　　　　D. 12 个月

4) 制造费用预算的编制主要由（　　）负责

   A. 销售部门　　　　B. 生产部门　　　　C. 人事部门　　　　D. 财务部门

5) 概率预算就是将预算期内各项预算内容中的各种数值出现的可能性进行概率估计,估计它们可能变动的范围及发生的概率,计算（　　）并编制预算

   A. 联合概率　　　　B. 固定成本　　　　C. 期望值　　　　　D. 变动成本

6) 编制直接人工预算的主要依据有 （　　）

   A. 单位工时定额　　B. 预计生产量　　　C. 标准工资率　　　D. 材料消耗定额

7) 全面预算中各类预算的编制期可以是 （　　）

   A. 短期

   B. 长期

   C. 根据管理需要随时调整

   D. 必须固定

8) 编制生产预算的主要依据是 （　　）

    A. 预计生产量   B. 预计销售量   C. 期初存货量   D. 期末存货量

2. 判断题

1) 全面预算反映企业的总体规划主要通过货币量度的形式。 （　　）

2) 尽管预算有不同种类,但无论哪一类预算,它们的编制期都是一样的。 （　　）

3) 弹性预算的最大特点是预先估计到计划期业务量可能发生的变动范围,具有一定的伸缩性。

    （　　）

4) 零基预算的特点是在充分考虑以往年度所发生的各项指标的实际数的基础上,结合计划年度的有关影响因数来确定计划期的各种预算数。 （　　）

5) 全面预算包括经营预算、专门决策预算和财务预算,其中财务预算的综合性最强,有人称之为总预算。 （　　）

6) 直接材料预算与计划期的生产量和单位产品的材料消耗定额紧密相关,但与材料的库存量无关。 （　　）

7) 经营预算、专门决策预算和财务预算一般都是由企业的财会部门负责编制的。 （　　）

8) 在编制业务预算时,常常附有预计现金收入(或支出)计算表,目的是为方便现金预算而编制的。 （　　）

3. 计算题

1) 某公司计划年度产销 A 产品,有关材料如下:

(1) 本年末的简明资产负债表如下:

项　　目	金　　额(元)	项　　目	金　　额(元)
现　　金	10 274	短期借款	50 000
应收账款	150 000	应付账款	80 000
原材料	95 600	应付税金	26 900
产成品	82 026	实收资本	528 000
固定资产	639 000	未分配利润	67 000
累计折旧	(225 000)		
资产合计	751 900	权益合计	751 900

(2) 计划年度销售及存货结余情况:

项　　目	甲产成品(件)	甲材料(千克)	乙材料(千克)
计划期初存量	930	9 000	4 520
预计一季度销售量	3 000	/	/
预计二季度销售量	3 500	/	/
预计三季度销售量	3 600	/	/

项　　目	甲产成品(件)	甲材料(千克)	乙材料(千克)
预计四季度销售量	3 200	/	/
预计一季度末存量	950	9 800	4 000
预计二季度末存量	960	10 000	4 500
预计三季度末存量	1 000	9 000	4 200
预计四季度末存量	900	8 500	3 800

　　甲产品每件售价 130 元,每季的商品销售在当季收到货款的占 70%,其余部分在下季收讫;甲材料每千克采购价 5.6 元,乙材料每千克采购价 10 元,每季的购料款当季支付 60%,其余在下季度支付。

　　(3) 费用情况:

项　　目	甲产品单耗
甲材料	6 千克
乙材料	4.2 千克
人工小时	2 小时

　　另外:① 直接人工每小时工资率 5 元;② 全年预计折旧费 120 000 元,管理、保险、维护等其他固定制造费用 11 670,变动制造费用分配率为 1.3 元/小时;③ 全年预计发生固定期间费用 84 700 元,单位变动期间费用为 1 元/件。

　　(4) 公司其他现金收支情况:

　　① 一季度末支付上年度应付所得税 26 900 元,计划年度各季度末均预付当季所得税 25 000 元;

　　② 年末资产负债表上的银行借款 50 000 元,期限为 6 个月,于计划年度的第一季度末到期,利率 5%,本息一次性偿付。

　　(5) 公司要求的现金最低存量为 10 000 元,不足可向银行借款,借款利率按 5% 计算,在还款时付息(假定所有借款都发生在每季初,而所有还款均发生在每季末)。

　　要求:根据上述资料,编制该公司计划年度的全面预算:

　　(1) 编制销售预算;

　　(2) 编制生产预算;

　　(3) 编制直接材料预算;

　　(4) 编制直接人工预算;

　　(5) 编制制造费用预算;

　　(6) 编制产品成本预算;

　　(7) 编制销售及管理费用预算;

　　(8) 编制专门决策预算;

（9）按季编制现金预算；

（10）按年编制预计利润表；

（11）按年编制预计资产负债表。

2）某公司计划年度产销 B 产品，其变动成本率为 60％。根据历史资料，销售额基本上维持在 80 000～100 000 元之间，此时固定成本总额为 20 000 元。按销售额间隔为 5 000 元为该公司编制弹性利润预算。

3）某企业计划年度采用零基预算法编制销售及管理费用预算，企业销售及管理部门根据计划年度的目标利润及本部门的具体工作任务，经职工充分讨论，认为将发生各项费用合计 119 000 元。具体分布如下：

（1）保险费 10 000 元；

（2）房屋租金 60 000 元；

（3）办公费 5 000 元；

（4）差旅费 2 000 元；

（5）广告费 30 000 元；

（6）职工培训费 12 000 元。

此外，该公司计划年度可用于销售及管理费用的资金预计 90 000 元。

根据分析，上述（1）（2）（3）（4）项费用是下年度必不可少的开支，广告费和职工培训费可以根据计划年度企业资金供应情况酌情增减，预计广告费和职工培训费的成本收益率分别为 20％和 30％。

要求：为该公司编制计划年度销售及管理费用的零基预算。

4）某企业计划年度甲产品预计可能实现的销售数量为 8 000 件和 9 000 件，这两种情况下的概率分别为 0.4 和 0.6；各种销售量情况下的销售单价及相应概率分别为：8 000 件情况下，90 元的概率为 0.4，100 元的概率为 0.5，110 元的概率为 0.1；9 000 件情况下，90 元的概率为 0.5，100 元的概率为 0.4，110 元的概率为 0.1；在各种销售量情况下的单位变动成本为 55 元的概率是 0.2，单位变动成本为 58 元的概率是 0.5，单位变动成本为 60 元的概率是 0.3。

要求：根据上述资料，编制甲产品的贡献边际预算。

5）某公司计划年度第一季度的现金收支情况如下：

（1）基年末的现金余额为 9 200 元；

（2）基年末的应收账款余额为 40 000 元，计划一季度实现销售收入 280 000 元。该公司的收款条件是当季收现 80％，余款下季度收讫。

（3）基年末的应付账款余额为 40 000 元，计划一季度购料 90 000 元。该公司的付款条件是当季付现 60％，余款下季度付讫。

（4）预计制造费用 57 000 元，其中折旧 36 000 元。

（5）预计期间费用 13 000 元，其中折旧 4 500 元。

（6）预计支付直接人工工资 25 000 元。

（7）预计支付所得税 6 800 元。

（8）计划添置汽车一辆，预计 92 000 元。

（9）公司要求的现金最低存量为 9 000 元，不足可向银行借款，借款额一般要求为千元的倍数。

要求：根据上述资料，为该公司编制一季度的现金预算。

标准成本会计

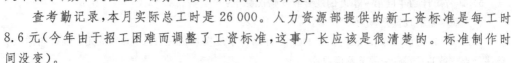

导　读

康艺的工人为什么闹事？

前些天康艺皮鞋厂的工人闹事了！

事情的原委是这样的：为了更好地落实经济责任制，明确奖惩条例，厂方制定了一系列标准，其中一些条例是与生产工人直接相关的。制邦车间上年规定每双鞋邦的标准制作时间是 12 分钟，每工时的标准工资是 8 元，折算成计件工资是每双 1.6 元。可为了保证产品质量，工人的工资是按工时计算的。今年 3 月份该车间共完工鞋邦 120 000 双，本月实际工资支出却高达 223 600 元！厂长在审批工资单时，对照上年标准计算，工资总额应该是 192 000 元（120 000×1.6），发现超支了 31 600 元！厂长火了，勒令财务部从该车间工人的工资总额中全额扣下超支部分 31 600 元。发放工资时，工人不肯了，数十人围在厂部办公楼外，闹得不可开交！

查考勤记录，本月实际总工时是 26 000。人力资源部提供的新工资标准是每工时 8.6 元（今年由于招工困难而调整了工资标准，这事厂长应该是很清楚的。标准制作时间没变）。

厂长有点糊涂，没搞清楚应该扣工人多少工资。你作为财务部主任，学完本章后，请给工人算清楚应该得到的工资是多少，以平息事态。

【学习目标】

掌握标准成本会计的构成内容、标准成本的制定；重点掌握成本差异的计算与分析；熟悉标准成本的账务处理方法；了解成本差异管理的一般原则。

【重点难点】

标准成本会计的内容；成本差异的计算分析；成本差异的账务处理。

8.1 标准成本会计概述

8.1.1 标准成本会计的涵义

标准成本会计就是标准成本控制系统,也称标准成本制度。作为最早构成管理会计体系的内容,标准成本会计是指围绕标准成本的相关指标而设计的,将成本的事前控制、前后控制及核算功能有机结合而形成的一种成本控制系统。它具有事前估算成本、事中及事后计算与分析成本并揭示成本差异,从而进行行业业绩考评,并落实经济责任制的功能。

标准成本会计的基本内容,包括标准成本的制定、成本差异的计算分析和成本差异的账务处理三个方面。其中,标准成本的制定属于成本的事前控制;成本差异的计算与分析属于成本的事后控制;成本差异的账务处理则属于成本的日常核算。

8.1.2 标准成本的概念及种类

1. 标准成本的概念

标准成本,是指按照成本项目事先制定的,在已经达到的生产技术水平和有效经营管理条件下应当达到的单位产品成本目标。标准成本与预算成本既有联系,又有区别。标准成本属于单位成本的范畴,而预算成本则属于总成本的范畴。在标准成本会计中,按标准成本编制的预算成本就是标准成本总额,预算成本等于一定业务量与标准成本的乘积。变动性成本各项目都应该制定单位产品的标准成本,而固定性费用项目则只能制定预算成本。

2. 标准成本的种类

从理论上说,在制定标准成本过程中,可供选择的标准成本有理想标准成本、正常标准成本和现实标准成本三种类型。

1)理想标准成本。它是指以现有技术设备处于最佳状态、经营管理没有任何差错为前提所确定的标准成本。由于这种标准成本是在假定没有材料浪费、设备不发生事故、产品无废品、工时全有效的基础上制定的,但在实际工作中不可能达到,所以它不适合被选为现行标准成本。只能作为一种最高的参考标准。

2)正常标准成本。它是指企业在过去一段时期内的实际成本平均值的基础上,剔除了生产经营活动中的不正常因素的影响,并考虑未来的变动趋势而制定的标准成本。这种标准成本实质上是企业在生产经营能力得到正常发挥的条件下就可以实现的成本目标。由于它的水平偏低,也不宜作为企业未来成本控制的奋斗目标。

3)现实标准成本,又称期望可达到的标准成本。它是根据企业近期最可能发生的生产要素耗用量、生产要素价格和生产经营能力的利用程度而制定的,通过有效的经营管理活动应达到的标准成本。这种成本从企业实际出发,考虑到企业一时还不能完全避免的成本或损失,具有一定的可操作性;同时又能对改进未来成本管理提出合理要求,是一种既先进又合理,最切实可行又接近实际的,经过努力可以实现的成本目标。因此,现实标准成本是各类企业在制定标准成本时首选的标准成本。

3. 标准成本的制定

1) 制定标准成本的意义。

(1) 便于企业编制预算。标准成本是一种预计成本、目标成本,因而可作为编制预算的依据。

(2) 便于考核评价各部门的工作业绩。由于标准成本是事先制定的、在正常生产经营条件下应当发生的成本,又因标准成本的各成本项目都是依据预计的数量标准和价格标准确定的。因而,可以通过确定每个成本项目实际脱离标准成本的差异及其责任归属,来评价各部门的工作业绩,分清他们的管理责任,确定其经营活动的效果。

(3) 便于进行成本控制。通过对日常经营活动的反映和计算,找出实际成本与标准成本总额之间的差异,并分析其差异的原因,以便进行成本控制。

(4) 为正确进行经营决策提供依据。因为标准成本是一种预计的目标成本,它剔除了各种不合理的因素,因而在评价不同投资方案的经济效果、进行经营决策时,就有了现成的重要参考依据。

(5) 简化产品成本的计算。由于采用标准成本,使原材料、在产品、产成品和产品销售成本可以按其标准成本直接入账,不必进行有关费用的分配,如生产费用在完工产品和在产品之间的分配等。这就大大简化了成本核算和日常账务处理工作。

4. 标准成本的制定

正确制定标准成本,是确保标准成本会计顺利进行并发挥其作用的关键和前提。

标准成本按成本项目划分为直接材料标准、直接人工标准、变动制造费用标准和固定制造费用预算。前三个方面的内容,每个方面又是由用量标准和价格标准共同构成的。固定制造费用标准只能编制预算总额。

1) 直接材料标准成本是单位产品的直接材料用量标准与价格标准之积。直接材料的用量标准,是指单位产品应耗用原料及主要材料的数量,通常也称为材料消耗定额。直接材料用量标准的确定,应由企业的产品设计技术部门主持,尽量吸收执行标准的生产部门和个人参加,充分考虑产品的设计、生产和工作的现状,结合企业经营管理的实际情况和降低成本任务的具体要求,考虑材料在使用过程中发生的必要损耗,并按照产品的零部件组成来测定各种原料及主要材料的消耗定额;直接材料的价格标准是指取得该材料应付的单位价格,包括进价和预计的采购费用,如订货费用、运输费用和装卸费用等。直接材料价格标准通常由财务部门会同采购部门按材料的品种分别制定。

各种直接材料的价格标准和用量标准制定以后,就可利用下列公式直接计算出单位产品耗用直接材料的标准成本:

$$某种产品直接材料标准成本 = \sum(直接材料用量标准 \times 直接材料价格标准)$$

2) 直接人工标准是单位产品的直接人工工时标准与小时工资率标准之积。采用不同工资制度的企业,影响直接工资标准成本的因素也不同。在采用计件工资形式的企业中,直接工资标准成本直接表现为计件工资单价;在采用计时工资形式的企业中,直接工资标准成本是由直接人工工时用量标准和小时工资率标准两个因素决定的。本书介绍采用计时工资形式的企业直接工资标准成本的制定。

直接人工工时用量标准是指单位产品应发生的标准工时,也称工时定额。它是指企业在现有生产技术条件下,考虑提高劳动生产率的要求,生产单位产品所耗用的直接生产工人的工时数,包括有效作业时间、必要的休息和生理上所需的时间,以及机器设备的停工修理时间和不可避免的废品生产时间。

小时工资率标准是指生产工人每消耗一个标准工时应分配的工资成本,属于价格标准。其计算公式为:

$$小时工资率标准 = \frac{预计直接人工工资总额}{标准工时总数}$$

确定了工时标准和小时工资率标准后,就可以按下式计算直接人工标准成本:

$$某产品直接人工标准成本 = 工时用量标准 \times 小时工资率标准$$

3) 变动制造费用标准成本是工时用量标准与变动制造费用分配率标准之积。变动制造费用的工时用量标准可以直接沿用直接工人工时用量标准。

变动制造费用分配率标准是每消耗一个标准工时应发生的变动性制造费用,其计算公式为:

$$变动制造费用分配率标准 = \frac{变动制造费用预算总额}{标准工时总数}$$

确定了变动制造费用的工时用量标准和变动制造费用分配率标准后,就可以按下式计算变动制造费用的标准成本:

$$变动制造费用标准 = 工时用量标准 \times 变动制造费用分配率标准$$

4) 固定制造费用标准成本。固定性制造费用主要是指间接生产成本中那些不随产品产量变化的厂房设备的折旧费、维修费、租赁费等费用。它通常根据事先编制的固定预算来控制其费用总额。

在变动成本法下,固定性制造费用属于期间费用,直接计入当期利润表,作为本期收入的扣除项目,不必在各种产品间进行分配,因而不包括在单位产品的标准成本中。

在完全成本法下,与变动制造费用一样也要通过分配计入单位产品的标准成本中。在这种情况下,制定固定性制造费用的标准成本可采取两种方法:第一种方法与确定变动性制造费用标准成本的过程相类似,即分别确定固定制造费用的分配率标准和工时用量标准,然后计算两者的乘积;第二种方法是直接按固定性制造费用预算额除以预算产量,就得到单位产品的固定制造费用标准。

5)单位产品标准成本的制定。在实务中,每种产品的标准成本制定需要通过编制"标准成本卡"来实现。"标准成本卡"必须逐项列明直接材料、直接人工和制造费用的用量标准、价格标准和标准成本,通过逐项汇总的方法就可确定单位产品的标准成本。标准成本卡的格式见表 8 - 1 所示。

表 8 - 1　标准成本卡

产品名称：　　　　　　　　　　　　　　　　　　　　　　　　日期：
计量单位：　　　　　　　　　　　　　　　　　　　　　　　　单位:元

项　　　目	数 量 标 准	价 格 标 准	金　　　额
直接材料 直接人工 变动制造费用			
单位变动成本			
固定制造费用			
单位产品标准成本			

8.2　成本差异的计算与分析

8.2.1　成本差异的涵义、种类与计算分析的一般模型

在标准成本会计中,成本差异是指在一定时期生产一定数量的产品所发生的实际成本总额与标准成本总额之间的总差数。用算式表示为:

$$成本差异 = 实际成本总额 - 按实际产量计算的标准成本总额$$

$$= 用量差异 + 价格差异$$

第一个等式右边,说明差异额的大小;第二个等式右边,说明发生差异的原因与金额。

按不同的标志划分,成本差异的种类有:

1. 用量差异与价格差异

1)用量差异是由于特定成本项目的实际耗用量与标准耗用量不一致而导致的成

本差异,其计算公式如下:

$$用量差异 = (实际用量 - 用量标准) \times 价格标准$$

$$= 实际产量下的用量差 \times 价格标准$$

对于直接材料成本项目来说,式中的"用量标准"就是按材料消耗定额和实际产量计算的直接材料定额消耗量;"实际产量下的用量差"表现为在实际产量下直接材料的实际消耗量与标准消耗量之差。

对于直接人工项目来说,式中的"用量标准"就是按工时消耗定额和实际产量计算的直接工时定额消耗量;"实际产量下的用量差"表现为在实际产量下的实际耗用的直接工时与标准耗用的直接工时之差。工时的"用量差异"是指由于工时耗用量发生了差异而导致的成本差异,工时用量的多少意味着劳动生产率的高低,所以又称为人工效率差异。

对于变动性制造费用项目来说,式中的"用量标准"就是按工时消耗定额和实际产量计算的工时定额消耗量;"实际产量下的用量差"表现为在实际产量下的实际耗用与标准耗用的工时之差。"用量差异"是指由于工时耗用量发生了差异而导致的成本差异,同样是由于劳动生产率变动而引起的差异,所以又称为变动性制造费用效率差异。

2)价格差异是指由于特定成本项目的实际价格水平与标准价格不一致而导致的成本差异。其计算公式如下:

$$价格差异 = (实际价格 - 标准价格) \times 实际产量下的实际耗用量$$

$$= 价格差 \times 实际产量下的实际耗用量$$

对于直接材料项目来说,式中"价格差"表现为材料的实际单价与标准单价之差;"价格差异"是指由于材料单价的不同而形成的成本差异。

对于直接人工项目来说,式中"价格差"表现为实际小时工资率与标准小时工资率之差;"价格差异"是指由于小时工资率的不同而形成的成本差异,又称为小时工资率差异或工资水平差异。

对于变动性制造费用项目来说,式中"价格差"表现为变动性制造费用实际分配率与标准分配率之差;"价格差异"是指由于分配率的不同而形成的成本差异,又称为变动性制造费用耗费差异。

2. 客观差与主观差

成本差异分析的一个重要目的是分清发生差异的责任,为最终落实经济责任,实施奖惩提供真实可靠的客观依据。为此,我们把成本差异分为客观差和主观差。客观差是指由于客观原因造成的,有关责任人无法控制的差异。这类差异应由企业负责,不应该作为奖惩的依据。如材料价格差异,通常是由于市场变动而造成的,不是责任人所能控制的,因而也就不能作为对采购供应部门的考核奖惩的依据。通常情况下,价格差异属于客观差。

主观差是由于有关责任人的主观原因造成的成本差异,是责任人可以控制的,应该作为奖惩的依据。通常情况下,用量差异属于主观差。

3. 纯差异与混合差异

从理论上讲,任何一类差异在计算时都需要假定某个因素变动时,其他因素固定在一定的基础上不变。如果把其他因素固定在标准的基础上所算出的差异就是纯差异。如价格标准乘以用量差就是纯用量差异;纯价格差异则是价格差与标准用量之积。

与纯差异相对应的差异就是混合差异。混合差异又叫联合差异,是指总差异扣除所有的纯差异后的剩余差异,它等于价格差与用量差之积。

对混合差异的处理有三种办法:第一,将其分离出来单独列示,由企业管理部门承担责任。因为这种差异的数额一般比较小,产生的原因又比较复杂,不是控制的重点所在,所以没有必要这样做。第二,将混合差异按项平均或按比重在各种纯差异之间进行分配。其根据是混合差异的产生是由价格和用量两个因素共同变动而造成的结果,应当由它们共同分摊。第三,为简化计算,不单独计算混合差异,而是将其直接归并于某项差异中。由于客观差是有关责任人无法控制的原因造成的差异,不能作为考核责任人的依据。因而,在标准成本会计中,对混合差异采取了第三种方法,即并入客观差。所以,在前述价格差异计算公式中是价格差乘以实际用量,而不是乘以用量标准。

以下举例说明前述公式的来源和混合差异的处理方法。

【例 8 - 1】 甲产品的工时定额是 6 工时,小时工资标准为 4 元。单位产品实际耗用 7 工时,实际每工时支付工资 5 元。试分析直接人工差异。

解 图 8 - 1 中,空白部分的面积代表工资标准,工资标准＝工时标准×小时工资标准＝6×4＝24 元。

带横线的矩形面积代表工资水平差异,小时工资率差异＝(实际小时工资 － 小时工资标准)×工时标准＝1×6＝6 元,这是纯粹由于工资水平提高而超支的工资,是价格差,属于客观差。

带竖线的矩形面积代表工

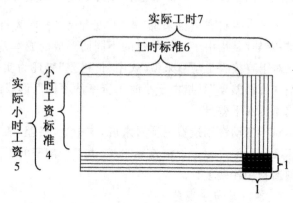

图 8 - 1 差异分析示意图

时差异,工时差异＝小时工资标准×(实际工时 － 工时标准)＝4×1＝4 元,这是纯粹由于工时增加而超支的工资,是用量差异,属于主观差。

而阴影部分的面积,是由于工时增加和小时工资率提高共同影响而增加的工资支出,属于混合差异。根据前述混合差异并入客观差的处理原则,这部分面积就并入小时

工资率差异。于是

$$小时工资率差异＝（实际小时工资－小时工资标准）×实际工时$$

根据这个道理，就有了变动成本差异分析的基本公式：

$$用量差异＝（实际用量－用量标准）×价格标准 \quad （属于主观差，也是纯差）$$

$$价格差异＝（实际价格－价格标准）×实际用量 \quad （属于客观差，也是混合差）$$

4. 有利差异与不利差异

有利差异是指实际成本低于标准成本总额而形成的，即节约差，用 F 表示。

不利差异是指实际成本高于标准成本总额而形成的，即超支差，用 U 表示。

8.2.2 变动性成本差异的计算与分析

1. 直接材料成本差异的计算与分析

直接材料成本差异是指在实际产量下直接材料实际总成本与其标准总成本之间的差额。其计算与分析的公式如下：

$$直接材料成本差异＝直接材料实际总成本－按实际产量计算的标准总成本$$

分为：

$$直接材料用量差异＝（实际用量－用量标准）×价格标准×实际产量$$

$$直接材料价格差异＝（实际价格－价格标准）×实际用量$$

【例 8-2】 某制造公司生产甲产品。5 月份计划产量 1 050 件，实际产量 1 000 件，标准成本卡见表 8-2 所示。

表 8-2 甲产品标准成本卡

产品名称：甲　　　　　　　　　　　　　　　　　　　　　　　　　日期：

计量单位：件　　　　　　　　　　　　　　　　　　　　　　　　　单位：元

项 目	用量标准	价格标准（元）	金 额（元）
直接材料：A（千克）	80	3	240
B（千克）	10	5	50
直接人工（工时）	14	6	84
变动制造费用（台时）	14	7	98
单位变动成本标准			472
固定制造费用总额			72 000
单位产品成本标准			540.57

注：单位产品固定制造费用＝72 000÷1 050＝68.57（元）

5 月份实际材料用量 A 为 79 000 千克，B 为 10 800 千克。实际材料总成本 A 为

244 900 元,B 为 52 920 元。

要求:计算分析直接材料成本差异。

解 直接材料成本差异 $=(244\ 900+52\ 920)-1\ 000\times(80\times3+10\times5)$
$$=297\ 820-290\ 000=7\ 820(元)(超支差\ U)$$

原因分析:

(1) A 材料的用量差异 $=(79\ 000-1\ 000\times80)\times3=-3\ 000(元)(节约差\ F)$

B 材料的用量差异 $=(10\ 800-1\ 000\times10)\times5=4\ 000(元)(超支差\ U)$

A、B 材料用量差异合计为超支 1 000(元),即 $-3\ 000+4\ 000=1\ 000$。

(2) A 材料的价格差异 $=\left(\dfrac{244\ 900}{79\ 000}-3\right)\times79\ 000=7\ 900(元)(超支差\ U)$

B 材料的价格差异 $=\left(\dfrac{52\ 920}{10\ 800}-5\right)\times10\ 800=-1\ 080(元)(节约差\ F)$

两者合计为超支 6 820 元。

结论:两种材料的用量差异为超支 1 000 元,价格差异为超支 6 820 元,从而使得 5 月份产品直接材料总成本超支了 7 820 元。

直接材料的用量差异应由生产部门负责。一般说,产品耗用材料数量的多少,加工时损耗多少,企业的生产部门大致是能够控制的。造成材料数量超支差的成因有:不合理用料、技术不熟练、违反操作规程和出现质量事故等,也有的是采购部门业务不熟悉或其他原因购进了低质量的材料或规格与型号不符的材料,仓储人员不负责任的验收等原因而引起加工损耗和浪费,造成实际耗用增加。进行用量差异分析就是要找出造成差异的真正的具体原因。

直接材料价格差异通常由采购部门负责。因为同一种物资材料可在不同地点采购,买价、运杂费都不一样。另外采购批量是否按经济批量法采购,这些都是影响价格差异的方向和大小。当然在分析时要剔除物价上涨的影响,并明确区分造成差异的外部非管理原因和内部管理原因,以及导致直接材料价格差异的主要和次要原因,以便对症下药,提出改进措施。

2. 直接人工成本差异的计算与分析

直接人工成本差异是指在实际产量下,实际人工总成本与按标准计算的人工总成本的差异额。其计算公式如下:

直接人工成本差异=实际直接人工总成本—按实际产量计算的标准人工总成本

分为:直接人工效率差异=(实际工时—工时标准)×小时工资率标准×实际产量

直接人工工资水平差异=(实际小时工资率—小时工资率标准)

×实际总工时

直接人工效率差异就是工时用量差异,直接人工工资水平差异就是人工的价格差异。

【例8-3】 (续前例)从标准成本卡得知:甲产品工时定额为14工时,小时工资率标准为6元。5月份实际直接人工总工时为13 600工时,实际直接人工总成本为83 800元。

要求:计算分析直接人工成本差异。

解 直接人工成本差异=83 800-1 000×14×6=-200(元)(F)

原因分析:

(1) 直接人工效率差异=(13 600-14×1 000)×6=-2 400(元)(F)

即工人劳动效率提高,节约直接人工成本2 400元;

(2) 直接人工工资水平差异=$\left(\dfrac{83\,800}{13\,600}-6\right)\times 13\,600=2\,200$(元)(U)

即直接人工工资水平提高,使直接人工总成本超支2 200元。

两者合计,5月份的直接人工节约了200元。

直接人工成本差异形成的原因主要应由劳动人事部门和生产部门负责。其差异主要是由工资级别调整、生产工艺过程及加工方法的选用引起的,如由于技术工人调配不当,高级别、高工资率的技术工去操作一般普通工人能胜任的工作,会引起人工成本升高。又如低级别的技术工人去操作高水平的工作,因技术水平过低,造成产品报废或降级,会导致成本升高。要避免这些不利因素,劳动人事部门平时应注意技术培训、合理配备生产人员,适当安排技术力量。再如生产过程不合理、加工过程不妥当等,都可能是生产管理部门管理方面的原因造成的。为防止这类现象的发生,应加强生产管理部门的责任心,不断提高管理水平。

3. 变动制造费用差异的计算与分析

变动制造费用差异是在实际产量下,实际制造费用发生额与按标准计算的变动制造费用的差额。其计算公式如下:

变动制造费用差异=实际变动制造费用-按实际产量计算的标准变动制造费用

分为:变动制造费用效率差异=(实际工时-工时标准)×标准分配率×实际产量

变动制造费用耗费差异=(实际分配率-标准分配率)×实际总工时

变动制造费用效率差异就是工时用量差异,其含义与直接人工用量差异基本相同;变动制造费用耗费差异也是一种价格差异,与直接人工工资水平差异大致相似。

【例8-4】 接例8-2从标准成本卡得知:5月份变动制造费用小时分配率标准为7元,台时定额为14。本月实际变动制造费用总额为100 000元,实际总台时数为13 600台时。

要求:计算分析变动制造费用差异。

解 变动制造费用差异＝100 000－1 000×7×14＝2 000(元)(U)

原因分析：

变动制造费用效率差异＝(13 600－1 000×14)×7＝－2 800(元)(F)

说明劳动效率提高而节约变动制造费用2 800元；

变动制造费用耗费差异＝(100 000÷13 600－7)×13 600＝4 800(元)(U)

说明变动制造费用有关项目的价格变动,导致变动制造费用超支4 800元。

两者合计,变动制造费用超支2 000元。

变动制造费用差异分析的主要任务是分清效率差异和耗费差异对变动制造费用差异影响的大小和方向。造成差异的原因主要是间接材料、间接人工以及其他费用的节约或超支。强化生产管理,提高工时利用效率和劳动生产率是降低变动制造费用效率差异的主要手段。至于变动制造费用耗费差异,通常是由于各有关项目的价格原因造成的,多数属于客观因素,企业可调节控制的空间很小。

8.2.3　固定制造费用差异的计算与分析

固定制造费用差异是其实际支出额与标准支出额之差。即：

固定制造费用差异＝实际固定制造费用－实际产量的标准固定制造费用

＝实际固定制造费用－实际产量的标准总工时×标准分配率

式中

$$标准分配率＝\frac{固定制造费用预算总额}{预算产量的标准总工时}$$

在分析其原因时,有两差异分析法和三差异分析法两种。

1. 两差异分析法

两差异分析法把固定制造费用差异分为预算差异和能量差异。计算公式为：

预算差异＝固定制造费用实际发生额－固定制造费用预算额

＝实际工时×实际分配率－标准工时×标准分配率

能量差异＝(预算产量的标准总工时－实际产量的标准总工时)×标准分配率

【例8-5】　接例8-2从标准成本卡得知：5月份预算固定制造费用总额为72 000元。本月实际发生的固定制造费用为70 000元。实际产量的标准总工时为1 000×14＝14 000工时。本月计划生产甲产品1 050件,则预算产量的标准总工时为1 050×14＝14 700工时。

要求：用两差异法计算分析固定制造费用差异。

解　固定制造费用差异＝70 000－14 000×$\frac{72\ 000}{14\ 700}$＝1 428.57(元)(U)

原因分析：

固定制造费用预算差异＝70 000－72 000＝－2 000(元)(F)

固定制造费用能量差异＝(14 700－14 000)×$\frac{72\ 000}{14\ 700}$＝3 428.57(元)(U)

2. 三差异分析法

三差异分析法把固定制造费用差异分为开支差异、能力差异和效率差异。开支差异就是预算差异，把能量差异进一步划分为能力差异和效率差异。计算公式如下：

固定制造费用开支差异＝实际固定制造费用发生额－固定制造费用预算额

固定制造费用能力差异＝(预算产量的标准工时－实际总工时)×标准分配率

固定制造费用效率差异＝(实际总工时－实际产量的标准工时)×标准分配率

【例 8－6】 承前例 8－5 用三差异法分析固定制造费用差异。

解 固定制造费用开支差异＝70 000－72 000＝－2 000(元)(F)

固定制造费用能力差异＝(14 700－13 600)×$\frac{72\ 000}{14\ 700}$＝5 387.75(元)(U)

固定制造费用效率差异＝(13 600－14 000)×$\frac{72\ 000}{14\ 700}$＝－1 959.18(元)(F)

三差异合计：－2 000＋5 387.86－1 959.18＝1 428.68(元)

影响固定制造费用开支差异(预算差异)的因素可能包括管理人员工资及福利的调整、折旧方法的改变、修理费用开支的变化、办公用品价格的变化等。影响固定制造费用能力差异的因素可能包括产品销售量的变化、原材料供应方面的变化、生产设备利用效率的变化等。固定制造费用效率差异的影响因素可能包括劳动生产率的变动、生产批量的变化等。分析一个企业的各种成本差异，还需结合企业的实际情况，作出进一步、更具体的深入分析。

8.2.4 标准成本会计案例分析

新兴机床附件厂有职工 80 人，主要产品为分度头，月生产能力为 800 只。该厂生产设备落后，成本管理较差。企业年初采用标准成本制度进行成本控制，为缩短与先进水平企业之间的差距，该厂以同行业的先进水平作为制定成本标准的依据，修改原有的定额指标，并以此考核职工的业绩。

新制定的产品标准成本如下：

成 本 项 目	用 量 标 准	价 格 标 准	标准成本（元）
直接材料			
铸铁	2 千克	5 元/千克	10
合金钢	0.5 千克	26 元/千克	13
小 计			23
直接人工	18 工时	5 元/工时	90
制造费用			
变动制造费用	18 工时	1 元/工时	18
固定制造费用	18 工时	2.22 元/工时	40
产品标准成本			171

企业对变动成本实行弹性控制，固定成本实行总额控制，每月固定制造费用总额为
32 000 元，每月计划产量 800 只。

企业自实行标准成本制度以来，今年 1～7 月份的成本执行情况均为超支，其中1～
6 月份超支金额在 4 800～7 000 元之间，而 7 月份实际成本 148 757 元，与标准总成本
比较成本差异高达 15 377 元。鉴于此，厂长组织有关人员深入各部门了解情况，要求
分析成本差异，提出意见。经过调查分析，了解到如下情况：

（1）财务科汇总 7 月份产品的产量和成本资料如下：

实际产量：　　　　780 件

材料耗用：

铸铁：　　　　　1 800 千克　　实际成本　9 000 元

合金钢：　　　　440 千克　　　实际成本　12 320 元

工资支出：

实际工时：　14 430 小时　　实际工资　74 593 元

变动制造费用：　　　　　　　　　　15 444 元

固定制造费用：　　　　　　　　　　37 400 元

实际总成本：　　　　　　　　　　　148 757 元

标准总成本：　　780×171　　　　　133 380 元

成本差异：　　　　　　　　　　　　15 377 元

（2）从劳动工资科了解到：7 月份按规定给职工增加了工资，平均每人增加 40 元，
共 3 200 元，其中生产工人 2 400 元，管理人员 800 元。

（3）从生产计划科了解到，有近 60％的职工为能完成生产定额，厂里经常组织工人
加班，并发给加班工资。

（4）从供应科了解到，由于市场上合金钢货源紧缺，供应单位提高了合金钢的价

格,每千克提高了2元。

(5) 从设备部门了解到,6月份新增两台设备,每台100 000元,月折旧率0.4%,替代四台不适用的旧设备,每台原值30 000元,月折旧率0.4%。新设备使用后,旧设备未能及时处置。

(6) 从厂办公室了解到,7月份月支出的各种捐款、资助费、社会事业费等计3 000元,比上月增加一倍,其他情况同上月份相差不多。

另外,在深入各部门了解情况的过程中,还听到了有些职工对成本标准的议论:有些人认为标准制定不合理;也有些人认为标准是合理的,主要是执行的原因;也有些人认为标准反映基本情况,有些情况是难以估计的所以偏离标准是正常的,等等。

了解上述情况后,请你计算分析各种成本差异的原因;对现行成本标准提出评价;如要修改标准,你认为在何种水平较好?

解 1. 计算和分析差异:

(1) 材料价格差异:

铸铁:9 000−1 800×5=0

合金钢:12 320−440×26=880

材料用量差异:

铸铁:(1 800−780×2)×5=1 200

合金钢:(440−780×0.5)×26=1 300

材料成本差异   3 380

(2) 工资率差异   74 593−14 430×5=2 443

人工效率差异   (14 430−780×18)×5=1 950

人工成本差异   2 443+1 950=4 393

(3) 变动制造费用耗费差异   15 444−14 4301=1 014

变动制造费用效率差异   (14 430−780×18)×1= 390

变动制造费用成本差异   1 404

(4) 固定费用预算差异   37 400−32 000=5 400

固定费用产量差异   32 000−(780×40)=800

固定费用成本差异   6 200

成本总差异:

$$3 380+4 393+1 404+6 200=15 377(元)$$

造成数额较大的差异原因有:

(1) 不可避免和控制的原因:

材料提价   440×2=880

生产工人工资增加   2 400

固定费用中的工资增加　　　　　800
　　新旧固定资产折旧的差额　　　　320
　　　合　　计　　　　　　　　　　4 400

（2）可以避免的差异：

　　折旧老设备及时处置，可减少折旧：$4 \times 30\ 000 \times 0.4\% = 480$（元）

　　其他费用 3 000 元，如保持上月水平，可减少 1 500 元。

（3）剔除上述因素后，同 6 月份差不多：

$$15\ 377 - 4\ 400 - 480 - 1\ 500 = 8\ 997（元）$$

（4）说明降低成本的措施不力。

2．对成本标准的评价：

（1）从实际单位成本同标准单位成本比较看，偏离较多，且都在一个方向，说明标准制定得太紧；

（2）制定标准未从本单位实际情况出发；

（3）所制定的成本标准职工完成困难，影响积极性，久而久之，必然对成本控制不利；

（4）因此，大量成本差异存在，一方面说明在成本执行中存在问题，另一方面说明成本标准制定不恰当。

3．对于修改成本标准的意见：

（1）根据本单位的实际情况，不宜把成本标准订得太紧，可以根据 1～6 月份的资料，确定平均单位成本；

（2）根据 7 月份某些费用的变化进行调整；

（3）制定各成本项目的标准。

8.3　成本差异的账务处理

8.3.1　成本差异的账户设置

在标准成本会计核算体系中，对产品的标准成本和成本差异分别进行核算。其账户设置与日常核算如下：

设置"原材料"、"生产成本"、"产成品"账户，用于反映收入、发出、结存的原材料、在产品和产成品的标准成本。

核算成本差异的账户，通常按成本差异的具体内容进行设置，一般可直接用成本差异名做账户名。其账户包括：

1）直接材料成本差异，设置直接材料用量差异和直接材料价格差异两个科目；

2）直接人工成本差异，设置直接人工效率差异和直接人工工资率差异两个科目；

3）变动制造费用差异,设置变动制造费用效率差异和变动制造费用耗费差异两个科目;

4）固定制造费用差异,按两差异法设置固定制造费用预算差异和固定制造费用能量差异两个科目;按三差异法设置固定制造费用开支差异、固定制造费用能力差异和固定制造费用效率差异三个科目。

8.3.2　标准成本会计的记账规则

生产费用账户按标准成本登记;超支差,记入有关差异账户的借方;节约差,记入相应账户的贷方。

【例8-7】　综合本章例8-2～例8-6,按标准成本制度编制会计分录如下(单位:元):

借:生产成本——甲产品　　　　　　　290 000
　　直接材料价格差异——A　　　　　　7 900
　　直接材料用量差异——B　　　　　　4 000
　贷:原材料　　　　　　　　　　　　　297 820
　　　直接材料用量差异——A　　　　　　3 000
　　　直接材料价格差异——B　　　　　　1 080
借:生产成本——甲产品　　　　　　　84 000
　　直接人工工资水平差异　　　　　　2 200
　贷:直接人工工资　　　　　　　　　　83 800
　　　直接人工效率差异　　　　　　　　2 400
借:变动制造费用　　　　　　　　　　98 000
　　变动制造费用耗费差异　　　　　　4 800
　贷:相关科目　　　　　　　　　　　　100 000
　　　变动制造费用效率差异　　　　　　2 800
借:固定制造费用　　　　　　　　　　68 571.43
　　固定制造费用能力差异　　　　　　5 387.75
　贷:相关科目　　　　　　　　　　　　70 000
　　　固定制造费用开支差异　　　　　　2 000
　　　固定制造费用效率差异　　　　　　1 959.18

8.3.3　期末成本差异的账务处理

会计期末对本期发生的成本差异的处理,常见的方法有三种。

1. 直接处理法

将本期发生的各种差异全部计入利润表,由本期的收入补偿,即把成本差异视同于销售成本。这样处理的依据是:本期成本差异应体现本期成本控制的业绩,应该在本期的利润中予以反映,使当期经营成果与成本控制业绩直接挂钩。但当成本标准过于陈旧或者实际成本水平波动较大时,就会因差异额过大,而导致当期利润和期末存货成本失真。

2. 递延法

递延法是把本期的各类差异按标准成本的比例在本期销售和期末存货之间进行分配,将销售成本和期末存货成本调整为实际成本。这样处理的依据是:成本差异不应该全部由本期销货承担,而应该有一部分随期末存货递延到下期。这样计算可以较准确地确定本期产品的实际成本,但分配成本差异的工作过程比较麻烦。

3. 稳健法

稳健法对成本差异中的主观差和客观差采取不同的处理方法。对于主观差,按直接法处理,即全部计入当期利润表。因为主观差是必须要落实经济责任的,作为对责任人实施奖惩的基本依据,应该在当期及时完全兑现。对客观差,按递延法处理,即在本期销售和期末存货之间按比例进行分配。这种处理方法的优点是能在一定程度上通过利润表来反映成本控制的业绩,又可以将那些非主观努力可以控制的成本差异合理地分配给有关对象。但不太符合财务会计的一致性原则。

8.4 成本差异管理的原则

8.4.1 目标管理及责任落实原则

标准成本会计的目的是通过目标成本管理和成本差异分析,以落实经济责任制的形式进行成本控制。这就要求与目标管理经济责任制的建立与健全配套衔接,事先将成本管理目标层层分解,明确规定有关方面或个人应承担的成本控制责任与义务,并赋予其相应的权利,使成本控制的目标和相应的管理措施能够真正落到实处,并作为考核业绩的依据。

8.4.2 物质利益原则

对于那些成本控制卓有成效(主观差中的节约差)的部门或个人,应当给予相应的物质鼓励;对于那些主观努力不够,措施不得力,成本控制效果不好(主观差中的超支差)的部门或个人,应当在查明原因的基础上给予相应的经济处罚。

8.4.3 例外管理原则

例外管理原则是指在日常实施标准成本会计的同时,有选择地分配人力、物力和财力,抓住那些重要的、不正常的、不符合常规的成本差异进行管理。采取例外管理的好处在于：一方面可以通过分析实际脱离标准的原因来达到日常成本控制的目的；另一方面可检验标准本身是否先进,适宜。

在实务中,通常有以下几种"例外"：

1. 重要性例外

例外的标准首先要体现重要性原则的要求。这是根据成本差异金额的大小来决定的。一般来说,只有数额较大的差异才应给予足够的重视。这里金额的大小通常以成本差异占标准成本或预算的百分比来表示。有的企业将差异率在 10％ 以上的差异作为例外处理,当然也可以根据各自的生产经营特点,确定重要性的标准。

2. 一贯性例外

有些成本差异虽未达到重要性标准,却经常性地在某一个范围内波动,这也应引起管理人员足够的重视。因为这种情况可能是由于原标准已过时失效或成本控制不严造成的。西方国家有些企业规定,任何一项差异持续在一星期超过 50 元,或持续三星期超过 30 元,均视为例外。

3. 可控性例外

相关人员无法控制的成本项目,如市场价格变动之类的原因引起的客观差,即使差异达到重要性标准,也不应视为例外。否则会挫伤责任人的积极性。

4. 特殊性例外

凡对企业的长期获利能力有重要影响的成本项目,即使差异没有达到重要标准,也应作为例外,查明原因。

【思考题】

1. 标准成本会计包括哪些内容？

2. 什么是标准成本？标准成本有哪些类型？

3. 如何制定标准成本？

4. 如何计算分析成本差异？成本差异分析的基本公式中,计算用量差异时为什么要用价格标准作权数？计算价格差异时,又为什么要用实际用量作权数？

5. 归集成本差异的会计分录是怎么编制的？期末成本差异有哪些处理方法？

6. 成本差异管理的原则有哪些？为什么要讲究物质利益原则？有哪些例外？

【练习题】

1. 单项选择

1) 按单位产品的成本项目反映的目标成本称为 （　　）

    A. 单位成本　　　　B. 标准成本　　　　C. 预算成本　　　　D. 目标成本

2) 按单位工时标准分配的制造费用预算称为 （　　）

    A. 生产量预算　　　　　　　　　　B. 工时分配率标准

    C. 制造费用预算　　　　　　　　　D. 制造费用分配率标准

3）企业制定标准成本时实际选用的是 （　　）

    A. 现实标准成本　　　　　　　　　　B. 理想标准成本

    C. 基本标准成本　　　　　　　　　　D. 正常标准成本

4）按成本差异的性质不同，可划分为 （　　）

    A. 主观差与客观差　　　　　　　　　B. 用量差和价格差

    C. 纯差和混合差　　　　　　　　　　D. 节约差和超支差

5）变动制造费用效率差异是指 （　　）

    A. 工人劳动生产率变动而发生的差异　　B. 机器设备效率变动而发生的差异

    C. 制造费用价格变动而发生的差异　　　D. 工人工资变动而发生的差异

6）变动制造费用的价格差异又称为 （　　）

    A. 效率差异　　　　B. 开支差异　　　　C. 预算差异　　　　D. 能量差异

7）直接人工小时工资率差异属于 （　　）

    A. 用量差异　　　　B. 价格差异　　　　C. 能力差异　　　　D. 效率差异

2. 多项选择

1）产品的标准成本是指 （　　）

    A. 生产产品的单位项目成本　　　　　B. 生产产品的全部成本

    C. 单位产品的目标成本　　　　　　　D. 预定的目标成本

2）在变动成本法下，产品标准成本的构成内容有 （　　）

    A. 直接材料的标准成本　　　　　　　B. 直接人工的标准成本

    C. 变动制造费用的标准成本　　　　　D. 固定制造费用的标准成本

3）材料价格差异的责任可能由_____承担。 （　　）

    A. 采购部门　　　　　　　　　　　　B. 运输部门

    C. 生产和销售部门　　　　　　　　　D. 企业

4）下列正确的说法有 （　　）

    A. 直接人工效率差异应该落实经济责任，所以必须是纯差

    B. 直接材料价格差异应由采购部门负责，必须是纯差

    C. 递延法把全部成本差异在本期销售和期末存货之间进行分配

    D. 稳健法不太符合谨慎性原则

5）固定制造费用差异分析的三差异法包括 （　　）

    A. 开支差异　　　　B. 能力差异　　　　C. 能量差异　　　　D. 效率差异

3. 计算分析题

1）某企业产销甲产品，对 W 材料的消耗定额 100 千克，材料价格标准 6 元/千克。9 月份实际产品产量为 2 000 件。W 材料的实际领用量为 198 000 千克，实际材料总成本为 1 227 600 元。

    要求计算：（1）直接材料成本总差异；

               （2）直接材料成本用量差异；

               （3）直接材料成本价格差异。

2）某企业生产甲产品，单位产品标准工时为 4 小时，工资率标准为 7 元/小时。本月计划产量1 200件，实际产量为 1 260 件。实际总工时为 4 536 小时，实际工资总额为 33 205.6 元。

要求计算：（1）直接人工成本总差异；

（2）直接人工效率差异；

（3）直接人工工资水平差异。

3）（接上题）本月变动制造费用预算为 19 200 元，实际发生变动制造费用 21 000 元。

要求计算：（1）变动制造费用总差异；

（2）变动制造费用效率差异；

（3）变动制造费用耗费差异。

4）某企业本月固定制造费用预算总额为 65 000 元，实际发生额是 72 000 元。预算产量标准工时为 4 200 工时，实际产量应耗用的标准工时为 4 400 工时，本月实际耗用工时 4 500 工时。

要求计算：（1）固定制造费用总差异；

（2）固定制造费用的预算差异和能量差异；

（3）固定制造费用的开支差异、能力差异和效率差异。

5）对前面四题的计算结果，编制标准成本制度的会计分录。

责任会计

导　读

张先生经过十余年的个体工商户生涯,积累了上千万元的资产后,成立了宏泰有限责任公司。又经过数年的经营,他现在已经是旗下拥有四家子公司、六家分公司,总资产达到 8 亿元,年营业收入超过 20 亿元的宏泰集团的老总了。摊子大了、层次多了,管理的难度越来越大了,作为集团老总,可用于睡觉的时间越来越少了!

为了提高管理效率,落实预算,完善各部门业绩考评,真正落实经济责任,充分调动每位员工的积极性和创造性,2009 年初,集团委托国际知名的勤信会计师事务所为其设计了层次分明的责任中心、严格的权利分配制度和严密的考核指标体系。集团总部为投资中心,子公司之一的财务公司是资金调配中心,另外三个子公司也是投资中心,但资金由集团通过财务公司统一使用;各分公司为利润中心,利润中心以下再设成本中心和费用中心。

这套系统运行的两年多以来,张先生的生活质量提高了,可用于睡觉的时间多了,公司的经济效益却成倍地提高了!

讨论:现代企业为什么需要分权管理?各种经济责任为什么要落实到人?企业集团的资金调度是由总部统一调度好,还是由各下属企业自行安排更好?

【学习目标】

弄清责任会计的基本内容,明确建立责任会计的基本原则;掌握责任中心的类型、考核指标和内部转移价格的制订方法。

【重点与难点】

建立责任会计的原则;责任中心的划分;各类责任中心的特征及其考核指标;内部转移价格的制订;责任中心业绩考评指标的理解和运用。

9.1　责任会计及其建立

责任会计是现代管理会计的一项重要内容,其雏形最早产生于 19 世纪末 20 世纪初。这一时期随着泰罗制的出现和广泛推行,为进一步提高企业的生产效率和工作效率,会计逐渐与泰罗制相结合,会计服务的重心由对外转移到对内强化经营管理方面,在此基础上形成了标准成本制度和预算控制系统,会计核算与会计管理向企业内部纵深方向发展。二次世界大战后,科技迅猛发展,市场竞争加剧,企业规模进一步扩大,形成了多元化经营格局,涌现了许多跨行业经营、跨国经营的大公司,庞大的公司规模、众多的管理层次以及遍布世界各地的分支机构,使企业管理难度愈来愈大,企业的高层领导对下属单位的所有经营活动不可能做到"事必躬亲",迫使企业将一定的日常经营管理决策权下放给下属单位,实行分权管理。而企业越是下放经营管理权限,越要加强内部控制,完善内部经营机制,责任会计正是为适应这种要求而得到了重视并发展壮大。因而,责任会计是现代企业分权管理的产物。

9.1.1 责任会计的意义

责任会计就是由于分权管理的需要,在企业内部建立若干责任单位,通过对它们分工负责的经济活动进行规划、控制、考核和业绩评价,将会计工作与企业经济责任制紧密结合融为一体的一种会计制度。

责任会计的建立,对改善企业经营管理,提高经济效益意义重大。具体体现在:

1) 有利于分权管理和贯彻经济责任制。实行责任会计后,全面预算分解为责任预算,明确了各个责任单位在预算期的工作目标和具体任务,同时赋予其一定的权力,让其承担相应的职责,而且各责任单位的工作实绩与相应职工的经济利益挂钩,使责、权、利紧密结合,有利于充分调动企业各级员工的工作积极性和主动性,促进了工作效率的提高。

2) 有利于各个责任单位的分目标与企业总体目标保持一致,从而确保总体目标的实现。各责任单位的分目标实际上就是企业总体目标的具体体现,两者是统一的。企业领导人根据责任会计提供的资料,对各责任单位的目标进行协调,使各责任单位相互协作,为实现企业的总体目标而共同努力。

3) 有利于对各个责任单位的经营活动进行调节和控制。通过对企业内部各责任单位的实际执行结果与责任预算的比较,分析差异产生的原因,根据实际情况调整当前的活动,使实际执行结果尽可能与预期目标相一致。

4) 有利于对各个责任单位的工作业绩进行正确考评。责任预算既是控制各个责任单位经济活动的依据,也是考评各个责任单位工作业绩的主要标准。责任会计通过对各个责任单位实际执行情况的核算,为考评各个责任单位的工作业绩提供有效可靠的信息,使考评结果更趋合理、正确。

9.1.2 责任会计的内容体系

责任会计从建立到实施,整个内容体系主要由以下几部分构成:

1) 划分责任中心。根据企业的具体情况和内部管理的实际需要,将企业内部单位划分为各种形式和不同层次的责任中心,并赋予其相应的责任和权力。所谓责任中心就是指有专人承担规定的经济责任,并行使相应职权的企业内部单位。每个责任中心都有非常明确的由其进行严格控制的经济活动区域,也即:各个责任中心进行经济活动时的权职范围必须十分明确。在实际工作中,一般根据各责任层次的控制区域和权职范围的大小,将责任中心划分为成本中心、利润中心和投资中心。

2) 编制责任预算。为顺利实现企业的总体目标,责任会计将全面预算所确定的目标和任务,按责任中心层层分解、落实,为每个责任中心编制具体的责任预算,作为今后控制经济活动的主要依据和评价工作业绩的主要标准。

3) 建立核算体系,编制业绩报告。责任中心及其责任预算一经确定,就要收集、整理、记录、计算和积累有关执行资料,对各个责任中心日常发生的成本、收入以及责任中心之间的相互结算和转账的经济业务进行核算,及时反映责任预算的执行情况,定期编制业绩报告。

4) 及时进行反馈控制。根据各责任中心的业绩报告,通过差异分析的方法,及时通过信息反馈,巩固成绩并对存在的问题迅速采取有效措施,以调节和控制日常经济活动,实现预期目标。

5) 考评工作业绩。根据各责任中心的业绩报告,比较实际和预算的差异并分析差异的原因,明确责任的归属,据此评价和考核各中心的实际成绩和经营效果,并根据期初制定的奖惩制度奖优罚劣。

9.1.3 责任会计的建立原则

1) 目标一致性原则(亦称总体优化原则)。该原则要求各个责任中心的具体目标与经营活动必须同企业的总体目标保持一致。企业各个责任中心的责任预算建立在全面预算的基础上,在责任预算执行过程中,各个责任中心要时刻朝着既定的总体目标协调发展,局部利益要服从企业总体利益,力求企业整体效益最大化。

2) 可控性原则。企业各个责任单位只能对其在权责范围内可以控制和管理的经济活动负责,对其权力不及、控制不了的经济活动不承担经济责任。应当注意的是:可控与不可控是相对的。首先,不同层次的责任中心其权责范围和可控区域不一样,层次越高,权责范围和可控区域越大,低层次责任中心不可控的项目往往是高层次责任中心的可控项目;其次,同一层次的责任中心由于权责范围的区别,其可控对象和范围也不一样,某一责任中心的不可控项目,又往往是同层次另一责任中心的可控项目。最后,即使是同一责任中心,由于情况的变化,其可控范围也可能会有所变动。

3) 责、权、利相结合原则。责、权、利相结合原则实际上就是要明确各个责任中心应承担的责任,同时赋予相应的权力,并制定合理的业绩考核标准,根据各中心职责的履行情况给予一定的奖惩。该原则要求责任中心的权限大小与责任大小相结合、相匹配,权力不当会损害各个责任中心甚至整个企业的利益;同时,责任中心的利益大小也要与其承担的责任大小相结合,如果利益与责任不匹配,也会损害各个责任中心与整个企业的利益,挫伤职工的积极性。

4) 激励性原则。对各个责任中心责任预算的编制、考评标准的确定要具有激励作用,要有助于充分调动各中心和广大员工的积极性和创造性。该原则要求企业有关部门在编制责任预算、确立考评标准时须考虑到各个责任中心预算水平的协调性,尽可能做到公平合理。

5) 反馈性原则。各个责任单位对预算执行过程要及时、准确并可靠地进行计量、记录和计算,以编制业绩报告的形式将信息进行反馈,便于及时发现问题,迅速采取措施,对实际脱离预算的差异作出恰当调整,实现对日常经济活动的有效控制,从而确保生产经营活动的有序进行,使企业经营管理水平进一步提高。

6) 及时性原则。及时性原则就是指责任会计信息资料的提供必须及时。在利用信息反馈对日常经济活动进行有效控制的过程中,及时性非常重要,及时地提供可靠信息,有助于责任者迅速调节和控制自己的行为,尽快地发现和调整不可控因素,便于预期目标的是否实现,也便于正确考评各个责任中心的经营业绩。

9.2 责任中心及其考核指标

推行责任会计制度的企业,首先必须根据企业实际情况和经营管理需要,将企业合理地划分为若干形式和层次的责任中心,明确其经管责任,赋予相应的权力,制定合理的奖惩制度,充分调动一切积极因素,促使各个责任中心各尽其责并协调配合,为实现企业的总目标而共同努力。

如何建立责任中心,建立多少责任中心,完全取决于企业的具体情况和内部管理的需要,通常根据权责范围和控制区域的大小,将责任中心分为成本中心、利润中心和投资中心三种类型。

9.2.1 成本中心及其考核

1. 成本中心的涵义

成本中心是指只发生成本(费用)而不取得收入,并能对其成本(费用)进行控制和考核的企业内部单位。它是企业推行责任会计制度应设置的最基层的责任单位,企业的分厂、部门、车间、工段、班组、个人等都可成为成本中心,它是企业中应用范围最广的责任中心。凡是企业内部有成本发生,需要对成本负责,并能进行控制的单位,都可以是成本中心。

对成本中心工作业绩的考评,往往是通过将成本中心一定期间实际发生的成本与预算成本的对比来实现的。而企业内部的人事、总务、财务等部门只提供一定的专业服务,通常将它们称为费用中心,其实质就是广义上的成本中心,一般通过编制费用预算作为考评实际费用水平的尺度。

在对成本中心的考核过程中，往往会涉及到可控成本和责任成本等新的成本概念。

2. 可控成本与责任成本

1）可控成本。成本按其是否可控性可以分为可控成本和不可控成本，可控成本一般应同时符合以下三个条件：① 责任中心有办法知道将要发生什么样性质的成本；② 责任中心能够对成本进行计量；③ 责任中心能够通过自己的行为对成本进行调节和控制。凡不能同时符合以上三个条件的成本均属于不可控成本。

成本中心只对成本负责，但成本中心所发生的成本，有些是本中心可以控制的，有些是本中心无法控制的，很显然，成本中心只能对其可控成本负责。但成本的可控与不可控往往是相对的，它与责任中心的权责范围和可控区域大小紧密相关。对整个企业而言，几乎所有成本都可以被视为可控成本，很少存在不可控成本；而对于企业内部的各个责任中心来说，则既有其各自专属的可控成本，又有其各自的不可控成本。一个责任中心的不可控成本，往往是另一个责任中心的可控成本；下一级成本中心的不可控成本，对于上一级成本中心来说，往往是可控的。如：因材料质量不合格而造成的超额消耗，对于生产车间这个成本中心而言属于不可控成本，但对于采购部门这一成本中心来说则属于可控成本；又如：生产车间发生的折旧费用，对于生产车间这个成本中心来说是可控成本，而对于其下属的班组这一成本中心来说则是不可控成本。

2）责任成本。责任成本是指责任中心的各项可控成本之和。作为成本中心，在其业绩报告中一般只反映自己的责任成本，对不可控成本往往不予反映，或最多把不可控成本作为参考资料进行列示。

在责任会计制度下，责任成本不是传统的产品成本，它与产品成本既有区别又有联系。就其区别而言，主要体现在以下方面：

（1）成本计算的对象不同。产品成本以产品作为成本的计算对象来归集和分配费用；而责任成本则以责任中心作为成本计算对象来归集和分配费用。

（2）成本计算的原则不同。产品成本的计算原则是"谁受益，谁承担"；而责任成本的计算原则是"谁负责，谁承担"。

（3）成本计算的内容不同。产品成本包括了从事产品生产的各个责任中心为生产该种产品而发生的成本，既包括各个责任中心的可控成本，也包括各个责任中心的不可控成本；而责任成本只包括可控成本。

（4）成本计算的目的和用途不同。产品成本计算的目的和用途是为了制订产品售价、计算经营利润、反映和监督产品成本计划的执行情况，是企业实行经济核算制的重要手段；而责任成本计算的是各个责任中心应负责控制的成本，反映和考评的是责任预算的执行情况，是企业进行成本控制和贯彻经济责任制的重要手段。

就责任成本与产品成本的联系来讲，两者的性质相同，都是企业生产经营过程中发生的耗费,对某一特定时期来说,企业的产品总成本与各个责任中心的全部责任成本的总和,应当是相等的。

【例9-1】 某公司生产A、B两种产品,共设置了四个成本中心,即甲、乙两个生产车间和丙、丁两个服务部门,本期共发生成本60 000元,该公司产品成本与责任成本的区别与联系如表9-1和9-2所示。

表9-1 产品成本单

成本项目	全公司(元)	A产品(500件)		B产品(400件)	
		总成本(元)	单位成本(元)	总成本(元)	单位成本(元)
直接材料	25 000	15 000	30	10 000	25
直接人工	15 000	9 000	18	6 000	15
制造费用	20 000	10 000	20	10 000	25
合　计	60 000	34 000	68	26 000	65

表9-2 责任成本单

成本项目	全公司(元)	责任中心			
		甲(元)	乙(元)	丙(元)	丁(元)
直接材料	25 000	17 000	8 000		
直接人工	15 000	8 000	7 000		
制造费用:					
间接材料	4 000	1 500	1 200	800	500
间接人工	3 000	500	1 000	900	600
管理人员工资	5 000	1 600	1 200	1 000	1 200
折旧费	6 000	2 000	1 400	1 200	1 400
其他	2 000	500	800	500	200
合计	60 000	31 100	20 600	4 400	3 900

3. 成本中心的考核

成本中心的考核就是对成本中心责任预算的实施结果进行考核。对成本中心工作业绩进行评价和考核的重要指标是责任成本,考评时,通常以成本中心的业绩报告作为依据,根据业绩报告中的责任成本实际数与预算数的比较,确定成本降低额与成本降低率,分析成本升降的原因,据此对成本中心责任预算执行情况进行正确、公正的考评。

成本中心需要定期编制业绩报告,业绩报告通常按该中心可控成本的各明细项目分别列示预算数、实际数、成本升降额和成本升降率。实际工作中,为便于对将来巩固成绩、改进工作等进行信息反馈服务,在业绩报告中往往需要对成本升降的原因进行分析和说明,在"成本升降率"栏后面加设"成本升降原因分析"一栏。在进行成本升降原因分析时,可以从可控总成本升降额和单位可控成本升降额两个方面去分析。

1) 可控总成本升降额与可控总成本升降率。

$$可控总成本升降额 = 可控成本实际总数 - 可控成本预算总数$$

$$可控总成本升降率 = \frac{可控总成本升降额}{可控成本预算总数} \times 100\%$$

可控成本实际总数小于预算总数,表示可控成本总额的节约。可控成本总额降低,它可能是成本中心通过挖掘内部潜力、降低材料消耗、提高劳动生产率而取得的成绩,但也有可能是成本中心没有完成预期产品产量等原因而导致的总成本下降;反之,可控成本实际总数大于预算总数,表示可控成本总额的超支。可控成本总额上升,它可能是成本中心内部管理不善等原因造成的,也有可能是成本中心超额完成预期产品产量等原因而引起的。因此,在可控成本总额升降分析的基础上,需设置单位可控成本升降额进行进一步的分析。

2) 单位可控成本升降额与单位可控成本升降率。单位产品实际可控成本小于单位产品预算可控成本,表示单位产品可控成本的节约;反之,单位产品实际可控成本大于单位产品预算可控成本,表示单位产品可控成本的超支。单位可控成本升降额与单位可控成本升降率的计算公式如下:

$$单位产品实际可控成本 = \frac{实际可控成本总额}{实际产品产量}$$

$$单位产品预算可控成本 = \frac{可控成本预算总额}{计划产品产量}$$

$$单位可控成本升降额 = 单位产品实际可控成本 - 单位产品预算可控成本$$

$$单位可控成本升降率 = \frac{单位产品可控成本升降额}{单位产品预算可控成本} \times 100\%$$

成本中心业绩报告的编制时间可根据企业的实际需要,按日、旬、月、季或年等均可编制,其编制方法和格式可参考下例。

【例 9-2】 某生产车间 2 月份计划产量 400 件,原材料消耗定额 2 千克/件,计划单价 3 元,工时定额 5 小时/件,工资率 3 元/小时。间接费用中:电力费 0.2 元/小时,物料费 0.1 元/小时,预计管理人员工资 2 000 元,折旧费 5 000 元,其他 1 000 元。2 月份实际完成产量 500 件,实际消耗资料如下:原材料 950 千克,单价 3 元,直接人工 2 560 小时,直接人工工资总额 8 192 元,电力费 420 元,物料费 160 元,管理人员工资 2 100 元,折旧费 5 000 元,其他 800 元。则:该成本中心的业绩报告如表 9-3 所示。

表 9-3 某生产车间(成本中心)业绩报告

项 目	预算(400 件)(元)		实际(500 件)(元)		成本升降额(元)		成本升降率(%)	
	总成本	单位成本	总成本	单位成本	总成本	单位成本	总成本	单位成本
可控成本:								
原材料	2 400	6	2 850	5.7	450	−0.3	18.75	−5
工资	6 000	15	8 192	16.38	2 192	1.38	36.53	9.2
电力费	400	1	420	0.84	20	−0.16	5	−16
物料费	200	0.5	160	0.32	−40	−0.18	−2	−36
小计	9 000	22.5	11 622	23.24	2 622	0.74	29.13	3.3
不可控成本:								
管理人员工资	2 000		2 100		100		5	
折旧费	5 000		5 000		0		0	
其他	1 000		800		−200		−20	
小 计	8 000		7 900		−100		−1.25	
合 计	17 000		19 522		2 522		14.84	

9.2.2 利润中心及其考核

1. 利润中心的涵义

利润中心是指既要对成本负责,又要对收入和利润负责的责任中心。它既要控制成本的发生,也要对收入与成本的差额(即利润)进行控制,是企业组织中具有独立收入来源的较高责任层次,如分厂、分公司、条件成熟的生产车间和职能部门等。一般来说,建立利润中心应具备以下条件:① 具有独立的收入来源;② 能独立核算盈亏;③ 对产品的销售对象、销售数量、销售价格及成本具有控制能力。

2. 利润中心的分类

根据收入来源不同,利润中心可以分为自然利润中心和人为利润中心两类:

1) 自然利润中心。是指能够直接对外界市场出售产品或提供劳务(也可向企业内部其他责任中心出售产品或提供劳务),从而获得收入并赚取利润的责任中心。

为确保自然利润中心对其实现利润的可控性,使其真正能够控制自己所经管的成本、收入和利润等指标,作为一个完全的自然利润中心来说,应拥有一定的权力,如:材料采购权、生产决策权、产品定价权等。一般来说,只有独立核算的企业才能具备作为完全的自然利润中心的条件,企业内部的自然利润中心基本上属于不完全的自然利润中心。

2）人为利润中心。它是指只能向企业内部各责任中心出售产品或提供劳务（无法直接向外界市场出售产品或提供劳务），并按内部转移价格进行内部结算，确认其成本、收入和利润的责任中心。建立人为利润中心的主要目的是把市场竞争机制引入企业内部，明确经济责任，正确考评各责任中心的工作业绩。

大多数企业往往可以通过制定内部转移价格，为成本中心相互间提供的产品或劳务确定结算价格，使这些成本中心取得收入，从而成为人为的利润中心。如：某公司纺纱车间生产的棉纱作价给织布车间，织布车间的坯布作价给印染车间，印染车间的色布又作价给厂部，这样，三个基本生产车间就人为地划分为三个利润中心。实际上，企业中的许多成本中心都可以转化为人为的利润中心，其关键取决于合理制定内部转移价格。

3. 利润中心的考核

对利润中心的考核往往也是通过编制业绩报告，将实际数与预算数进行差异分析的基础上进行的。由于利润中心既要对成本负责，同时又要对收入和利润负责，因而在利润中心的业绩报告中要反映成本、收入及利润的预算数、实际数和差异数，并对差异原因进行分析，从而客观、正确地评价利润中心的工作业绩。在实际工作中，对利润中心的考核指标主要有部门经理边际、部门边际和税前利润。

部门经理边际＝销售收入总额－变动成本总额－部门经理可控专属固定成本

部门边际＝部门经理边际－部门经理不可控专属固定成本

税前利润＝部门边际－上级分配共同固定成本

利润中心的业绩报告通常按变动成本法编制，采用贡献式利润表的格式，分别列示销售收入、变动成本、贡献边际、部门经理可控专属固定成本、部门经理边际、部门经理不可控专属固定成本、部门边际、上级分配共同固定成本和税前利润等指标的预算数、实际数和差异数及差异原因分析，其中：销售收入、贡献边际、部门经理边际、部门边际和税前利润五项指标的预算数大于实际数是不利差异；反之，预算数小于实际数为有利差异；变动成本和固定成本两项指标的预算数大于实际数为有利差异；反之，预算数小于实际数为不利差异。为有效揭示利润中心的计划利润完成情况，除上述总额上的分析外，还可以通过设置税前利润率差异指标来进行进一步考核。

税前利润率差异＝实际税前利润率－预算税前利润率

$$实际税前利润率＝\frac{税前利润实际数}{实际销售收入总额}×100\%$$

$$预算税前利润率＝\frac{税前利润预算数}{销售收入预算数}×100\%$$

【例9-3】 某公司甲利润中心本月的预算资料和实际经营情况如表9-4所示。

表9-4

项　　目	实　际　数	预　算　数
销售量	820 件	800 件
销售单价	56 元	56 元
单位变动生产成本	26 元	25 元
单位销售及管理成本	5 元	4.8 元
可控固定生产成本	5 280 元	5 350 元
可控固定销售及管理成本	2 850 元	2 600 元
不可控固定销售管理成本	1 200 元	1 000 元
上级分配固定成本	3 380 元	3 400 元

根据上述资料编制甲利润中心本月份的业绩报告如表9-5所示。

表9-5　甲利润中心业绩报告　　　　　　　　　　　单位:元

项　　目	预　算	实　际	差　异	原因分析
销售收入	44 800	45 920	1 120(F)	
变动成本:				
变动生产成本	20 000	21 320	1 320(U)	
变动销售及管理成本	3 840	4 100	260(U)	
贡献边际总额	20 960	20 500	−460(U)	
可控固定成本:				
可控固定生产成本	5 350	5 280	−70(F)	
可控固定销售及管理成本	2 600	2 850	250(U)	略
部门经理边际	13 010	12 370	−640	
不可控固定成本:				
不可控固定销售及管理成本	1 000	1 200	200(U)	
部门边际	12 010	11 170	−840(U)	
上级分配固定成本	3 400	3 380	−20(F)	
税前利润	8 610	7 790	−820(U)	
税前利润率	19.22%	16.96%	−2.26%(U)	

9.2.3 投资中心及其考核

1. 投资中心的涵义

投资中心是指既要对成本、收入、利润负责,又要对投资收益负责的责任中心。这类责任中心一般应拥有较大的生产经营决策权,其控制区域和权职范围比一般的利润中心要大得多,是企业中最高层次的责任中心。其适用范围仅限于规模和经营管理权限较大的部门和单位,如分厂、分公司等。

为便于准确计算各投资中心的经济效益,投资中心还必须与其他责任中心划清权、责、利的界限,对各投资中心共同使用的资产以及共同发生的成本,都应该按适当的标准进行分配,对相互调剂使用的现金、存货、固定资产等实行有偿使用。

2. 投资中心的考核指标设置

对投资中心的考核,不仅要考核成本、收入、利润指标,还要进一步考核其占用的全部资产的经济效果。为此,在编制投资中心的业绩报告时,除使用收入、成本和利润等指标外,重点应计算、分析和研究利润与投资额的关系,所以在对投资中心进行考核时,应建立两个主要责任指标,即:投资报酬率和剩余收益。

1) 投资报酬率。投资报酬率是指投资中心的税前利润与其所占用的投资之间的比例。它是综合评价投资中心经济效益的一项主要指标,该指标揭示了投资中心的利润水平,反映了资产的使用效果。其计算公式如下:

$$投资报酬率 = \frac{税前利润}{投资总额(营业资产平均占用额)} \times 100\%$$

$$= \frac{税前利润}{销售收入} \times \frac{销售收入}{营业资产平均占用额} \times 100\%$$

$$= 销售利润率 \times 资产周转率$$

【例9-4】 某投资中心本期实现销售收入800万元,创造税前利润120万元,营业资产期初余额369万元,期末余额405万元。则:

$$该投资中心的营业资产平均占用额 = (369+405) \div 2 = 387(万元)$$

$$投资报酬率 = \frac{120}{387} \times 100\% = \frac{120}{800} \times \frac{800}{387} \times 100\% \approx 31.01\%$$

为确保考核的公平合理性,在计算投资利润率时,应注意:① 各投资中心所占用的营业资产,以及发生的各项收入和成本数据都应建立在可比的基础上,考核仅限于各投资中心实际占用和可控制的区域;② 对各投资中心营业资产的计价必须建立在可比的基础上,特别是对各投资中心所占用的固定资产一般都应按原值计价。

此外,投资利润率可以按不同口径计算。一种是分子按息税前利润、分母按营业资产平均占用额计算,这种计算方法揭示了投资中心的资产利用效率;另一种是分子按税后利润、分母按投资总额扣除负债计算,这种计算办法是从投资者角度看其投资报酬的大小。

从投资利润率的计算公式中,可以找到投资中心提高投资报酬率的措施主要有以下几个方面:

(1) 扩大销售量。在营业资产保持相对稳定的基础上,设法增加销量,通过经营杠杆的作用使销售利润率得以较大幅度的提高,从而提高投资报酬率。

【例 9-5】 承例 9-4,若其他条件不变,销量增加 10% 引起税前利润增加 25%(设经营杠杆系数为 2.5)。则:

$$销售收入=800\times(1+10\%)=880(万元)$$

$$税前利润=120\times(1+25\%)=150(万元)$$

$$投资报酬率=\frac{150}{387}\times100\%\approx38.76\%$$

(2) 降低成本。在其他条件不变的前提下,设法降低酌量性固定成本和单位变动成本,以增加利润。

【例 9-6】 在例 9-4 中,若其他条件不变,成本降低 5 万元。则:

$$税前利润=120+5=125(万元)$$

$$投资报酬率=\frac{125}{387}\times100\%\approx32.3\%$$

(3) 减少营业资产。通过强化对存货的管理、加强应收账款的催收、及时处理不需用的固定资产等办法,减少流动资产和固定资产的占用数额,加速资产周转,提高投资报酬率。

【例 9-7】 在例 9-4 中,若其他条件不变,减少营业资产平均占用额 6 万元。则:

$$投资报酬率=\frac{120}{381}\times100\%\approx31.50\%$$

2) 剩余收益。单纯运用投资报酬率指标往往会使一些投资中心不愿从事投资报酬率较低、但对整个企业有利的投资项目,也不利于企业对不同规模的投资中心作出公正评价,且常常会导致企业整体利益和责任中心局部利益之间的矛盾。为此,通常采用剩余收益指标以弥补其不足。

剩余收益是指投资中心所获得的税前利润减去该中心占用的营业资产(或投资额)按最低投资报酬率计算的投资报酬(即占用营业资产的机会成本)后的余额。即:

$$剩余收益=税前利润-(营业资产\times最低投资报酬率)$$

【例9-8】 在例9-4中,若投资中心的预期最低投资报酬率为15%。则:

$$剩余收益 = 120 - 387 \times 15\% = 61.95(万元)$$

利用剩余收益指标考核投资中心,要求投资中心既要努力提高投资报酬率,又要尽可能增加剩余收益,这有利于克服本位主义思想,有利于考核的公平合理,有助于促进投资中心局部目标同企业整体目标保持一致。

3. 投资中心的考核

投资中心不仅对成本、收入、利润负责,而且还要对其全部资产总额负责,所以对投资中心的考核,除收入、成本和利润指标外,重点应放在投资报酬率和剩余收益这两项指标上,而且为了综合地考评各投资中心的工作业绩,激励各中心既考虑本中心的利益,也兼顾整个企业的全局利益,考评时应将投资报酬率和剩余收益这两项指标结合起来灵活运用。

在编制投资中心的业绩报告时,一般应列示销售收入、销售成本、税前利润、营业资产平均占用额、资产周转率、销售利润率、资金成本、机会成本、投资报酬率、剩余收益等指标的实际数、预算数和差异数,并对差异原因进行分析。

【例9-9】 某投资中心本年度的预期投资报酬率为15%,各项预算指标及其完成情况如表9-6所示。

表9-6 某投资中心各项预算指标及完成情况

项　　目	预　算　数	实　际　数
销售收入	150 000	180 000
销售成本	110 000	130 000
税前利润	40 000	50 000
营业资产	80 000	90 000

根据上述资料,编制该投资中心的业绩报告如表9-7所示。

表9-7 某投资中心本年度业绩报告

项　　目	预算数	实际数	差异数	原因分析
销售收入(元)	150 000	180 000	30 000(F)	
销售成本(元)	110 000	130 000	20 000(U)	
税前利润(元)	40 000	50 000	10 000(F)	略
营业资产(元)	80 000	90 000	10 000	
资产周转率(次)	1.875	2	0.125(F)	

项　　目	预 算 数	实 际 数	差 异 数	原 因 分 析
销售利润率(%)	26.67	27.78	1.11(F)	
投资报酬率(%)	50	55.56	5.56(F)	略
机会成本(元)	12 000	13 500	1 500(U)	
剩余收益(元)	28 000	36 500	8 500(F)	

评价：从上述业绩报告可以看出，该投资中心实际投资报酬率比预算数高出5.56%，其中销售利润率增长1.11%，资产周转加速0.125次，剩余收益增加了8 500元，较好地完成了目标任务，取得了较好的经济效益。

9.2.4　责任会计的应用案例分析

江南制药公司，生产大补膏和人参素两种产品，市场旺销，特别在春节后，市场上常常脱销，供不应求。

今年春节期间，该公司销售部门要求进行突击生产，加班加点，生产更多的产品以增加销售，提高利润。然而生产部门却反对这一做法，认为这样做要打乱全年生产计划，花费的代价太大。另外，生产部门知道，由于节假日加班加点要支付3倍的工资，因此产品成本很高，在进行一系列成本指标考核时，显然对生产部门十分不利。所以生产部门竭力反对，并抱怨销售部门只顾自己的一系列销售指标，而不考虑生产部门的苦衷。

但销售部门马上提出，你生产部门是否愿意承担失去大量客户的责任，是否考虑到销售收入和企业利润等各项经济指标。当然，生产部门是不愿承担这些责任的，但双方争执不休，最后矛盾上交公司总部。

公司总经理请财务经理提出意见，是否接受各项加班加点任务，怎样处理生产部门和销售部门之间的矛盾。假如你是财务经理，应该怎样回答这两个问题。

解　(1)一般情况下是否要接受额外生产任务，主要看其新增任务的边际收入是否大于边际成本而定。此题虽然没有讲明具体成本构成情况，但从该厂产品旺销，市场紧俏的情况看，可以肯定，该公司销售量，早已超过保本点销售量，所以只要有边际收入，一般情况下是应当接受此特殊加班任务的，因为这样可多创边际收入、多增加利润。

(2)应该运用责任会计思想来解决销售部门和生产部门之间的矛盾。主要方法是对每一笔特殊加班任务，按引起责任进行归集和计入。因为是销售部门要求加班而引导增加的费用进行归集后计入销售部门的成本中去。这样就不影响生产部门的一系列成本指标。而销售部门由于每次加班都要负担责任成本，对接受加班任务也会变得十分慎重,除非其增加的利润大于增加的成本才能接受,所以矛盾将得以解决。

9.3 内部转移价格

在责任会计体系中,企业内部的各个责任中心都是相对独立的商品生产经营者,为了分清经济责任,客观地衡量各个责任中心的经营业绩,对各责任中心之间的经济往来,需要按照等价交换的原则进行结算,因而会涉及到内部转移价格的制订问题,它是责任会计的重要组成部分,也是人为利润中心得以存在和发挥功效的前提。

9.3.1 内部转移价格的含义与作用

内部转移价格是企业内部各责任中心之间相互提供产品或劳务而进行相互结算或责任成本相互转账所选用的一种计价标准。相互结算是指企业各责任中心相互提供产品或劳务时所需进行的计价和清偿债权债务的行为。如前一道工序将加工完成的半成品转移到后一道工序继续加工,则需要按一定的价格进行计价并相互结算。相互转账实际上就是责任转账,是指由于责任成本发生的地点与应承担责任的地点不同,为划清责任,在各责任中心之间所进行的责任成本的相互结转和赔偿。如生产车间所耗用的原材料因质量不符合原定标准而发生的超定额耗费,则应由采购部门来承担。

合理制定内部转移价格对正确考评各责任中心的工作业绩,激发员工的积极性意义重大。具体表现在以下方面:

1) 合理的内部转移价格,有助于明确各责任中心的经管责任,从而激励中心负责人有效经营,充分调动员工的积极性;

2) 合理的内部转移价格,促进各责任中心的经济往来顺畅进行,使管理当局按照统一的标准考评各责任中心的业绩,有利于在客观、公正和可比的基础上对各个责任中心进行考评;

3) 合理的内部转移价格,有助于管理当局根据各责任中心提供的相关信息进行部门决策,以确保各个责任中心与整个企业经营目标的一致性。

9.3.2 内部转移价格的制定原则

1) 目标一致性原则。内部转移价格的制订,既要考虑各个责任中心的利益,更要考虑整个企业的整体利益,从全局出发,尽可能使各个责任中心的利益与企业的整体利益保持一致。当局部利益与整体利益发生矛盾时,应以整体利益为重。

2) 激励性原则。内部转移价格的制订应具有激励作用,要充分调动各个责任中心的工作积极性,促使全体职工共同为实现企业的总体目标而努力工作。

3) 价格与价值相符原则。内部转移价格的制订应以产品的价值为轴心,实行优质优价。因而,对于责任中心相互之间提供产品或劳务,以及有关责任中心之间责任成本的转账,一般应以"成本"为基础制订内部转移价格。

4) 公平性原则。企业制定的内部转移价格,应使提供产品或劳务的责任中心和接受产品或劳务的责任中心都认为公平合理,能够为各责任中心所接受。

9.3.3　内部转移价格的制定方法

制定内部转移价格的方法有很多,比较常用的有市场价格法、协商价格法、双重价格法和成本加成法等方法。

1. 市场价格法

市场价格法是指企业内部各个责任中心相互转移产品或劳务时,根据产品或劳务的市场供应价格作为计价基础的方法。这种方法特别适用于自然利润中心之间的往来结算。当提供产品的责任中心的产品能够对外销售,而接受产品的责任中心所需的产品也可以外购的情况下,这种方法能较好地体现公平性原则,有利于促使各个责任中心参与市场竞争,强化内部经营管理。但以市场价格作为内部转移价格也有一定的局限性,当市场价格不能合理确定的情况下,可能会导致各个责任中心之间的苦乐不均,影响工作积极性。

为确保各个责任中心的竞争建立在局部目标与企业总目标相一致的基础上,采用市场价格作为内部转移价格时,企业内部买卖双方需遵循"各责任中心应尽可能进行内部转让"的基本原则。即:当卖方愿意对内提供产品或劳务且售价不高于市场价格时,买方有义务向其购买,买方不得拒绝接受;当卖方提供的产品或劳务的售价高于市场价格时,买方有改向外界市场购入的自由;当卖方宁愿向外界提供产品或劳务时,则应有不对内销售的权利。

2. 协商价格法

协商价格法是指企业内部各个责任中心之间相互提供产品或劳务时,买卖双方以正常的市场价格为基础,定期共同协商确定一个双方都愿意接受的价格作为内部转移价格的方法。协商价格一般以市场价格为上限,以单位变动成本为下限。当企业内部相互提供的产品或劳务缺乏适当的市场价格时,通常可以采用协商价格。

以协商价格作为内部转移价格,可使买卖双方共同分享对内销售节约的费用,有助于企业整体利益的最优化;同时,协商价格的相对稳定避免或降低了市场价格波动带来的经营风险。但是,协商价格也存在一定的缺陷。首先,对涉及到的部门人员来说,协商过程花费很多人力、物力和时间;其次,协商往往会相持不下,有可能引发部门之间的矛盾,有时需要高层领导进行裁定,有悖分权管理的初衷;第三,可能会导致各个责任中心获利能力的大小与部门负责人谈判技巧关系密切;等等。

3. 双重价格法

双重价格法是指企业内部各个责任中心之间相互提供产品或劳务时,对买卖双方分别采用不同的内部转移价格作为计价基础的方法。通常有两种价格形式:

1）双重市场价格：当卖方提供的某产品或劳务出现几种不同的市场价格时，买方按照最低的市场价格进行结算，而卖方则按照最高的市场价格进行结算；

2）双重转移价格：当各个责任中心相互之间提供产品或劳务时，卖方按市场价格或协商价格作为计价基础，而买方则按卖方的单位变动成本作为计价基础。

采用双重价格法的基本前提是：企业内部转让的产品或劳务有外界市场，卖方有剩余生产能力可以利用，而且它的单位变动成本要低于市场价格。采用双重价格法有利于促使各责任中心尽可能在内部进行产品或劳务的交换，有助于卖方剩余生产能力的充分利用，在保障买卖双方利益的同时，促进企业整体利益的进一步优化，激励各责任中心努力、高效地工作。尤其是采用单一内部转移价格无法达到激励各个责任中心有效经营和保证各个责任中心与整个企业的经营目标一致时，采用双重价格法的优势更为明显。

4. 成本加成法

成本加成法是指企业内部各个责任中心之间相互提供产品或劳务时，在产品或劳务全部成本的基础上，加上按合理利润率计算的利润作为计价基础。实际工作中通常按实际成本和标准成本进行加成。

1）实际成本加成法。它是在卖方提供的产品或劳务的实际成本的基础上，加上一定的合理利润作为内部转移价格的方法。计算公式为：

$$内部转移价格 = 单位实际成本 \times (1 + 实际成本加成率)$$

2）标准成本加成法。它是在卖方提供的产品或劳务的标准成本基础上，加上一定的合理利润作为内部转移价格的方法。计算公式为：

$$内部转移价格 = 标准成本 \times (1 + 标准成本加成率)$$

实际成本加成法能保证卖方有利可图，调动其工作积极性，但它容易导致卖方费用的转嫁，错误地鼓励卖方通过累积所有成本并加成来产生利润，削弱双方降低成本的责任感，使高效率得不到奖励，低效率受不到处罚，而且成本加成率的确定主观随意性较大；标准成本加成法虽然避免了卖方费用的转嫁问题，分清了各个责任中心的经管责任，但成本加成率的确定仍有很大的主观随意性。

9.3.4 内部转移价格的制定案例分析

大兴元件设备公司，由半导体和微机两个部门组成，每一个部门都是独立的利润中心。半导体部门生产高效率的 S.C. 超大规模集成电路和普通的 O.C. 集成电路两种产品，有关的成本资料如下：

S.C. 超大规模集成电路，材料费为 2 元，直接人工工时 2 小时，小时工资 14 元，工资成本 28 元。

O.C. 集成电路，材料费 1 元，直接人工工时 0.5 小时，小时工资 14 元，二次成本 7 元。

半导体部门的全年固定费用为 400 000 元，年生产能力为 50 000 小时。

到目前为止,S.C. 产品仅有一个客户,该客户每年最大需求量为 15 000 件,单价 60 元。如果该公司不满足这家客户的需求,半导体部门的剩余生产能力可用于生产 O.C.,单价为 12 元,无需求限制。

微机部门只生产单片机一种产品,每台售价 140 元。需要从国外进口一种复杂的电路板,单价 60 元。单片机的有关成本资料如下:

材　　料	电路板 其他元件	60 元 8 元
人　　工	5 小时×10 元/小时	50 元

一个综合公司研究项目表明,稍作改进,能将一件 S.C. 改为电路板的代用品。这种改进需人工 1 小时,从而每台单片机的人工为 6 小时/台,微机部门已要求半导体部门制定一个转让价格,以便 S.C 能全部销售。试问:

(1)预计今年能销售 5 000 台单片机,从公司总体角度来考虑,应将多少 S.C. 转给微机部门来替代电路板。

(2)如果单片机的需求量确定为 5 000 台,而价格是不确定的,那么 S.C. 的转让价格为多少比较适宜(其他数据不变)?

(3)如果单片机的需求上升到 12 000 台,其中多少台使用 S.C.(其他数据不变)?

解　(1)有关资料分析:

半导体部门　　　　　　　　　　　　　　　　　　　　　　　(单位:元)

	S.C.	O.C.
售　　价	60	12
材　　料	2	1
人工(小时)	28(2 小时)	7(0.5 小时)
边际贡献	30	4
每小时边际贡献	15	8

生产 S.C. 后的剩余生产能力＝50 000－15 000×2＝20 000(小时)

微机部门　　　　　　　　　　　　　　　　　　　　　　　(单位:元)

	用电路板	用 S.C.
售　　价	140	140
材　　料	68	10(2＋8)
人工(小时)	50	88(28＋60)
边际贡献	22	42

① 方案一：不转让

S.C.	15 000×30＝450 000
O.C.	40 000×4＝160 000
微机	5 000×22＝110 000
合计	720 000

② 方案二：转让 5 000 件 S.C 需 10 000 小时,则 O.C. 要减产 $\frac{10\ 000}{0.5}$＝20 000(只)。

S.C.	15 000×30＝450 000
O.C.	20 000×4＝ 80 000
微机	5 000×42＝210 000
合计	740 000

(2) 采用 S.C. 的相关成本为:

$$30＋4×4＝46(元)$$

电路板的相关成本为:

$$60－10＝50(元)$$

所以转让价格应是在 46～50 元之间。

(3) 半导体部门生产外销 S.C 后剩余生产能力为 20 000 小时,能生产 10 000 件 S.C 供给微机部门。微机部门生产 12 000 台,其中 2 000 台要外购电路板。

如果外购 2 000 件电路板也改用 S.C 代替,则 S.C 的外销要减少 2 000 件,外销一件 S.C 有 30 元边际贡献,代替外购电路板只能增加 20 元边际贡献,反而不合算。

【思考题】

1. 试述责任会计的意义和基本内容。

2. 什么是责任中心? 对各类责任中心怎样进行考评?

3. 试比较分析变动成本、可控成本、责任成本和产品成本之间的关系。

4. 试说明建立责任会计的原则。

5. 可控成本应具备哪些条件? 成本中心的责任成本为什么只能是可控成本?

6. 什么是内部转移价格? 制订内部转移价格应遵循哪些原则? 常用的内部转移价格制订方法有哪几种? 各种方法有何优缺点?

【练习题】

1. 混合选择题

1) 成本中心的责任成本是指该中心发生的 （ ）

    A. 可控成本与不可控成本之和   B. 可控成本之和

    C. 全部成本   D. 变动成本之和

2) 将利润中心划分为自然利润中心和人为利润中心的依据是 （ ）

A. 部门性质　　　　　B. 收入来源　　　　　C. 成本性质　　　　　D. 内部转移价格

3) 企业内部各责任中心之间相互提供产品或劳务而进行相互结算或责任成本相互转账时所选用的计价标准称为　　　　　　　　　　　　　　　　　　　　　　　　　　　　（　　）

A. 市场价格　　　　　B. 协商价格　　　　　C. 内部转移价格　　　D. 标准价格

4) 对成本、收入、利润和投资收益负责的责任中心称为　　　　　　　　　　　　（　　）

A. 成本中心　　　　　B. 投资中心　　　　　C. 利润中心　　　　　D. 费用中心

5) 对投资中心的业绩考评,不仅要考评成本、收入、利润指标,还应进一步考评（　　）等指标

A. 利润率　　　　　　B. 投资报酬率　　　　C. 剩余收益　　　　　D. 贡献边际

6) 可控成本应同时符合（　　）条件

A. 有办法对成本进行调节和控制　　　　　　B. 能够对成本进行计量

C. 实际发生的所有成本　　　　　　　　　　D. 事先知道将要发生的成本性质

7) 提高投资报酬率的途径有　　　　　　　　　　　　　　　　　　　　　　　（　　）

A. 增加营业资产　　　B. 减少营业资产　　　C. 扩大销售量　　　　D. 降低成本

8) 制订内部转移价格的方法主要有　　　　　　　　　　　　　　　　　　　　（　　）

A. 市场价格法　　　　B. 协商价格法　　　　C. 双重价格法　　　　D. 成本加成法

2. 判断题

1) 成本中心要对本中心所发生的全部成本负责。　　　　　　　　　　　　　　（　　）

2) 责任成本是责任中心的各项可控成本之和。　　　　　　　　　　　　　　　（　　）

3) 利润中心依靠对外销售产品或提供劳务取得收入。　　　　　　　　　　　　（　　）

4) 各类责任中心业绩报告的编制时间一般为每年末,但编制格式可以根据企业的实际需要而定。　　　　　　　　　　　　　　　　　　　　　　　　　　　　　　　　　　　　（　　）

5) 内部转移价格同时适用于成本中心、利润中心和投资中心。　　　　　　　　（　　）

6) 投资报酬率指标既揭示了投资中心的利润水平,同时也反映了资产的使用效果。（　　）

7) 内部转移价格是责任会计的重要组成部分,也是人为利润中心得以存在和发挥功效的前提。　　　　　　　　　　　　　　　　　　　　　　　　　　　　　　　　　　　（　　）

8) 双重价格实际上就是双重市场价格。　　　　　　　　　　　　　　　　　　（　　）

3. 计算题

1) 某工厂甲车间是成本中心,甲车间下面设有 A、B 两个工段也是成本中心。甲车间本月份发生的可控成本见下表所示。

单位:元

成 本 项 目	实 际 数	预 算 数
间接材料	4 100	4 000
间接人工	3 200	3 000
车间管理人员工资	2 800	2 800
折旧费	3 600	3 600
维修费	800	1 200
其他	2 100	1 900
合　　计	16 600	16 500

A、B两个工段本月份发生的可控成本见下表所示。

单位:元

成 本 项 目	A 工段		B 工段	
	实 际 数	预 算 数	实 际 数	预 算 数
直接材料	39 600	39 000	28 300	28 500
直接人工	26 200	26 500	31 700	32 000
制造费用	23 100	23 000	15 400	15 100
合 计	88 900	88 500	75 400	75 600

根据上述资料,编制甲车间的业绩报告并作简要评价。

2) 某公司 A 利润中心本季度实际经营情况和差异数如下表:

项 目	实 际 数	差 异 数
销售量	1 820 件	220 件(F)
销售单价	86 元	0
单位变动生产成本	48 元	1 元
单位销售及管理成本	7.5 元	0.5 元(U)
可控固定生产成本	13 280 元	1 280 元(U)
可控固定销售及管理成本	12 850 元	650 元(U)
上级分配固定成本	9 380 元	400 元(F)

根据上述资料编制 A 利润中心本季度的业绩报告并作简要评价。

3) 某公司 A 事业部是投资中心,本年度的有关资料如下:

单位:元

项 目	实 际 数	预 算 数
销售收入	156 000	148 000
税前利润	48 000	45 000
营业资产平均占用额	120 000	100 000

该公司本年度预期投资报酬率为 10%。

根据上述资料,编制 A 事业部的业绩报告,并作简要评价。

4) 某公司有 A、B 两个投资中心,预期投资报酬率为 18%,近两年来两个投资中心的营业利润和营业资产占用资料如下:

项　目	A 投资中心		B 投资中心	
	×4 年	×5 年	×4 年	×5 年
营业利润	200 000	250 000	30 000	39 000
营业资产	1 000 000	1 000 000	120 000	120 000

要求:① 分别用投资报酬率和剩余收益指标评价 A、B 两个投资中心的经营业绩;② 结合近两年来两个投资中心营业利润的增长情况,对评价指标的适用性进行分析。

5) 某公司下属 A、B 两个工厂均为投资中心。A 工厂的年生产能力为生产甲零件 80 000 件,对外售价 25 元/件,年产 80 000 件时的甲零件单位成本为 22 元。具体资料如下:

直接材料　　　　8 元

直接人工　　　　6 元

变动制造费用　　4 元

固定制造费用　　4 元

现该公司决定 B 工厂在产品生产过程中所需的甲零件不再向外购买而转为向 A 工厂购买。同时在制订甲零件的内部转移价格时,公司列举了以下四种价格供选用:

25 元;　　24 元;　　22 元;　　18 元。

根据上述资料,对四种价格逐一进行分析,说明每一种价格是否适当及其理由。

附录：资金时间价值系数表

1. 复利终值系数表

$$(F/P, i, n) = (1 + i)^n$$

n	1%	2%	3%	4%	5%	6%	7%	8%	9%	10%
1	1.010 0	1.020 0	1.030 0	1.040 0	1.050 0	1.060 0	1.070 0	1.080 0	1.090 0	1.100 0
2	1.020 1	1.040 4	1.060 9	1.081 6	1.102 5	1.123 6	1.144 9	1.166 4	1.188 1	1.210 0
3	1.030 3	1.061 2	1.092 7	1.124 9	1.157 6	1.191 0	1.225 0	1.259 7	1.295 0	1.331 0
4	1.040 6	1.082 4	1.125 5	1.169 9	1.215 5	1.262 5	1.310 8	1.360 5	1.411 6	1.464 1
5	1.051 0	1.104 1	1.159 3	1.216 7	1.276 3	1.338 2	1.402 6	1.469 3	1.538 6	1.610 5
6	1.061 5	1.126 2	1.194 1	1.265 3	1.340 1	1.418 5	1.500 7	1.586 9	1.677 1	1.771 6
7	1.072 1	1.148 7	1.229 9	1.315 9	1.407 1	1.503 6	1.605 8	1.713 8	1.828 0	1.948 7
8	1.082 9	1.171 7	1.266 8	1.368 6	1.477 5	1.593 8	1.718 2	1.850 9	1.992 6	2.143 6
9	1.093 7	1.195 1	1.304 8	1.423 3	1.551 3	1.689 5	1.838 5	1.999 0	2.171 9	2.357 9
10	1.104 6	1.219 0	1.343 9	1.480 2	1.628 9	1.790 8	1.967 2	2.158 9	2.367 4	2.593 7
11	1.115 7	1.243 4	1.384 2	1.539 5	1.710 3	1.898 3	2.104 9	2.331 6	2.580 4	2.853 1
12	1.126 8	1.268 2	1.425 8	1.601 0	1.795 9	2.012 2	2.252 2	2.518 2	2.812 7	3.138 4
13	1.138 1	1.293 6	1.468 5	1.665 1	1.885 6	2.132 9	2.409 8	2.719 6	3.065 8	3.452 3
14	1.149 5	1.319 5	1.512 6	1.731 7	1.979 9	2.260 9	2.578 5	2.937 2	3.341 7	3.797 5
15	1.161 0	1.345 9	1.558 0	1.800 9	2.078 9	2.396 6	2.759 0	3.172 2	3.642 5	4.177 2
16	1.172 6	1.372 8	1.604 7	1.873 0	2.182 9	2.540 4	2.952 2	3.425 9	3.970 3	4.595 0
17	1.184 3	1.400 2	1.652 8	1.947 9	2.292 0	2.692 8	3.158 8	3.700 0	4.327 6	5.054 5
18	1.196 1	1.428 2	1.702 4	2.025 8	2.406 6	2.854 3	3.379 9	3.996 0	4.717 1	5.559 9
19	1.208 1	1.456 8	1.753 5	2.106 8	2.527 0	3.025 6	3.616 5	4.315 7	5.141 7	6.115 9
20	1.220 2	1.485 9	1.806 1	2.191 1	2.653 3	3.207 1	3.869 7	4.661 0	5.604 4	6.727 5

n	1%	2%	3%	4%	5%	6%	7%	8%	9%	10%
21	1.232 4	1.515 7	1.860 3	2.278 8	2.786 0	3.399 6	4.140 6	5.033 8	6.108 8	7.400 2
22	1.244 7	1.546 0	1.916 1	2.369 9	2.925 3	3.603 5	4.430 4	5.436 5	6.658 6	8.140 3
23	1.257 2	1.576 9	1.973 6	2.464 7	3.071 5	3.819 7	4.740 5	5.871 5	7.257 9	8.954 3
24	1.269 7	1.608 4	2.032 8	2.563 3	3.225 1	4.048 9	5.072 4	6.341 2	7.911 1	9.849 7
25	1.282 4	1.640 6	2.093 8	2.665 8	3.386 4	4.291 9	5.427 4	6.848 5	8.623 1	10.835
26	1.295 3	1.673 4	2.156 6	2.772 5	3.555 7	4.549 4	5.807 4	7.396 4	9.399 2	11.918
27	1.308 2	1.706 9	2.221 3	2.883 4	3.733 5	4.822 3	6.213 9	7.988 1	10.245	13.110
28	1.321 3	1.741 0	2.287 9	2.998 7	3.920 1	5.111 7	6.648 8	8.627 1	11.167	14.421
29	1.334 5	1.775 8	2.356 6	3.118 7	4.116 1	5.418 4	7.114 3	9.317 3	12.172	15.863
30	1.347 8	1.811 4	2.427 3	3.243 4	4.321 9	5.743 5	7.612 3	10.063	13.268	17.449
40	1.488 9	2.208 0	3.262 0	4.801 0	7.040 0	10.286	14.974	21.725	31.409	45.259
50	1.644 6	2.691 6	4.383 9	7.106 7	11.467	18.420	29.457	46.902	74.358	117.39
60	1.816 7	3.281 0	5.891 6	10.520	18.679	32.988	57.946	101.26	176.03	304.48

n	12%	14%	15%	16%	18%	20%	24%	28%	32%	36%
1	1.120 0	1.140 0	1.150 0	1.160 0	1.180 0	1.200 0	1.240 0	1.280 0	1.320 0	1.360 0
2	1.254 4	1.299 6	1.322 5	1.345 6	1.392 4	1.440 0	1.537 6	1.638 4	1.742 4	1.849 6
3	1.404 9	1.481 5	1.520 9	1.560 9	1.643 0	1.728 0	1.906 6	2.097 2	2.300 0	2.515 5
4	1.573 5	1.689 0	1.749 0	1.810 6	1.938 8	2.073 6	2.364 2	2.684 4	3.036 0	3.421 0
5	1.762 3	1.925 4	2.011 4	2.100 3	2.287 8	2.488 3	2.931 6	3.436 0	4.007 5	4.652 6
6	1.973 8	2.195 0	2.313 1	2.436 4	2.699 6	2.986 0	3.635 2	4.398 0	5.289 9	6.327 5
7	2.210 7	2.502 3	2.660 0	2.826 2	3.185 5	3.583 2	4.507 7	5.629 5	6.982 6	8.605 4
8	2.476 0	2.852 6	3.059 0	3.278 4	3.758 9	4.299 8	5.589 5	7.205 8	9.217 0	11.703
9	2.773 1	3.251 9	3.517 9	3.803 0	4.435 5	5.159 8	6.931 0	9.223 4	12.166	15.917
10	3.105 8	3.707 2	4.045 6	4.411 4	5.233 8	6.191 7	8.594 4	11.806	16.060	21.647
11	3.478 5	4.226 2	4.652 4	5.117 3	6.175 9	7.430 1	10.657	15.112	21.199	29.439
12	3.896 0	4.817 9	5.350 3	5.936 0	7.287 6	8.916 1	13.215	19.343	27.983	40.037
13	4.363 5	5.492 4	6.152 8	6.885 8	8.599 4	10.699	16.386	24.759	36.937	54.451
14	4.887 1	6.261 3	7.075 7	7.987 5	10.147	12.839	20.319	31.691	48.757	74.053
15	5.473 6	7.137 9	8.137 1	9.265 5	11.974	15.407	25.196	40.565	64.359	100.71
16	6.130 4	8.137 2	9.357 6	10.748	14.129	18.488	31.243	51.923	84.954	136.97
17	6.866 0	9.276 5	10.761	12.468	16.672	22.186	38.741	66.461	112.14	186.28
18	7.690 0	10.575	12.375	14.463	19.673	26.623	48.039	85.071	148.02	253.34

n	12%	14%	15%	16%	18%	20%	24%	28%	32%	36%
19	8.612 8	12.056	14.232	16.777	23.214	31.948	59.568	108.89	195.39	344.54
20	9.646 3	13.743	16.367	19.461	27.393	38.338	73.864	139.38	257.92	468.57
21	10.804	15.668	18.822	22.574	32.324	46.005	91.592	178.41	340.45	637.26
22	12.100	17.861	21.645	26.186	38.142	55.206	113.57	228.36	449.39	866.67
23	13.552	20.362	24.891	30.376	45.008	66.247	140.83	292.30	593.20	1 178.7
24	15.179	23.212	28.625	35.236	53.109	79.497	174.63	374.14	783.02	1 603.0
25	17.000	26.462	32.919	40.874	62.669	95.396	216.54	478.90	1 033.6	2 180.1
26	19.040	30.167	37.857	47.414	73.949	114.48	268.51	613.00	1 364.3	2 964.9
27	21.325	34.390	43.535	55.000	87.260	137.37	332.95	784.64	1 800.9	4 032.3
28	23.884	39.204	50.066	63.800	102.97	164.84	412.86	1 004.3	2 377.2	5 483.9
29	26.750	44.693	57.575	74.009	121.50	197.81	511.95	1 285.6	3 137.9	7 458.1
30	29.960	50.950	66.212	85.850	143.37	237.38	634.82	1 645.5	4 142.1	10 143.
40	93.051	188.88	267.86	378.72	750.38	1 469.8	5 455.9	19 427.	66 521.	*
50	289.00	700.23	1 083.7	1 670.7	3 927.4	9 100.4	46 890.	*	*	*
60	897.60	2 595.9	4 384.	7 370.2	20 555.	56 348.	*	*	*	*

2. 复利现值系数表

$$(P/F, i, n) = \frac{1}{(1+i)^n}$$

n	1%	2%	3%	4%	5%	6%	7%	8%	9%	10%
1	.990 1	.980 4	.970 9	.961 5	.952 4	.943 4	.934 6	.925 9	.917 4	.909 1
2	.980 3	.961 2	.942 6	.924 6	.907 0	.890 0	.873 4	.857 3	.841 7	.826 4
3	.970 6	.942 3	.915 1	.889 0	.863 8	.839 6	.816 3	.793 8	.772 2	.751 3
4	.961 0	.923 8	.888 5	.854 8	.822 7	.792 1	.762 9	.735 0	.708 4	.683 0
5	.951 5	.905 7	.862 6	.821 9	.783 5	.747 3	.713 0	.680 6	.649 9	.620 9
6	.942 0	.888 0	.837 5	.790 3	.746 2	.705 0	.666 3	.630 2	.596 3	.564 5
7	.932 7	.870 6	.813 1	.759 9	.710 7	.665 1	.622 7	.583 5	.547 0	.513 2
8	.923 5	.853 5	.789 4	.730 7	.676 8	.627 4	.582 0	.540 3	.501 9	.466 5
9	.914 3	.836 8	.766 4	.702 6	.644 6	.591 9	.543 9	.500 2	.460 4	.424 1
10	.905 3	.820 3	.744 1	.675 6	.613 9	.558 4	.508 3	.463 2	.422 4	.385 5
11	.896 3	.804 3	.722 4	.649 6	.584 7	.526 8	.475 1	.428 9	.387 5	.350 5
12	.887 4	.788 5	.701 4	.624 6	.556 8	.497 0	.444 0	.397 1	.355 5	.318 6
13	.878 7	.773 0	.681 0	.600 6	.530 3	.468 8	.415 0	.367 7	.326 2	.289 7
14	.870 0	.757 9	.661 1	.577 5	.505 1	.442 3	.387 8	.340 5	.299 2	.263 3
15	.861 3	.743 0	.641 9	.555 3	.481 0	.417 3	.362 4	.315 2	.274 5	.239 4
16	.852 8	.728 4	.623 2	.533 9	.458 1	.393 6	.338 7	.291 9	.251 9	.217 6
17	.844 4	.714 2	.605 0	.513 4	.436 3	.371 4	.316 6	.270 3	.231 1	.197 8
18	.836 0	.700 2	.587 4	.493 6	.415 5	.350 3	.295 9	.250 2	.212 0	.179 9
19	.827 7	.686 4	.570 3	.474 6	.395 7	.330 5	.276 5	.231 7	.194 5	.163 5
20	.819 5	.673 0	.553 7	.456 4	.376 9	.311 8	.258 4	.214 5	.178 4	.148 6
21	.811 4	.659 8	.537 5	.438 8	.358 9	.294 2	.241 5	.198 7	.163 7	.135 1
22	.803 4	.646 8	.521 9	.422 0	.341 8	.277 5	.225 7	.183 9	.150 2	.122 8
23	.795 4	.634 2	.506 7	.405 7	.325 6	.261 8	.210 9	.170 3	.137 8	.111 7
24	.787 6	.621 7	.491 9	.390 1	.310 1	.247 0	.197 1	.157 7	.126 4	.101 5
25	.779 8	.609 5	.477 6	.375 1	.295 3	.233 0	.184 2	.146 0	.116 0	.092 3
26	.772 0	.597 6	.463 7	.360 4	.281 2	.219 8	.172 2	.135 2	.106 4	.083 9
27	.764 4	.585 9	.450 2	.346 8	.267 8	.207 4	.160 9	.125 2	.097 6	.076 3
28	.756 8	.574 4	.437 1	.333 5	.255 1	.195 6	.150 4	.115 9	.089 5	.069 3
29	.749 3	.563 1	.424 3	.320 7	.242 9	.184 6	.140 6	.107 3	.082 2	.063 0
30	.741 9	.552 1	.412 0	.308 3	.231 4	.174 1	.131 4	.099 4	.075 4	.057 3
35	.705 9	.500 0	.355 4	.253 4	.181 3	.130 1	.093 7	.067 6	.049 0	.035 6
40	.671 7	.452 9	.306 6	.208 3	.142 0	.097 2	.066 8	.046 0	.031 8	.022 1
45	.639 1	.410 2	.264 4	.171 2	.111 3	.072 7	.047 6	.031 3	.020 7	.013 7
50	.608 0	.371 5	.228 1	.140 7	.087 2	.054 3	.033 9	.021 3	.013 4	.008 5
55	.578 5	.336 5	.196 8	.115 7	.068 3	.040 6	.024 2	.014 5	.008 7	.005 3

n	12%	14%	15%	16%	18%	20%	24%	28%	32%	36%
1	.892 9	.877 2	.869 6	.862 1	.847 5	.833 3	.806 5	.781 3	.757 6	.735 3
2	.797 2	.769 5	.756 1	.743 2	.718 2	.694 4	.650 4	.610 4	.573 9	.540 7
3	.711 8	.675 0	.657 5	.640 7	.608 6	.578 7	.524 5	.476 8	.434 8	.397 5
4	.635 5	.592 1	.571 8	.552 3	.515 8	.482 3	.423 0	.372 5	.329 4	.292 3
5	.567 4	.519 4	.497 2	.476 1	.437 1	.401 9	.341 1	.291 0	.249 5	.214 9
6	.506 6	.455 6	.432 3	.410 4	.370 4	.334 9	.275 1	.227 4	.189 0	.158 0
7	.452 3	.399 6	.375 9	.353 8	.313 9	.279 1	.221 8	.177 6	.143 2	.116 2
8	.403 9	.350 6	.326 9	.305 0	.266 0	.232 6	.178 9	.138 8	.108 5	.085 4
9	.360 6	.307 5	.284 3	.263 0	.225 5	.193 8	.144 3	.108 4	.082 2	.062 8
10	.322 0	.269 7	.247 2	.226 7	.191 1	.161 5	.116 4	.084 7	.062 3	.046 2
11	.287 5	.236 6	.214 9	.195 4	.161 9	.134 6	.093 8	.066 2	.047 2	.034 0
12	.256 7	.207 6	.186 9	.168 5	.137 2	.112 2	.075 7	.051 7	.035 7	.025 0
13	.229 2	.182 1	.162 5	.145 2	.116 3	.093 5	.061 0	.040 4	.027 1	.018 4
14	.204 6	.159 7	.141 3	.125 2	.098 5	.077 9	.049 2	.031 6	.020 5	.013 5
15	.182 7	.140 1	.122 9	.107 9	.083 5	.064 9	.039 7	.024 7	.015 5	.009 9
16	.163 1	.122 9	.106 9	.098 0	.070 8	.054 1	.032 0	.019 3	.011 8	.007 3
17	.145 6	.107 8	.092 9	.080 2	.060 0	.045 1	.025 8	.015 0	.008 9	.005 4
18	.130 0	.094 6	.080 8	.069 1	.050 8	.037 6	.020 8	.011 8	.006 8	.003 9
19	.116 1	.082 9	.070 3	.059 6	.043 1	.031 3	.016 8	.009 2	.005 1	.002 9
20	.103 7	.072 8	.061 1	.051 4	.036 5	.026 1	.013 5	.007 2	.003 9	.002 1
21	.092 6	.063 8	.053 1	.044 3	.030 9	.021 7	.010 9	.005 6	.002 9	.001 6
22	.082 6	.056 0	.046 2	.038 2	.026 2	.018 1	.008 8	.004 4	.002 2	.001 2
23	.073 8	.049 1	.040 2	.032 9	.022 2	.015 1	.007 1	.003 4	.001 7	.000 8
24	.065 9	.043 1	.034 9	.028 4	.018 8	.012 6	.005 7	.002 7	.001 3	.000 6
25	.058 8	.037 8	.030 4	.024 5	.016 0	.010 5	.004 6	.002 1	.001 0	.000 5
26	.052 5	.033 1	.026 4	.021 1	.013 5	.008 7	.003 7	.001 6	.000 7	.000 3
27	.046 9	.029 1	.023 0	.018 2	.011 5	.007 3	.003 0	.001 3	.000 6	.000 2
28	.041 9	.025 5	.020 0	.015 7	.009 7	.006 1	.002 4	.001 0	.000 4	.000 2
29	.037 4	.022 4	.017 4	.013 5	.008 2	.005 1	.002 0	.000 8	.000 3	.000 1
30	.033 4	.019 6	.015 1	.011 6	.007 0	.004 2	.001 6	.000 6	.000 2	.000 1
35	.018 9	.010 2	.007 5	.005 5	.003 0	.001 7	.000 5	.000 2	.000 1	*
40	.010 7	.005 3	.003 7	.002 6	.001 3	.000 7	.000 2	.000 1	*	*
45	.006 1	.002 7	.001 9	.001 3	.000 6	.000 3	.000 1	*	*	*
50	.003 5	.001 4	.000 9	.000 6	.000 3	.000 1	*	*	*	*
55	.002 0	.000 7	.000 5	.000 3	.000 1	*	*	*	*	*

3. 年金终值系数表

$$(F/A, i, n) = \frac{(1+i)^n - 1}{i}$$

n	1%	2%	3%	4%	5%	6%	7%	8%	9%	10%
1	1.000 0	1.000 0	1.000 0	1.000 0	1.000 0	1.000 0	1.000 0	1.000 0	1.000 0	1.000 0
2	2.010 0	2.020 0	2.030 0	2.040 0	2.050 0	2.060 0	2.070 0	2.080 0	2.090 0	2.100 0
3	3.030 1	3.060 4	3.090 9	3.121 6	3.152 5	3.183 6	3.214 9	3.246 4	3.278 1	3.310 0
4	4.060 4	4.121 6	4.183 6	4.246 5	4.310 1	4.374 6	4.439 9	4.506 1	4.573 1	4.641 0
5	5.101 0	5.204 0	5.309 1	5.416 3	5.525 6	5.637 1	5.750 7	5.866 6	5.984 7	6.105 1
6	6.152 0	6.308 1	6.468 4	6.633 0	6.801 9	6.975 3	7.153 3	7.335 9	7.523 3	7.715 6
7	7.213 5	7.434 3	7.662 5	7.898 3	8.142 0	8.393 8	8.654 0	8.922 8	9.200 4	9.487 2
8	8.285 7	8.583 0	8.892 3	9.214 2	9.549 1	9.897 5	10.260	10.637	11.028	11.436
9	9.368 5	9.754 6	10.159	10.583	11.027	11.491	11.978	12.488	13.021	13.579
10	10.462	10.950	11.464	12.006	12.578	13.181	13.816	14.487	15.193	15.937
11	11.567	12.169	12.808	13.486	14.207	14.972	15.784	16.645	17.560	18.531
12	12.683	13.412	14.192	15.026	15.917	16.870	17.888	18.977	20.141	21.384
13	13.809	14.680	15.618	16.627	17.713	18.882	20.141	21.495	22.953	24.523
14	14.947	15.974	17.086	18.292	19.599	21.015	22.550	24.215	26.019	27.975
15	16.097	17.293	18.599	20.024	21.579	23.276	25.129	27.152	29.361	31.772
16	17.258	18.639	20.157	21.825	23.657	25.673	27.888	30.324	33.003	35.950
17	18.430	20.012	21.762	23.698	25.840	28.213	30.840	33.750	36.974	40.545
18	19.615	21.412	23.414	25.645	28.132	30.906	33.999	37.450	41.301	45.599
19	20.811	22.841	25.117	27.671	30.539	33.760	37.379	41.446	46.018	51.159
20	22.019	24.297	26.870	29.778	33.006	36.786	40.995	45.762	51.160	57.275
21	23.239	25.783	28.676	31.969	35.719	39.993	44.865	50.423	56.765	64.002
22	24.472	27.299	30.537	34.248	38.505	43.392	49.006	55.457	62.873	71.403
23	25.716	28.845	32.453	36.618	41.430	46.996	53.436	60.893	69.532	79.543
24	26.973	30.422	34.426	39.083	44.502	50.816	58.177	66.765	76.790	88.497
25	28.243	32.030	36.459	41.646	47.727	54.865	63.249	73.106	84.701	98.347
26	29.526	33.671	38.553	44.312	51.313	59.156	68.676	79.954	93.324	109.18
27	30.821	35.344	40.710	47.084	54.669	63.706	74.484	87.351	102.72	121.10
28	31.129	37.051	42.931	49.968	58.403	68.528	80.698	95.339	112.97	134.21
29	33.450	38.792	45.219	52.966	62.323	73.640	87.347	103.97	124.14	148.63
30	34.785	40.568	47.575	56.085	66.439	79.058	94.461	113.28	136.31	164.49
40	48.886	60.402	75.401	95.026	120.80	154.76	199.64	259.06	337.88	442.59
50	64.463	84.579	112.80	152.67	209.35	290.34	406.53	573.77	815.08	1 163.9
60	81.670	114.05	163.05	237.99	353.58	533.13	813.52	1 253.2	1 944.8	3 034.8

n	12%	14%	15%	16%	18%	20%	24%	28%	32%	36%
1	1.000 0	1.000 0	1.000 0	1.000 0	1.000 0	1.000 0	1.000 0	1.000 0	1.000 0	1.000 0
2	2.120 0	2.140 0	2.150 0	2.160 0	2.180 0	2.200 0	2.240 0	2.280 0	2.320 0	2.360 0
3	3.374 4	3.439 6	3.472 5	3.505 6	3.572 4	3.640 0	3.777 6	3.918 4	4.062 4	4.209 6
4	4.779 3	4.921 1	4.993 4	5.066 5	5.215 4	5.368 0	5.684 2	6.015 6	6.362 4	6.725 1
5	6.352 8	6.610 1	6.742 4	6.877 1	7.154 2	7.441 6	8.048 4	8.699 9	9.398 3	10.146
6	8.115 2	8.535 5	8.753 7	8.977 5	9.442 0	9.929 9	10.980	12.136	13.406	14.799
7	10.089	10.730	11.067	11.414	12.142	12.916	14.615	16.534	18.696	21.126
8	12.300	13.233	13.727	14.240	15.327	16.499	19.123	22.163	25.678	29.732
9	14.776	16.085	16.786	17.519	19.086	20.799	24.712	29.369	34.895	41.435
10	17.549	19.337	20.304	21.321	23.521	25.959	31.643	38.593	47.062	57.352
11	20.655	23.045	24.349	25.733	28.755	32.150	40.238	50.398	63.122	78.998
12	24.133	27.271	29.002	30.850	34.931	39.581	50.895	65.510	84.320	108.44
13	28.029	32.089	34.352	36.786	42.219	48.497	64.110	84.853	112.30	148.47
14	32.393	37.581	40.505	43.672	50.818	59.196	80.496	109.61	149.24	202.93
15	37.280	43.842	47.580	51.660	60.965	72.035	100.82	141.30	198.00	276.98
16	42.753	50.980	55.717	60.925	72.939	87.442	126.01	181.87	262.36	377.69
17	48.884	59.118	65.075	71.673	87.068	105.93	157.25	233.79	347.31	514.66
18	55.750	68.394	75.836	84.141	103.74	128.12	195.99	300.25	459.45	700.94
19	63.440	78.969	88.212	98.603	123.41	154.74	244.03	385.32	607.47	954.28
20	72.052	91.025	102.44	115.38	146.63	186.69	303.60	494.21	802.86	1 298.8
21	81.699	104.77	118.81	134.84	174.02	225.03	377.46	633.59	1 060.8	1 767.4
22	92.503	120.44	137.63	157.41	206.34	271.03	469.06	812.00	1 401.2	2 404.7
23	104.60	138.30	159.28	183.60	244.49	326.24	582.63	1 040.4	1 850.6	3 271.3
24	118.16	158.66	184.17	213.98	289.49	392.48	723.46	1 332.7	2 443.8	4 450.0
25	133.33	181.87	212.79	249.21	342.60	471.98	898.09	1 706.8	3 226.8	6 053.0
26	150.33	208.33	245.71	290.09	405.27	567.38	1 114.6	2 185.7	4 260.4	8 231.3
27	169.37	238.50	283.57	337.50	479.22	681.85	1 383.1	2 798.7	5 624.8	11 198.0
28	190.70	272.89	327.10	392.50	566.48	819.22	1 716.1	3 583.3	7 425.7	15 230.3
29	214.58	312.09	377.17	456.30	669.45	984.07	2 129.0	4 587.7	9 802.9	20 714.2
30	241.33	356.79	434.75	530.31	790.95	1 181.9	2 640.9	5 873.2	12 941.0	28 172.3
40	767.09	1 342.0	1 779.1	2 360.8	4 163.2	7 343.9	22 729.	69 377.	*	*
50	2 400.0	4 994.5	7 217.7	10 436.	21 813.	45 497.	*	*	*	*
60	7 471.6	18 535.	29 220.	46 058.	*	*	*	*	*	*

4. 年金现值系数表

$$(P/A, i, n) = \frac{1-(1+i)^{-n}}{i}$$

n	1%	2%	3%	4%	5%	6%	7%	8%	9%
1	0.990 1	0.980 4	0.970 9	0.961 5	0.952 4	0.943 4	0.934 6	0.925 9	0.917 4
2	1.970 4	1.941 6	1.913 5	1.886 1	1.859 4	1.833 4	1.808 0	1.783 3	1.759 1
3	2.941 0	2.883 9	2.828 6	2.775 1	2.723 2	2.673 0	2.624 3	2.577 1	2.531 3
4	3.902 0	3.807 7	3.717 1	3.629 9	3.546 0	3.465 1	3.387 2	3.312 1	3.239 7
5	4.853 4	4.713 5	4.579 7	4.451 8	4.329 5	4.212 4	4.100 2	3.992 7	3.889 7
6	5.795 5	5.601 4	5.417 2	5.242 1	5.075 7	4.917 3	4.766 5	4.622 9	4.485 9
7	6.728 2	6.472 0	6.230 3	6.002 1	5.786 4	5.582 4	5.389 3	5.206 4	5.033 0
8	7.651 7	7.325 5	7.019 7	6.732 7	6.463 2	6.209 8	5.971 3	5.746 6	5.534 8
9	8.566 0	8.162 2	7.786 1	7.435 3	7.107 8	6.801 7	6.515 2	6.246 9	5.995 2
10	9.471 3	8.982 6	8.530 2	8.110 9	7.721 7	7.360 1	7.023 6	6.710 1	6.417 7
11	10.367 6	9.786 8	9.252 6	8.760 5	8.306 4	7.886 9	7.498 7	7.139 0	6.805 2
12	11.255 1	10.575 3	9.954 0	9.385 1	8.863 3	8.383 8	7.942 7	7.536 1	7.160 7
13	12.133 7	11.348 4	10.635 0	9.985 6	9.393 6	8.852 7	8.357 7	7.903 8	7.486 9
14	13.003 7	12.106 2	11.296 1	10.563 1	9.898 6	9.295 0	8.745 5	8.244 2	7.786 2
15	13.865 1	12.849 3	11.937 9	11.118 4	10.379 7	9.712 2	9.107 9	8.559 5	8.060 7
16	14.717 9	13.577 7	12.561 1	11.652 3	10.837 8	10.105 9	9.446 6	8.851 4	8.312 6
17	15.562 3	14.291 9	13.166 1	12.165 7	11.274 1	10.477 3	9.763 2	9.121 6	8.543 6
18	16.398 3	14.992 0	13.753 5	12.659 3	11.689 6	10.827 6	10.059 1	9.371 9	8.755 6
19	17.226 0	15.678 5	14.323 8	13.133 9	12.085 3	11.158 1	10.335 6	9.603 6	8.950 1
20	18.045 6	16.351 4	14.877 5	13.590 3	12.462 2	11.469 9	10.594 0	9.818 1	9.128 5
21	18.857 0	17.011 2	15.415 0	14.029 2	12.821 2	11.764 1	10.835 5	10.016 8	9.292 2
22	19.660 4	17.658 0	15.936 9	14.451 1	13.163 0	12.041 6	11.061 2	10.200 7	9.442 4
23	20.455 8	18.292 2	16.443 6	14.856 8	13.488 6	12.303 4	11.272 2	I0.371 1	9.580 2
24	21.243 4	18.913 9	16.935 5	15.247 0	13.798 6	12.550 4	11.469 3	10.528 8	9.706 6
25	22.023 2	19.523 5	17.413 1	15.622 1	14.093 9	12.783 4	11.653 6	10.674 8	9.822 6
26	22.795 2	20.121 0	17.876 8	15.982 8	14.375 2	13.003 2	11.825 8	10.810 0	9.929 0
27	23.559 6	20.706 9	18.327 0	16.329 6	14.643 0	13.210 5	11.986 7	10.935 2	10.026 6
28	24.316 4	21.281 3	18.764 1	16.663 1	14.898 1	13.406 2	12.137 1	11.051 1	10.116 1
29	25.065 8	21.844 4	19.188 5	16.983 7	15.141 1	13.590 7	12.277 7	11.158 4	10.198 3
30	25.807 7	22.396 5	19.600 4	17.292 0	15.372 5	13.764 8	12.409 0	11.257 8	10.273 7
35	29.408 6	24.998 6	21.487 2	18.664 6	16.374 2	14.498 2	12.947 7	11.654 6	10.566 8
40	32.834 7	27.355 5	23.114 8	19.792 8	17.159 1	15.046 3	13.331 7	11.924 6	10.757 4
45	36.094 5	29.490 2	24.518 7	20.720 0	17.774 1	15.455 8	13.605 5	12.108 4	10.881 2
50	39.196 1	31.423 6	25.729 8	21.482 2	18.255 9	15.761 9	13.800 7	12.233 5	10.961 7
55	42.147 2	33.174 8	26.774 4	22.108 6	18.633 5	15.990 5	13.939 9	12.318 6	11.014 0

n	10%	12%	14%	15%	16%	18%	20%	24%	28%	32%
1	0.909 1	0.892 9	0.877 2	0.869 6	0.862 1	0.847 5	0.833 3	0.806 5	0.781 3	0.757 6
2	1.735 5	1.690 1	1.646 7	1.625 7	1.605 2	1.565 6	1.527 8	1.456 8	1.391 6	1.331 5
3	2.486 9	2.401 8	2.321 6	2.283 2	2.245 9	2.174 3	2.106 5	1.981 3	1.868 4	1.766 3
4	3.169 9	3.037 3	2.913 7	2.855 0	2.798 2	2.690 1	2.588 7	2.404 3	2.241 0	2.095 7
5	3.790 8	3.604 8	3.433 1	3.352 2	3.274 3	3.127 2	2.990 6	2.745 4	2.532 0	2.345 2
6	4.355 3	4.111 4	3.888 7	3.784 5	3.684 7	3.497 6	3.325 5	3.020 5	2.759 4	2.534 2
7	4.868 4	4.563 8	4.288 3	4.160 4	4.038 6	3.811 5	3.604 6	3.242 3	2.937 0	2.677 5
8	5.334 9	4.967 6	4.638 9	4.487 3	4.343 6	4.077 6	3.837 2	3.421 2	3.075 8	2.786 0
9	5.759 0	5.328 2	4.946 4	4.771 6	4.606 5	4.303 0	4.031 0	3.565 5	3.184 2	2.868 1
10	6.144 6	5.650 2	5.216 1	5.018 8	4.833 2	4.494 1	4.192 5	3.681 9	3.268 9	2.930 4
11	6.495 1	5.937 7	5.452 7	5.233 7	5.028 6	4.656 0	4.327 1	3.775 7	3.335 1	2.977 6
12	6.813 7	6.194 4	5.660 3	5.420 6	5.197 1	4.793 2	4.439 2	3.851 4	3.386 8	3.013 3
13	7.103 4	6.423 5	5.842 4	5.583 1	5.342 3	4.909 5	4.532 7	3.912 4	3.427 2	3.040 4
14	7.366 7	6.628 2	6.002 1	5.724 5	5.467 5	5.008 1	4.610 6	3.961 6	3.458 7	3.060 9
15	7.606 1	6.810 9	6.142 2	5.847 4	5.575 5	5.091 6	4.675 5	4.001 3	3.483 4	3.076 4
16	7.823 7	6.974 0	6.265 1	5.954 2	5.668 5	5.162 4	4.729 6	4.033 3	3.502 6	3.088 2
17	8.021 6	7.119 6	6.372 9	6.047 2	5.748 7	5.222 3	4.774 6	4.059 1	3.517 7	3.097 1
18	8.201 4	7.249 7	6.467 4	6.128 0	5.817 8	5.273 2	4.812 2	4.079 9	3.529 4	3.103 9
19	8.364 9	7.365 8	6.550 4	6.198 2	5.877 5	5.316 2	4.843 5	4.096 7	3.538 6	3.109 0
20	8.513 6	7.469 4	6.623 1	6.259 3	5.928 8	5.352 7	4.869 6	4.110 3	3.545 8	3.112 9
21	8.648 7	7.562 0	6.687 0	6.312 5	5.973 1	5.383 7	4.891 3	4.121 2	3.551 4	3.115 8
22	8.771 5	7.644 6	6.742 9	6.358 7	6.011 3	5.409 9	4.909 4	4.130 0	3.555 8	3.118 0
23	8.883 2	7.718 4	6.792 1	6.398 8	6.044 2	5.432 1	4.924 5	4.137 1	3.559 2	3.119 7
24	8.984 7	7.784 3	6.835 1	6.433 8	6.072 6	5.450 9	4.937 1	4.142 8	3.561 9	3.121 0
25	9.077 0	7.843 1	6.872 9	6.464 1	6.097 1	5.466 9	4.947 6	4.147 4	3.564 0	3.122 0
26	9.160 9	7.895 7	6.906 1	6.490 6	6.118 2	5.480 4	4.956 3	4.151 1	3.565 6	3.122 7
27	9.237 2	7.942 6	6.935 2	6.513 5	6.136 4	5.491 9	4.963 6	4.154 2	3.566 9	3.123 3
28	9.306 6	7.984 4	6.960 7	6.533 5	6.152 0	5.501 6	4.969 7	4.156 6	3.567 9	3.123 7
29	9.369 6	8.021 8	6.983 0	6.550 9	6.165 6	5.509 8	4.974 7	4.158 5	3.568 7	3.124 0
30	9.426 9	8.055 2	7.002 7	6.566 0	6.177 2	5.516 8	4.978 9	4.160 1	3.569 3	3.124 2
35	9.644 2	8.175 5	7.070 0	6.616 6	6.215 3	5.538 6	4.991 5	4.164 4	3.570 8	3.124 8
40	9.779 1	8.243 8	7.105 0	6.641 8	6.233 5	5.548 2	4.996 6	4.165 9	3.571 2	3.125 0
45	9.862 8	8.282 5	7.123 2	6.654 3	6.242 1	5.552 3	4.998 6	4.166 4	3.571 4	3.125 0
50	9.914 8	8.304 5	7.132 7	6.660 5	6.246 3	5.554 1	4.999 5	4.166 6	3.571 4	3.125 0
55	9.947 1	8.317 0	7.137 6	6.663 6	6.248 2	5.554 9	4.999 8	4.166 6	3.571 4	3.125 0

参 考 文 献

1. 李天民. 现代管理会计学. 上海：立信会计出版社,2001

2. 孙茂竹,文光伟,杨万贵. 管理会计学(第 3 版). 北京：中国人民大学出版社,2001

3. 颜敏. 管理会计学(第 2 版). 北京：首都经济贸易大学出版社,2001

4. 丁豪梁. 管理会计. 北京：中国财政经济出版社,1999

5. 李天民. 现代管理会计学习题与解答. 上海：立信会计出版社,1995

6. 荆新,王化成,刘俊彦. 财务管理学(第 3 版). 北京：中国人民大学出版社,2002

7. 全国会计专业技术资格考试领导小组办公室. 财务管理(第 3 版). 北京：中国财政经济出版社,2003

8. 竺素娥. 财务管理(第 1 版). 上海：立信会计出版社,2002

9. 杨修法,朱启明. 成本管理会计学(第 1 版). 成都：西南财经大学出版社,2002

10. 石人瑾等. 管理会计. 上海：上海三联书店,1994

11. 吴大军等. 管理会计. 北京：中央电大出版社,1999

12. 马荣贵. 管理会计. 成都：西南财大出版社,2003

图书在版编目（CIP）数据

管理会计/周柯爱主编，一杭州：浙江大学出版社，
2011．8（2022．1重印）
ISBN 978-7-308-08967-8

Ⅰ．①管… Ⅱ．①周… Ⅲ．①管理会计－高等职业
教育－教材 Ⅳ．①F234.3

中国版本图书馆CIP数据核字（2011）第157969号

管理会计

周柯爱 主编

丛书策划	徐素君	
责任编辑	徐素君	
封面设计	刘依群	
出版发行	浙江大学出版社	
	（杭州市天目山路148号 邮政编码 310007）	
	（网址：http://www.zjupress.com）	
排 版	杭州大漠照排印刷有限公司	
印 刷	广东虎彩云印刷有限公司绍兴分公司	
开 本	787mm×960mm 1/16	
印 张	16	
字 数	350千	
版 印 次	2011年8月第3版 2022年1月第14次印刷	
书 号	ISBN 978-7-308-08967-8	
定 价	48.00元	